Reise ins Unbekannte

ISBN: 978-3-00-051120-2
2. Auflage April 2016
Erstausgabe Oktober 2015

Impressum
Moiné, Passauer Str. 3, 94121 Salzweg
Printed in Germany by Amazon Distribution GmbH, Leipzig

Reise ins Unbekannte 2 -

Geister, Spuk und Phänomene im deutschen Sprachraum

Reise ins Unbekannte

Reise ins Unbekannte

«Die Wahrheit ist seltsamer als jede erfundene Geschichte, und zwar deshalb, weil die erfundene Geschichte sich an Möglichkeiten halten muss. Die Wahrheit nicht.»

Mark Twain (1835-1910)

Inhalt

Reise ins Unbekannte

Reise ins Unbekannte

Über dieses Buch

Wie bereits im ersten Band der «Reise ins Unbekannte» durch zahlreiche Augenzeugenberichte gezeigt, sind Erlebnisse der unheimlichen Art keineswegs so selten, wie man vielleicht zunächst annehmen mag.
Auch für diesen Band wurde eine Vielzahl an wahren Erlebnissen zusammengetragen, die mir von Personen aus ganz Deutschland, Österreich, der Schweiz und Luxemburg erzählt oder zugeschickt wurden. Manche Betroffene erlaubten es mir, ihre Identität preiszugeben und ihren richtigen Namen zu nennen. Andere zogen es vor, anonym zu bleiben, weil sie entweder fürchteten, sich dem Spott ihrer Freunde und Kollegen auszusetzen, oder sogar um ihren Arbeitsplatz bangten.
Ob es nun Gläubige oder harte Skeptiker sind, wie das unlängst von Michael Shermer[1] berichtete Erlebnis bezeugt, kann Unheimliches jedem passieren – jederzeit.
Es kann alle Altersklassen heimsuchen, jede Gesellschaftsschicht und jede Berufsgruppe.
Es kann Atheisten, Agnostiker und Angehörige sämtlicher Religionsgruppen treffen. Gemeinsam haben die erlebten Vorfälle eines: sie erschrecken, verunsichern und verblüffen uns – zumindest im ersten Moment. Der Unterschied liegt letztlich allein in der endgültigen Interpretation des Erlebten.

---

[1] Der Skeptiker Michael Shermer schrieb auf der Webseite des Scientific American am 16. September 2014 einen Bericht über ein Erlebnis vom Juni desselben Jahres, das ihn kurze Zeit in seinem Skeptizismus erschütterte und tief berührte. Sein Erlebnis ist hier nachzulesen: http://www.scientificamerican.com/article/anomalous-events-that-can-shake-one-s-skepticism-to-the-core/ Letzter Zugriff am 21.7.15, 14 Uhr.

Wie schon im ersten Band, ließ ich mich auch diesmal in der Gliederung der Geschichten von den Interpretationen der Augenzeugen leiten, soweit dies möglich war. Ich gab die berichteten Erlebnisse in ihrem ursprünglichen Wortlaut wieder, um die Bedeutung der Geschichten und deren exakte Handlung nicht zu verändern, bzw. zu verfälschen. Es sind sozusagen die *nackten Tatsachen*, so wie sie von den Augenzeugen tatsächlich auch erlebt wurden.

Wer also ausgefeilte Horrorgeschichten mit Spannungsbogen lesen möchte, sollte sich besser an Stephen King und seine Kollegen wenden. Wer aber an wahren Begebenheiten interessiert ist, der ist hier an der richtigen Stelle.

Das Buch beginnt mit einem Kapitel über Verstorbene, die ihren Lieben noch einen letzten Abschiedsgruß übermitteln wollen, sich noch einmal auf die eine oder andere Art bemerkbar machen. Es scheint in fast allen Familien eine oder mehrere solcher Geschichten zu geben, die meist unter vorgehaltener Hand nur den nächsten Angehörigen und Freunden erzählt werden.

Es gibt jedoch nicht nur Geistererscheinungen von menschlichen Geistern. Vereinzelt finden wir auch Berichte über Tiergeister. In den meisten Fällen handelt es sich um geliebte Haustiere, die scheinbar noch in ihrem alten Zuhause herumspuken.

Das nächste Kapitel dreht sich um Spukhäuser und Erscheinungen «fremder», also den Personen nicht bekannter, Geister. Diese Erscheinungen verunsichern und ängstigen die Augenzeugen in der Regel viel mehr als der Besuch von verstorbenen Familienangehörigen.

Das folgende Kapitel ist den Spukschlössern gewidmet. Ein beliebtes Klischee aus vielen Horrorfilmen und Romanen – doch es gibt tatsächlich zahlreiche Augenzeugenberichte unheimlicher Phänomene aus diesen alt-ehrwürdigen Gemäuern.

Es handelt sich zwar nicht direkt um Geister oder Spuk, doch erstaunlich und ein wenig unheimlich sind sie doch: Wahrträume, Vorahnungen und Vorboten künftiger Ereignisse. In diesem Kapitel erzählen die Betroffenen, was ihnen, im Hinblick darauf, alles zugestoßen ist.
Im Folgekapitel wurden verschiedene, ganz erstaunliche Geschichten zusammengefasst, die zwar nicht in eine der obigen Kategorien passen, jedoch durch ihre unheimliche, scheinbar unerklärliche Natur, absolut ihre Daseinsberechtigung in diesem Buch haben.
Im letzten Band widmete ich das Schlusskapitel den rationalen Erklärungsmodellen, auf die ich deshalb diesmal nicht näher eingehen möchte. Stattdessen stellte ich verschiedenen Persönlichkeiten, die sich mit der Thematik des Paranormalen im weitesten Sinne beschäftigen, jeweils vier Fragen. Es handelt sich teilweise um Menschen des öffentlichen Lebens, Wissenschaftler, aber auch um *Menschen wie Du und ich*. Sie stammen aus vollkommen unterschiedlichen Bereichen, doch haben sie alle eine langjährige Erfahrung mit der Thematik gemeinsam.
Es war mir wichtig, eine möglichst breite Palette an unterschiedlichen Anschauungen zum Thema zu erhalten, um dem Leser die verschiedensten Facetten dieses Gebietes vor Augen zu führen.
Die im Buch enthaltenen Fotos und Abbildungen wurden mir teilweise von den Personen zur Verfügung gestellt, die mir auch ihre Erlebnisse zugeschickt haben. Zum Teil handelt es sich auch um Beispielfotos, die rein der Illustration dienen.
Unheimliche Phänomene können jeden *treffen* - wie in den folgenden Geschichten gezeigt wird: an jedem Ort und zu jeder Zeit. Manchen passierte es, als sie gemütlich in der Badewanne lagen, beim Spazierengehen oder sogar an ihrem Arbeitsplatz.

Wenn Sie also jetzt gerade gemütlich mit diesem Buch zuhause auf der Couch sitzen und sich in Sicherheit wiegen, bedenken Sie, es kann auch Ihnen jederzeit passieren …

Über den Tod hinaus

Bereits für den letzten Band sammelte ich viele Berichte, in denen Verstorbene noch einmal von ihren Lieben Abschied nahmen. Dieses Kapitel stieß bei den Lesern auf großes Interesse. Auch im Folgenden habe ich also wieder eine Vielzahl derartiger Berichte zusammengetragen, die aus allen Ecken des deutschsprachigen Raumes stammen und zumindest eines gemeinsam haben: den Hinterbliebenen Trost zu bringen.

Doch es sind nicht nur geliebte Menschen, sie sich zum Abschied noch einmal melden. Es gibt auch Berichte über Haustiere, die sich noch einmal bei Herrchen oder Frauchen sehen lassen, um sie zu trösten.

Es gibt zahlreiche Berichte über Abschiedsgrüße von jenseits des Grabes

Geisterhafter Beistand

Jasmin H. hat eine wundervolle Abschiedsgeschichte für uns: «Im Januar 2014 verstarb meine Oma. Ich hatte ein sehr gutes Verhältnis zu ihr. Als ich sie vor Ihrem Tod das letzte Mal sah, sagte sie zu mir, sie würde immer auf mich aufpassen. Ich dachte damals nicht, dass sie schon so bald sterben würde und dass sie wegen den Medikamenten wirres Zeug redete. Einige Tage darauf verstarb sie. Immer wieder schwirrten mir Ihre letzten Worte durch den Kopf. Ich wusste nie, was genau sie gemeint hat. Mittlerweile verstehe ich es aber. Wenn z.B. eine wichtige Prüfung anstand, besuchte ich meine Oma am Friedhof und bat sie, mir beizustehen. Dann spürte ich immer Ihre Anwesenheit. Mir wurde kalt und auf der Schulter spürte ich Wärme, als würde sie mir die Hand tröstend auf die Schulter legen, so wie sie das früher schon immer gemacht hatte. Und wenn dann der wichtige Tag da war, passierten seltsame Dinge. Das eine Mal schaltete sich der Fernseher von alleine an, auf einen Sender, den meine Oma immer sah, aber von uns keiner. Da ich allein zu Hause war, konnte ihn ansonsten niemand eingeschaltet haben. Ich sagte «danke Oma» und der Fernseher ging wieder aus. Beim nächsten wichtigen Ereignis flog meine Fotowand um. Es ist so eine Art von Pinnwand, mit Fotos meiner Familie und meiner Freunde. Alle Fotos blieben auf der Wand, nur eines fiel mir vor die Füße: das Foto von mir und meiner Oma! Ich bedankte mich wieder bei ihr und konnte erneut ihre Anwesenheit spüren. Und jedes Mal, wenn meine Oma mir so ein Zeichen gab, schaffte ich die Prüfungen ohne Probleme. So zeigte mir meine Oma, dass sie immer auf mich aufpasst. Leider ist es schon länger her, dass ich mit meiner Oma Kontakt hatte. Vor etwa neun Monaten begannen wegen des Erbes Familienstreitigkeiten. Ich hielt mich zwar heraus, weil ich das, einem Toten gegenüber, ziemlich respektlos finde, aber seit diese Streitigkeiten begannen, spürte ich ihre Anwesenheit nicht mehr und auch die merkwürdigen Sachen passierten nicht mehr. Das macht mich oft sehr traurig. Manchmal gehe ich auf den Friedhof und versuche, mit meiner Oma zu sprechen. Bis jetzt leider erfolglos.»

Familiengeister

Nicole W. hat scheinbar im ehemaligen Haus ihrer Oma noch ein paar Mitbewohner:

«Ich hatte mein persönliches Erlebnis in der Wohnung meiner Oma. Zu ihrem 80. Geburtstag sagte sie zu mir: *«Das war mein letzter Geburtstag - ich werde gehen.»* Sie lag im Krankenhaus und ich wohnte in ihrer Wohnung. Sie kam dann ins Heim und ich war mit meinem Neugeborenen allein. Mein Mann war unterwegs. Auf einmal hörte ich die Haustüre gehen. Ich rief seinen Namen, erhielt aber keine Reaktion. Ich schaute auf die Uhr und bemerkte, dass sie stehengeblieben war. Keine fünf Minuten später klingelte das Telefon. Es war meine Mutter. Ich sagte nur: *«Sag nix, ich weiß Oma ist gestorben.»* Sie schluchzte nur: *«Ja.»* Damit aber nicht genug. Als mein Sohn ein Jahr alt wurde, starrte er immer in eine Ecke, brabbelte, lachte und sagte *«Ma»*. Drehte ich ihn weg, drehte er sich wieder um. Ich hörte öfter Türen auf- und zugehen, es war zu den Zeitpunkten aber keiner da. Meine Mutter brachte einmal eine Freundin mit. Diese setzte sich auf den Hocker, den meine Oma am liebsten hatte. Auf einmal bekam sie eine Gänsehaut und schüttelte sich. Sobald sie aufgestanden war, war alles wieder OK. Meine Mutter erzählte, sie wäre ein Medium und könne die Energie fühlen. Ich unterhielt mich dann mit ihr. Sie meinte, meine Oma wäre sehr verärgert wegen meines Mannes. Näheres möchte ich hier nicht erklären, nur so viel: er hat alle belogen und betrogen. Wir machten dann ein Ritual, das meine Oma zur Ruhe kommen lassen sollte. Wir entschuldigten uns und machten einen Energiekreis. Danach war eine Zeitlang Ruhe, bis mein Sohn mir sagte, die Frau mit den langen Haaren und dunklen Augen will mir wehtun, aber die andere Frau, die lieb ist und hier wohnt, die beschützt mich immer. Was auch sehr seltsam ist, er sagte mir: «Mama unter meinem Bett ist ein Mann. Er hat nur ein Bein und ein Auge. Er lebt da und lächelt immer.» Meine Güte, wo sein Bett stand, war früher das Bett meines Opas, der durch den Krieg ein Bein und ein Auge verloren hat!»

Totenglöckchen

Es gibt die verschiedensten Berichte von sogenannten Todesboten. In anderen Kulturkreisen sind es z.B. oft Todesfeen oder schwarze Hunde, die gesehen oder gehört werden, bevor jemand stirbt. Mike E. allerdings erlebte etwas anderes, nicht weniger Unheimliches:
«In meinem Elternhaus gab es auch so einen Vorfall. Meine Eltern hatten zur damaligen Zeit eine alte Dame mit ihrer Katze bei sich aufgenommen. In einer Nacht hörten drei von uns in diesem Haus Totenglöckchen. Kurze Zeit später kam die Katze der alten Dame hoch in das Schlafzimmer meiner Eltern gelaufen und machte sich bemerkbar. Die Katze war noch nie hoch in das Schlafzimmer gelaufen. In dieser Nacht tat sie es jedoch. Sie miaute so lange, bis meine Mutter ihr in das Zimmer der alten Dame folgte. Diese lag schon halb tot im Bett und atmete nur noch ganz leicht. Meine Mutter kümmerte sich um diese Dame und gab ihr etwas zu trinken und blieb noch eine Weile bei ihr. Sie war von Berufs wegen gelernte Krankenschwester und wusste, was nun betreffend der alten Dame zu tun war. Sie war natürlich auch in ärztlicher Betreuung. Am folgenden Nachmittag verstarb die alte Dame. Die Glöckchen, die wir gehört hatten, konnten wir uns nicht erklären. Es waren Glöckchen, die laut, hell und sehr schnell klingelten.»

Abschiedsgruß

Carol B.s Opa hat sich an verschiedenen Tagen noch einmal bei ihr verabschiedet:
«Mein Opa hat mich *besucht*, bevor er ging. Er lag schon im Krankenhaus und es ging ihm sehr schlecht. Wir waren abends noch dort. Ich bin dann gleich ins Bett, als wir wieder daheim waren. Plötzlich wurde ich wach, weil ich gespürt habe, dass ich nicht alleine bin. Ich wusste auch genau, wer da bei mir im Zimmer war. Da habe ich Angst gekriegt und geflüstert «Opa, du machst mir Angst» Fast augenblicklich war das Gefühl weg. Ich bin dann zu meinen Eltern und sagte «Opa war bei mir, er ist gestorben». Zehn Minuten später hat die Klinik angerufen und das bestätigt.
Drei Tage nach Opas Tod, während einer Busfahrt, (es war ein Reisebus, welcher über jedem Sitzplatz eine kleine Lampe hat) war ich sehr unglücklich und musste weinen - da bemerkte ich, dass nur über meinem Sitzplatz das Licht an war und fühlte mich plötzlich total wohl und geborgen. Unsere Badezimmertüre war auch einmal von innen abgeschlossen, obwohl niemand drinnen war und die Tür, wenn man sie von innen verschließen bzw. öffnen wollte, erst einmal etwas angehoben werden musste, da sie verzogen war.
Im Haus, in dem Oma und Opa gelebt hatten (Oma ist dann zu uns nach Hause gezogen), war schon der Strom von den Stadtwerken abgestellt, dennoch lief der Kühlschrank samt Licht und bei Opas Sessel war zu hundert Prozent seine Präsenz zu spüren. Man konnte ihn riechen, obwohl das Haus schon acht Wochen nicht mehr bewohnt worden war.»

Ein Engel

Herr N. H. hat eine interessante Geschichte für uns: «Es war am Wochenende vor vier Wochen. Ich habe am Sonntag, Punkt Mitternacht, meine Freundin O. nach Hause gebracht. Wir standen vor ihrem Häuschen und waren erstaunt - im Treppenhaus im 1. Stock brannte Licht. O. war sich sicher, dass sie es ausgeschaltet hatte, als sie am Samstag zu mir kam. O. betrat dann das Haus und ich folgte ihr. Drinnen war alles dunkel - das Licht war aus! Ich hatte zum ersten Mal den Verdacht, dass wir nun wirklich nicht alleine waren und habe die Räume durchsucht. Doch kein Lebender war zu sehen. Mit seltsamen Gefühl habe ich mich von ihr verabschiedet. Am nächsten Tag erhielt ich die Nachricht, dass meine liebe Bekannte H. S. am Nachmittag eingeschlafen war, nachdem sie am Morgen schon nicht mehr ansprechbar - also schon auf dem Weg- war. Ich hatte mich in ihren letzten acht Wochen um sie gekümmert. Ich denke, es war ihr Abschiedsgruß! Wenn das Licht im 1. Stock brennt, sieht man so schön den Engel, der dort im Fenster steht.»

Zwischen den (Traum-)Welten

Frau Melanie Schumacher hat eine interessante Geschichte zu berichten: «Mein Opa starb im Dezember 1999. Es vergingen daraufhin ein paar Monate, bis ich plötzlich immer wieder von ihm träumte. Er war einfach wieder bei uns und sah gesund aus, als wäre er nie weggewesen. Die Träume waren immer so real, dass ich mich beim Aufwachen immer fragte, ob er denn wirklich nicht mehr bei uns wäre. Einige Jahre träumte ich dann nicht mehr von meinem Opa, bis zum Jahre 2007, als sich meine Oma nur sehr schlecht von einer Herz-OP erholte. Im Traum sah ich meinen Opa, wie er meine Oma in den Arm nahm und sie gingen zusammen weg. Kurz darauf starb meine Oma dann leider. Ich weinte sehr viel in dieser Nacht und irgendwann schlief ich ein. Am nächsten Morgen hatte ich das Gefühl, dass mich jemand beobachtete und ich drehte mich im Bett schnell um. Tatsächlich sah ich dort eine Lichtgestalt sitzen, die sich dann immer weiter entfernte. Ich bin bis heute überzeugt, dass es meine Oma war, die in dieser Nacht bei mir war. Kurz vor der Beerdigung hatte ich einen sehr schönen Traum von ihr: Sie rief mich an und sagte mir, dass es ihr gut ginge und ich solle es auch meiner Mama ausrichten!»

Hello - Goodbye

Manche Menschen werden viel zu früh von dieser Erde abberufen. Frau Julia Kreft hat eine sehr traurige Geschichte zu berichten:
«Am 15.11.2011 mussten wir leider meinen an Krebs verstorbenen Onkel beerdigen.
Plötzlich erhielt ich einen Anruf von meiner Tante, die fragte, ob meine Mutsch schon bei mir wäre. Ich verneinte. Sie klang etwas niedergeschlagen, ich dachte mir aber nichts dabei. Ich war in Gedanken schon bei der Beerdigung. Als meine Mutsch dann kam, erzählte ich vom Anruf. Sie war total erschrocken und erzählte mir, dass es mit Lisa, meiner Cousine, nicht gut aussähe. Meine Cousine litt schon etliche Jahre an Asthma. Nun erfuhr ich, dass sie einen Asthmaanfall gehabt hatte und eine Stunde reanimiert worden war. Ich war geschockt! Nach der Beerdigung meines Onkels sind wir sofort zu ihr ins Krankenhaus gefahren. Als ich ihr Zimmer auf der Intensivstation betrat, brach ich zusammen. Der leitende Arzt musste uns mitteilen, dass meine Cousine mit nur 19 Jahren hirntot sei. Ich konnte es nicht begreifen und habe den Boden unter den Füßen verloren. Ich habe dann ihre Hand gehalten und gebetet, dass ein Wunder geschehen möge. Doch leider kam am Abend der immer noch unfassbare Anruf, dass die Maschinen abgestellt worden waren.
Und jetzt zum Eigentlichen:
Ich besaß ein Küchenradio mit *Hello-* und *Good bye-* Anzeige.
Am nächsten Morgen, es war der 16.11.2011, kam ich vom Einkaufen zurück und stellte meine Tüte vor das Radio. Dieses ging plötzlich an und ich las [auf dem Display] *hello.*

Ich dachte, *ok, bist mit deinem Einkauf dran gekommen.* Doch genau in diesem Moment, wie ich das Radio noch betrachte, ging es wieder aus und es erschien *Good bye.*
Ich bin bis heute davon überzeugt, dass Lisa bei mir war, um sich zu verabschieden.»

Letzte Botschaft

Auch Frau Christine E. hatte bereits Träume von Verstorbenen, von denen einer wohl über einen durchschnittlichen Traum hinauszugehen schien: «Träume waren immer wichtig für mich. Ich habe bereits mehrere Familienmitglieder im Traum gesehen: Opa, Oma ... Aber als der Vater meines damaligen Freunds Sebastian starb, stand dieser plötzlich an meinen Bett. Traum oder nicht, das weiß ich nicht, doch er sah traurig aus, gequält. Er sagte, Sebastian brauche seinen Freiraum und ich solle ihm doch bitte ausrichten, dass bestimmte Teile (er benutzte die genauen Fachausdrücke) an seinem Wagen verschlissen seien. Na ja, aber ich konnte ja schlecht sagen: *«Schatzi, rate mal, wer nachts an meinen Bett stand!»* Ich sagte deshalb lieber nichts. Doch tatsächlich streikte der Wagen und genau diese Teile gingen kaputt. Außerdem verließ mein Freund mich später, weil er genau diesen Freiraum brauchte, von dem sein Vater im Traum gesprochen hatte. Seine Schwester sagte mir später, sein Vater und Sebastian hätten Probleme gehabt und sie nie bereinigen können.»

Die Zeit ist abgelaufen

Herr Sascha Meyer erzählte mir von einem letzten Gruß, den eine Mutter an ihre drei Töchter hatte: «Eine polnische Arbeitskollegin hat mir diese Geschichte erzählt. Sie hat geschworen, dass es so passiert ist. Sie hatte noch zwei Schwestern. Eine lebte in Polen mit der Mutter in einem Haus und die andere wohnte auch in Deutschland. Völlig unverhofft war die Mutter dann verstorben und aus ihrem Mittagsschlaf nicht mehr aufgewacht. Nach der Beerdigung kam zwischen den drei Schwestern im Gespräch heraus, dass bei allen dreien die Wohnzimmeruhr genau zum Todeszeitpunkt stehen geblieben war.»

Ein großer Abgang

Michaela H. erzählt: «Am 3.6.15 verstarb unsere geliebte Oma. Die Familie hatte sich versammelt, um sie auf dem letzten Weg nicht allein zu lassen. Ich habe meinen Mann noch auf der Arbeit erreicht.

Erst sah es aus, als ob er es noch schaffen würde.

Doch um 21.31 Uhr verstarb die Oma. Just in diesem Augenblick fielen bei meinem Mann auf der Arbeit sämtliche Feuertore herunter. Während ich in der Nacht dann ruhig schlief, sah er Oma und Opa Hand in Hand einen Weg entlanggehen. Und dann drehte sich Oma zu ihm um und winkte ihm zu. Ein letzter Abschiedsgruß?

Mir passieren übrigens ständig eigenartige Dinge, auch Vorahnungen, die sich dann bestätigen.»

Fürsorglicher Geist

Manche Menschen erleben fast täglich seltsame Dinge, andere nur hin und wieder. P. K. hatte in ihrem Leben schon sehr viele unheimliche, aber auch unheimlich schöne Erfahrungen:

«Ich erlebe so viel, dass ich mir kaum alles merken kann. Manches ist schön, manches macht mir Angst. Ich möchte hier gern etwas Schönes erzählen:

Meine Oma und ich hatten immer eine sehr enge Bindung. Leider starb sie vor fast genau zehn Jahren. Jedenfalls schlief ich sehr oft bei ihr, wir schauten immer sehr lange TV und lachten viel (sie war ein lustiger Mensch). Häufig schlief ich auf dem Sofa ein und meine Oma deckte mich immer liebevoll zu. Am Morgen bekam ich dann immer Ärger, denn ich sollte mehr auf meine Nieren achten. Sie meinte, diese wären immer eiskalt.

Seit meine Oma fort ist, deckt mir nachts immer noch jemand liebevoll die Nierengegend zu. Meine Frau hat das auch schon oft mitbekommen und ausgeschlossen, dass ich es selbst mache. Manchmal liegt nämlich eine Decke über meiner Nierengegend und um diese selbst zu holen, müsste ich an ihr vorbei gehen, was sie im Wachzustand ja nun einmal sehen würde. Oft wache ich nachts auf und decke mich wieder auf, aber meine Oma gibt nur Ruhe, wenn meine Nieren warm sind. [...] Einige Male wurde ich auch wach und merkte, wie etwas Schweres am Bettende saß. [...]»

Abschiedsgrüße

Renate aus dem Landkreis Freyung-Grafenau, die uns bereits die Geschichte «Der Gläserschreck» berichtet hat, hatte noch weitere Erlebnisse der unheimlichen Art:

«Auch im Haus, das wir danach gekauft hatten, gab es Vorfälle. Als mein Cousin verstorben war, passierten einige seltsame Dinge. Den exakten Todeszeitpunkt wissen wir nicht, aber an dem Abend, an dem er gestorben ist, ist bei uns um 19:37 Uhr die Glühbirne der Nachttischlampe mit einem lauten Knall geplatzt. Ich denke, er hat sich so von uns verabschiedet. Etwa zwei oder drei Tage später ging es weiter. Ständig war das Kellerfenster offen, obwohl es niemand aufgemacht hatte. Ich schloss es regelmäßig, doch am nächsten Tag war es wieder offen. Auch passierte es teilweise mehrmals am Tag. Das Fenster war auf, ich schloss es und ein paar Minuten später stand es wieder offen. Dann bekam ich es mit der Angst zu tun. Ich wollte allein nicht mehr in den Keller und so fragte ich meinen Mann, ob er bitte mit mir hinuntergehen und nachsehen würde. Ich sagte zu ihm, dass ich das Fenster geschlossen hätte, er solle mal nachschauen, ob es noch zu wäre. Als er zum Fenster kam, stand es tatsächlich wieder offen. Ich bekam Herzklopfen und sagte in den Raum hinein: *«Geist, ich hab Angst hier. Ich muss hier leben, und ich möchte nur, dass du mir zeigst, dass ich mich nicht fürchten muss.»* Plötzlich fing neben mir ein Wasserhahn zu laufen an, der nie in Betrieb war. Er war für eine Waschmaschine bestimmt, die an dieser Stelle nie angeschlossen worden war. Wir haben es beide gesehen. Die Stelle war zuerst vollkommen trocken und auf einmal fängt der Hahn an, zu laufen. Seit diesem Vorfall war das Fenster immer zu und der Wasserhahn lief auch nicht mehr. Ich denke, dass es mein Cousin war. Etwa ein Jahr später besuchten wir seine Witwe. Wir saßen abends zusammen und unterhielten uns. Sie hatte einen Hund, der gerne mit Luftballons spielte. Dieser Hund hat damals tief und fest geschlafen und sich nicht bewegt. Neben ihm lag ein Luftballon. Als wir dann über meinen Cousin gesprochen haben, begann der Ballon wie von Geisterhand emporzuschweben und landete beim Bild meines verstorbenen Cousins, das auf der Kommode stand. Dazu muss ich sagen, es war keine Tür oder Fenster offen, es gab keinen Luftzug und es war auch kein Gasballon, nur ein normaler Luftballon. Wir alle haben es gesehen.»

Sie sind unter uns

Die folgende Geschichte berichtete mir Frau Gudrun Rübenach, die bereits einige ungewöhnliche Vorfälle erlebt hat.

«Im Januar 2011 lernte ich einen Mann kennen, mit dem ich kurz, aber gefühlsmäßig sehr intensiv zusammen war. Er erhängte sich im September 2011.

Eine Angewohnheit von ihm war, meinen Kettenanhänger, auf dem vorn ein Schutzengel und hinten die Gravur «Gott schütze Dich» angebracht war, von meinem Hals hoch zu nehmen, anzustarren und zu fragen: «*Wo ist denn dein Gott? Warum lässt der all das zu?*» Ich habe, wie gesagt, nur kurze Zeit mit ihm verbracht, doch er war innerlich kaputt, dunkel und hoffnungslos. Wir haben selten Zärtlichkeiten ausgetauscht, sondern die Nächte mit Reden verbracht, und er weinte viel. Ich dachte, ich könnte ihm helfen. Dazu kam bei ihm eine innere Wut, die ihresgleichen sucht. Er knirschte mit den Zähnen, schlug nachts um sich und war auch dem Alkohol verfallen.

Nachdem er sich erhängt hatte, überkam mich eine tiefe Trauer. Er hatte im Juli mit mir Schluss gemacht, aber trotzdem habe ich mich ihm verbunden gefühlt.

Etwa zwei Wochen nach seinem Tod lag ich auf der linken Bettseite, ich war noch wach und dachte nach. Meine Kette mit dem beschriebenen Anhänger und einem Ring meiner verstorbenen Oma hatte ich an meinem Hals und sie lag, der Schwerkraft gehorchend, auf meiner linken Schulter.

Sie hob sich in die Luft, so als ob jemand den Anhänger hochheben würde. Ich erschrak so tief, dass ich es bis in meinen kleinen Zeh gespürt habe und ich werde diese Art des Erschreckens wohl nie vergessen. In dem Moment, wo ich den Schreck im Fuß spürte, fiel die Kette zurück und klimperte an dem

Ring. Durch dieses Klimpern wurde mir bewusst, dass die Kette wirklich in der Luft geschwebt war. Wollte er sich verabschieden?»

Doch das war nicht das einzige Erlebnis. Frau Rübenach hat noch weitere Abschiedsgeschichten für uns:

«Ich erinnere mich auch noch an etwas, das meine Tante einmal erzählte: 1977 starb der Großvater meiner Tante und meines Vaters. Die Oma lebte noch. Kurz nach dem Tode ihres Gatten schickte sie meine Tante auf den Dachboden, um etwas holen. Dort stand das Schaukelpferd, das mein Vater als Kind hatte und schaukelte hin und her. Sie ist sofort wieder runtergelaufen und hat der Oma erzählt, was sie gesehen hatte. Daraufhin meinte die Oma: *«Ach Kind, das ist doch nur Phillip. Der besucht mich öfter mal.»* Phillip hieß natürlich ihr Gatte.

Bevor ich 2008 […] umzog, lebte ich bei meinen Eltern im Haus mit dem Schaukelpferd. Eines Nachts lag ich im Wohnzimmer und stillte meine kleine Tochter. Es war der überdurchschnittlich heiße Sommer 2003. Jemand tippte mich an meine Schulter, ich fuhr herum und es war niemand da. Ich hatte ziemliche Angst, schnappte mein Kind, die Decke und lief hoch ins Schlafzimmer zu meinem Mann. Kurz darauf ging ein Unwetter los. Meine Mutter meinte am nächsten Tag nur ganz trocken: *«Das war Oma Marie* (oben erwähnte Oma meines Vaters). *Die wollte dir sagen, dass du die Fenster zumachen musst.»* Oma Marie war 1982 gestorben.»

Der Abschied vom Omageist

Sabrina J. hatte eine besonders rührende Abschiedsszene zu berichten:

«Kleine Kinder sind noch sehr offen für das Paranormale. Die meisten verlieren ihre Gaben spätestens mit zwölf Jahren. Meine kleine Tochter (20 Monate) konnte im November letzten Jahres nicht schlafen und wachte gegen 22:00 Uhr auf. Ich nahm sie raus und wir legten uns gemeinsam hin. Plötzlich sah sie zur Decke, zeigte dahin und sagte: *«Omageis»*. Ich fragte dreimal nach, ob sie Geist meinte und sie sagte ja und winkte ihr noch zu, sagte *«tschüss»*, dann spürte ich meine Oma und verabschiedete mich auch. Am nächsten Tag kam dann die Nachricht, dass sie um 21:45 verstorben war.»

Ein Wink mit dem Zaunpfahl

Frank, der eigentlich noch nie Übersinnliches erlebt hatte, war kürzlich sehr erstaunt über ein scheinbar bedeutungsvolles Erlebnis:

«Ich habe vor einigen Tagen zusammen mit einem guten Freund das Altenheimzimmer seines verstorbenen Vaters ausgeräumt. Bevor wir losfuhren, bat uns die Frau des Freundes, nach einer CD von André Rieu zu gucken, die der Verstorbene immer gern gehört hatte und die auf seiner Beerdigung gespielt werden sollte. Wir haben alles verpackt, Vieles davon für den Müll / Recyclinghof und haben irgendwann nicht mehr an die CD gedacht. Beim Ausladen des Autos und Herausziehen von langen Schrankbrettern ist die Tüte mit den alten CDs genau vor meine Füße gefallen und um dem Ganzen die Krone aufzusetzen, rollte die Rieu-CD auf den Asphalt! Toller Zufall oder eine Botschaft des Verstorbenen? Mir passiert eigentlich nie «Übersinnliches». Das fand ich aber schon beeindruckend.»

Detektivspiel

Marion Lorenz hat uns eine weitere ungewöhnliche Geschichte zu berichten, in der sie ihre detektivischen Fähigkeiten unter Beweis stellen musste: «Seit ein paar Tagen hatte ich den Namen Oma Anni im Kopf. Ich kannte aber keine Oma Anni, also machte ich die Augen zu und sagte *«wie siehst du aus?»*. Ich sah eine sehr alte Dame mit tief liegenden Augen, die von Falten umgeben waren. Sie hatte eine Adlernase und dünne Lippen. Dann zeigte sie mir einen Schmetterling aus Stoff und eine Leiter, die an einem Baum lehnte. Mit diesen Informationen ging ich auf Facebook in verschiedenen Gruppen auf Suche. Es meldeten sich sehr viele, die eine Oma Anni hatten. Ich habe diejenigen gebeten, mir ein Bild von ihrer Oma zu posten, um die Sache etwas einzugrenzen. Ich blieb bei zwei alten Damen hängen, bei denen ich sagte, das könnte passen. Also habe ich Oma Anni gebeten, mir einen weiteren Hinweis zu geben. Als ich von meinem Pferd wegfuhr, sah ich plötzlich die Farbe Blau auf der linken Seite. Ich sagte dann in den Gruppen, dass die Farbe Blau wohl eine Rolle spielen würde. Gestern Abend habe ich dann bei einer Gruppenmeditation ein Haus im grünen gesehen, gegenüber ein Baum. Also gab ich das als weiteren Hinweis dazu. Ich nahm dann eine Person in die engere Auswahl und sie sagte mir, dass ihre Oma in einem blauen Bilderrahmen wäre. Als sie ins Wohnzimmer kam, wäre das Bild am Boden gelegen. Ich schaute mir ihre Oma noch einmal auf dem Bild an und stellte fest, dass sie einen blauen Hintergrund hatte und eine blaue Bluse anhatte. Deshalb wohl der Hinweis mit der Farbe Blau. Anni wollte mir helfen, das Bild mit ihr zu finden. Heute Morgen bin ich zwischen vier und fünf Uhr aufgewacht weil mich eine unendliche Liebe durchströmte. Es war total verrückt. Dann bekam ich

den Namen Hermann gesagt und sah einen Teddybären. Ich fragte Annis Enkelin, ob sie damit was anfangen könnte und sie sagte mir, dass Hermann ihr Onkel sei, der Sohn von Anni. Der Teddy war ein Geschenk von ihr, den sie als Deko auf einem Schaukelstuhl stehen hatte. Anni bekam ihn mit ins Grab. Ich bin immer noch baff über diesen wunder schönen Jenseitskontakt …
Oma Anni zeigt mir jetzt immer mehr und ihre Enkelin weiß sofort, um was es geht.
Heute hat sie mir Augen gezeigt. Die Enkelin sagte mir, dass ihr Sohn mit jemandem Unsichtbaren sprechen würde. Ich antwortete ihr, dass sie mir deshalb die Augen gezeigt habe. Sie wollte damit sagen, dass er [der Urenkel] sie sehen könne.»

Ruf aus dem Jenseits

Der Großvater von Herrn J. L. Schmitt hat sich nach seinem Tod von seinem Enkel noch einmal kurz verabschiedet: «Es war mein erstes Erlebnis dieser Art und es passierte am 24. Januar 2001. Ich hatte damals als Zivi im Altersheim meine Spätschicht. So gegen 22 Uhr drehte ich meine Runde, um nach den Heimbewohnern zu schauen und sie auch umzulagern. Als ich dann gegen 22.30 Uhr bei einem Heimbewohner war, um ihn auf die andere Seite zu lagern, hörte ich plötzlich hinter mir meinen Großvater meinen Namen rufen. Ich drehte mich verwundert um und schaute auf den Gang hinaus. Ich wunderte mich, wieso ich ihn eben gehört hatte. Keine Minute später hörte ich schon das Telefon bei der Nachtschwester klingeln und sie rief nach mir. Als ich bei ihr ankam, sagte sie mir, meine Großmutter hätte eben angerufen und ich solle sofort zurückrufen. Ich rief sie zurück und sie sagte mir, dass mein Großvater eben verstorben sei.»

Geisterhafte Schritte

Frau M. Oe. hatte bereits sehr früh in ihrem Leben geisterhafte Erlebnisse.
«Die erste Geistergeschichte, an die ich mich erinnern kann, spielte sich nach dem Tode meines Großvaters ab. Als er verstarb, lebte meine Großmutter ganz alleine in dem Haus. Wir haben manchmal darüber gewitzelt und uns gefragt, ob der Opa sie manchmal besuchen kommt – doch darauf hat sie nie wirklich klar geantwortet. Wenn ich nun mit meiner Mutter meine Oma besuchen kam, schliefen wir im Gästezimmer. Und ich kann mich klar und deutlich daran erinnern, wie ich nachts aufwachte, weil ich Schritte hörte, welche sich nicht nach denen meiner Großmutter anhörten, denn meine Großmutter hatte eine kaputte Hüfte und man hat klar und deutlich erkennen können, ob meine Großmutter durch die Gegend ging, oder mein Großvater. Ich stand also auf, um nachzusehen, wer sich hinter den Schritten verbarg. Als ich dann aus dem Gästezimmer in die Wohnstube kam, ging die Toilettentüre auf einmal auf - doch niemand kam raus und niemand war da, um sie öffnen zu können. Kein Luftzug - nichts. Ich hab darüber nie gesprochen, bis ein Jahr später meine Mutter erzählte, dass sie immer wieder nachts aufwachte und meinen Großvater hörte, wenn sie bei Oma übernachtete. Dann packte ich ebenfalls aus - und dann meine Oma. Sie erzählte uns, dass so gut wie jeden Morgen, wenn sie aufstand, die Schuhe meines Opas vor der Couch standen und in der Küche Kaffeepulver und Wasser verschüttet waren. Meine Mutter hatte dann die Idee, einen Faden im Türrahmen des Schlafzimmers zu spannen, um zu gucken, ob meine Oma einfach nur schlafwandelte.
Das hat sie ein paar Mal ausprobiert, doch der Faden war nie abgerissen und trotzdem waren Schuhe vor der Couch und Kaffeepulver in der Küche. Bevor meine Großmutter dann auch verstarb, lag sie noch zwei Wochen im Koma.

Meine Familie hatte einen Urlaub geplant und gerade, als wir zum Flughafen fuhren, hat meine Schwester, die zu der Zeit etwa drei Jahre alt war, aus dem Fenster gewunken. Mein Vater fragte sie, wem sie denn winken würde und meine Schwester antwortete darauf mit «Da steht doch Oma!». Als sie dann starb, verkauften wir das Haus, derjenige, der es jetzt besitzt, benutzt es nur als Abstellkammer. Wieso er darin nicht wohnt, wissen wir nicht.»

Himmlischer Besuch

Miriam Kreher scheint eine besondere Begabung zu haben und hatte anscheinend schon recht häufig seltsame Begegnungen der übernatürlichen Art:
«Mein Name ist Miriam Kreher und ich wohne in Bayern. Es passierte im Jahr 2009, ich war damals 16 Jahre alt. Ich wunderte mich damals immer, warum es in meinem Zimmer so kalt war und das, obwohl die Heizung an war. Eines Nachts lag ich in meinem Bett und drehte mich zur rechten Seite um, als ich da plötzlich eine weiße Frau mit langen dunkelbraunen Haaren und ohne Gesicht schweben sah. Sie trug entweder eine Art von weißem Nachthemd oder ein Kleid. Sie hob die rechte Hand und hielt ihren Zeigefinger vor den Mund, so als sollte ich leise sein. Kurz darauf verschwand sie. Diese weiße Frau erschien auch meinen beiden Cousins.
Einen davon besuchte sie auch länger und saß sogar auf seinem Bett. Auch die anderen beschrieben sie so, wie ich sie gesehen hatte.
Es war im gleichen Monat, am 13. oder 14. März und mein Opa war vor kurzem verstorben. Ich fand, dass er zu seinen Lebzeiten kein guter Mensch gewesen ist. Noch am gleichen Tag fing es wieder an. In jener Nacht, das Licht war schon aus, hörte ich erstmals diese Schritte, die immer um mein Bett gingen. Immer wieder auf und ab. Und immer, wenn die Schritte näher kamen, war diese starke Kälte zu spüren. Es war so, als wären meine Beine nicht zugedeckt gewesen, so als hätte man sie mit Wasser übergossen und vor ihnen anschließend einen Ventilator aufgestellt. Manchmal hatte ich das Gefühl, als säße jemand oder etwas auf meinen Beinen. Das mit den Schritten ging fast ein ganzes Jahr so. Und mit der Zeit spürte ich, dass es scheinbar immer schlimmer wurde. Es war nicht mehr der schwarze Schatten, der durch mein Zimmer huschte und leicht transparent wirkte, nein, später kam noch dazu,

dass es sich fast so anhörte als ob jemand von meinem Schrank hinunter hüpfte. Deshalb gingen wir zu einer [...] Heilpraktikerin in unserer Nähe. Sie konnte uns dann auch schließlich mit der Heimsuchung helfen. [...]
Es vergingen wieder ein paar Jahre. [...] 2013 ging ich dann erneut zu einer Naturheilpraktikerin, einer anderen. [...]
Ich erzählte ihr, dass seit Neuestem wieder etwas in meinem Zimmer sei. Es war diesmal eine fast transparente, weiße Gestalt. Die Heilpraktikerin sagte, dass dies kein Geist sei, sondern etwas anderes, es würde auf mich aufpassen. Sie meinte, dass ich mit ihm reden könnte und dass er auch einen Namen hätte. An diesem Tag im Jahr 2013 half sie mir, dieses Wesen zum ersten Mal zu spüren. Es war eine warme, sehr reine Energie, die damals meinen Körper durchdrang. Und ich fühlte an diesem Tag genau wie dieses Wesen hinter mir stand und seine Energie abstrahlte. Diese Energie war so rein, dass der ganze Schmerz, den ich seit Jahren mit mir herumtrug für einen Augenblick verschwand und es wie damals war, bevor ich eingeschult wurde und bevor dies alles begann. Jedoch hielt dieses Empfinden nur während der Berührung an, als es seine Hand von mir nahm, kam alles wieder zurück. [...] Es gehörte zu den Wesen, welche bereits so viele Reinkarnationen durchlebt und die nötigen Lektionen gelernt hatten, dass sie im Endstadium nun keinen Körper mehr hatten und ihn auch nicht mehr brauchten. Es bestand nur noch aus Licht.»

Nachts um halb vier

Auch von Herrn Michael H. aus der Eifel hat sich ein lieber Angehöriger nach seinem Tod noch einmal verabschiedet:
«Mein Vater lag im Sterben und wir waren noch einmal bei ihm zu Besuch. Er wohnte von uns ungefähr 360 km weg. Als wir dann wieder zuhause angekommen waren, rief ich meine Mutter an, um ihr zu sagen, dass wir gut heimgekommen wären. Meine Mutter schluchzte auf. Ich fragte, was los sei und sie sagte, der Arzt hätte gerade gemeint, er würde es wohl nicht mehr lange machen. Ich ging danach ins Bett. Nachts, gegen drei oder halb vier, hatte ich dann immer das Gefühl, mein Vater rufe mich. Ich bin daraufhin aufgestanden und habe den Fernseher angemacht, da ich deshalb nicht mehr schlafen konnte. Eine halbe Stunde später hat dann meine Mutter angerufen und mir gesagt, mein Vater sei gerade gestorben.»

Anklopfen

Auch Ramona H. hat eine ähnliche Geschichte erlebt:
«Meine Oma lag im Krankenhaus und wir wollten sie am Sonntag besuchen. Ich wohnte damals im Haus meiner Eltern, in der Wohnung meiner Oma. In der Nacht von Samstag auf Sonntag hörte ich an meiner Zimmertür plötzlich ein Klopfen, als ob einer davor stehen und anklopfen würde. Ich stand auf, sah nach, doch es war keiner da. Etwa zur selben Zeit wurde auch mein Vater oben wach, da er es an der Tür klingeln hörte. Er sah dann auch aus dem Fenster und machte die Wohnungstür auf, doch da war niemand. Am nächsten Morgen erhielten wir die Nachricht, wir sollten sofort ins Krankenhaus kommen, denn meine Oma sei in der Nacht verstorben.»

Das Gemälde

Gabriele Jeschke arbeitet u.a. als Medium und auch in ihrer Familiengeschichte gibt es seltsame Vorfälle:
«Mein Urgroßvater lebte in einer Zeit, in der es weder alltägliche Telefone noch Handys gab. Im 2. Weltkrieg hatten auch nur die höher gestellten Menschen Wandtelefone.
In dieser Zeit war mein Urgroßvater Kunstmaler. Zwar war Opa Willy nie berühmt geworden, aber er malte herrliche Naturgemälde, eins davon besaß meine Oma und dieses Gemälde hing im Wohnzimmer über der Couch. Eines Tages hing dieses Gemälde schief zur Seite und meine Oma wollte dieses wieder gerade rücken, leider war das nicht möglich. Meine Mutter, damals vier Jahre alt, meinte daraufhin: «Auweia, was ist mit Opa?»
Meine Oma schaute ganz verstört auf meine Mutter. Am nächsten Tag kam die Nachricht, dass ihr Vater, also mein Urgroßvater, verstorben sei. Meine Oma sagte dann zu meiner Mutter: «Opa hat sich gestern persönlich von uns verabschiedet.» Das Gemälde ließ sich einen Tag nach der Beerdigung wieder gerade rücken. Ich besitze von meinem Urgroßvater heute noch einige Gemälde und immer, wenn ich traurig bin, schaue ich mir eins an und habe das Gefühl, es redet mit mir.

Manchmal sind es nicht nur Träume, die einen verunsichern oder eine Vorahnung, von der man eine Gänsehaut bekommen kann. Bei mir hat es angefangen, als Familienmitglieder hinüber ins Reich [Jenseits] gegangen sind. Das erste Mal wusste ich nichts damit anzufangen. Danach schrieb ich es mir immer mit Datum und Uhrzeiten auf. Im Schlafraum habe ich Gardinenstangen, die fest verschraubt sind und immer, wenn jemand schwer krank wurde, senkte sich eine Seite davon ab. Wenn dann jemand starb, fiel die ganze Stange herunter. Manchmal war es so, dass ich deshalb im Wohnzimmer schlief.»

Zum Zeitpunkt des Todes

Die folgende Geschichte wurde mir ebenfalls von Gabriele Jeschke aus Berlin mitgeteilt:
«In meiner früheren Freundschaft gab es einen Jungen, namens Rolf [Anmerkung: Name geändert], der eine besondere Beziehung zu seinem Vater hatte. Dieser Vater schenkte seinem Sohn eine mechanische Wanduhr.
Jahre später saß Rolf mit seiner Frau im Wohnzimmer, da bemerkte er, dass seine heißgeliebte Wanduhr plötzlich nicht mehr in Ordnung war. Sie tickte zwar, aber die Zeiger bewegten sich nicht mehr. Rolf dachte sich nichts dabei, war aber verwundert und stellte die Zeiger wieder richtig.
Am nächsten Tag bemerkte Rolf, dass die Zeiger immer zu einem bestimmten Punkt gingen und nicht weiter. Sie zeigten dieselbe Uhrzeit, wie am Vortag, als die Uhr stehen geblieben war.
Als Rolf kurz darauf von seiner Mutter die Mitteilung erhielt, dass sein Vater verstorben war und die Uhrzeit hörte, zu der es passiert war, wurde ihm ganz schwindelig, weil ihm seine Uhr einfiel, die immer nur bis zu diesem Zeitpunkt gelaufen war. Nach einer gewissen Zeit brachte seine Frau diese besagte Wanduhr zur Reparatur, um Rolf eine Freude zu bereiten. Der Mechaniker meinte aber, dass er keinen Fehler finden könnte und die Uhr ganz in Ordnung sei. Daraufhin erzählte sie Rolf alles und man brachte die Uhr noch zu anderen Uhrmachern, aber immer wieder bekam man sie mit den Worten zurück: es sei damit alles in Ordnung. Keiner wusste, warum diese zwar tickte, aber die Zeiger sich nicht fortbewegten. Übrigens, die Uhr existiert noch heute.»

Wollte sich der Vater noch einmal bei seinem Sohn verabschieden?

Geisterhafter Streit

Martina Vormann hatte letztes Jahr, am 13. Dezember, ein sehr traumatisches Erlebnis. «Ich habe lange überlegt, ob ich meinen Vorfall berichten sollte, aber nun möchte ich dies definitiv tun und auch mit Namen genannt werden. Es trug sich Folgendes zu:
Mein Mann Christian war noch auf Reha in Schaufling, und ich wurde eines nachts so wütend auf meinen verstorbenen Papa, der sich das Leben genommen hatte, als ich drei Jahre alt war, dass ich sein Bild, das ich immer an der Wand in der Küche hängen hatte, nahm und vor Wut zerschmettert habe. Ich beschimpfte meinen Vater und wollte wissen, wieso er sich einfach so aus dem Staub gemacht hätte und mir jetzt auch noch meinen Mann wegzunehmen versucht habe. Ich machte ihn dafür verantwortlich, dass mein Mann einen Schlaganfall erlitten hatte. Ich wollte auch wissen, warum mein Vater sich nicht um seine Enkelin scherte. Ich vermisste ihn sehr und fast tagtäglich hatte ich geweint, vor allem wenn in der Schule etwas zu machen war, wo Mama und Papa eingebunden waren.
Ich war so wütend, dass ich das Bild zerrissen habe, und mir sogar die Glasscherben fest in die Hand drückte. Danach habe ich die halbe Nacht geweint. Zwei Tage später ging ich, wie gewohnt, gegen 23 Uhr ins Bett. Gegen 2 Uhr wurde ich aus dem Schlaf gerissen, richtig fest am Genick gepackt, ganz ruckartig. Ich hatte Todesangst. Da wir eine Schlafcouch haben und somit im Wohnzimmer nächtigen, konnte ich auch nur einen Arm ganz ausstrecken, *als Hilferuf* Richtung Küche. Das Durchgangszimmer Küche hat keine Türe, sondern nur einen [offenen] Türbogen.
Ich wollte um Hilfe schreien, doch ich konnte nur noch die Laute «nnnnnnn» rausbekommen. Dieser Zustand dauerte ca. 15 Minuten, aber es fühlte sich

wie eine Stunde an. Mich schauderte es am ganzen Körper. Ich konnte danach auch die ganze Nacht nicht mehr schlafen und ließ den Fernseher an, damit es nicht ganz dunkel war.
Seit dem Vorfall ist es so, dass immer wieder, obwohl alles zu ist, die Wohnzimmertüre von alleine aufgeht. Unsere Kleine, etwas über 3 1/2 Jahre alt, sagt dann immer «Des is a Geist», Oft fühlt es sich so an, als ob jemand hinter mir ginge. Da bekomme ich immer ein richtig schauriges Gefühl!»

Stimme aus dem Jenseits

Anne Östrick und ihr damaliger Freund experimentierten in ihrer Jugend ein wenig mit Tonbandstimmen – mit einem sehr gruseligen Ergebnis.
«Es war im Jahr 1991. Wie viele Jugendliche, war auch ich in meiner Jugendzeit vom Übernatürlichen fasziniert. Nachdem ich die *üblichen* Dinge, wie einschlägige Bücher lesen, Filme schauen und Gläserrücken hinter mir hatte (wobei dabei nie etwas geschehen ist, da man merken konnte, dass immer jemand in der Gruppe war, der das Glas in eine bestimmte Richtung *lenken* wollte), habe ich die Sache eine Zeit lang auf sich beruhen lassen. Irgendwann saß ich mit meinem damaligen Freund und jetzigen Ehemann M. in meinem Zimmer und wir unterhielten uns über Dinge wie Gläserrücken und Tonbandstimmen. Mein Freund, ein *furchtbarer* Realist, tat dies alles als Spinnerei ab. Weil ich auf meiner Meinung beharrte, dass er nicht wissen könne, ob es zwischen Himmel und Erde noch etwas gäbe, bot er mir provokant an, einen Test zu machen. Wir nahmen also mein Kassettenradio und legten eine neue Kassette ein. Wir suchten einen Sender, auf dem nur Rauschen zu hören war und stellten das Gerät auf Aufnahme. 15–20 Minuten stellten wir unterschiedliche Fragen, aber nichts tat sich. Mein Freund verlor langsam das Interesse an dem *Spiel* und sagte zu mir, dass wir langsam aufhören könnten und dass er Recht gehabt hätte, da sich ansonsten bestimmt jemand - ganz bestimmt sein verstorbener älterer Bruder - gemeldet hätte.
Man weiß nicht genau, auf welche Art der Bruder meines Mannes ums Leben kam. Man vermutet allerdings, dass er von einer Brücke in den Rhein gesprungen ist. Er muss auf jeden Fall aus größerer Höhe ins Wasser gefallen sein, da er, wie die Obduktion ergab, einige Zeit mit den Füßen im Schlamm

stecken geblieben sein muss, bevor er sich löste und flussabwärts getrieben ist. Einen Abschiedsbrief gab es jedoch nicht.

Wir waren also im Begriff, den Rekorder auszuschalten, als plötzlich eine Stimme aus dem Lautsprecher ertönte, die sagte: *«M, bist du das?»* Vor Schreck ließ ich den Kassettenrekorder fallen, wobei er vom Strom getrennt wurde und ausging. Mein Freund hob den Kassettenrekorder auf, schloss wieder den Strom an und hörte sich die Aufnahme noch mehrmals an, da er sich nicht sicher war, ob er das Gesagte richtig verstanden hätte. Anschließend bestätigte er mir, dass es zwar die Stimme seines Bruders hätte sein können, dass er sich jedoch nicht sicher sei, da er, als sein Bruder gestorben ist, noch klein war. Ich wollte aufgrund des Schrecks nichts mehr damit zu tun haben. Ich bat meinen Freund darum, die Kassette mitzunehmen und zu entsorgen, da ich sie nicht im Haus haben wollte. Selbst das Kassettenradio tauschte ich mit dem meiner Eltern, da ich es nicht mehr in meinem Zimmer haben wollte.»

Beistand

Bianca Berlisow aus Bayern ist ein echter Familienmensch. Doch in ihrer zweiten Schwangerschaft musste sie leider Abschied von ihrer geliebten Oma nehmen.
«Ich will Euch an einer wundervollen Geschichte teilhaben lassen. Bevor ich damit beginne, muss ich noch kurz erwähnen, dass ich damals aus persönlichen bzw. familiären Gründen keinen Kontakt zu meinem Vater und seiner Frau hatte, doch mittlerweile wieder habe.
Es fing ungefähr zwei bis drei Wochen, bevor meine Oma starb, an. Eines Nachts träumte ich, dass ich mich mit der Frau meines Vaters an deren Esstisch unterhielt. Ich weiß nicht über was, aber wir saßen da und unterhielten uns. Als ich aufwachte, dachte ich mir nichts weiter dabei und tat das als *Wunschdenken* oder *Wunschtraum* ab. Ungefähr drei bis vier Tage später hatte ich einen ähnlichen Traum, nur dass ich mich diesmal mit meinem Vater unterhielt. Auch dies tat ich als *Wunschtraum* ab. Schon bald rückten die beiden Träume in den Hintergrund. Bis zum 05.07.2014 hatte ich die beiden Träume schon fast vergessen. Am späten Nachmittag rief mich dann eine Handynummer an. Da meine familiäre Situation nicht gerade die Beste ist, ging ich nicht ans Telefon. Kurz danach rief mich dann die Schwester der Frau meines Vaters an. Ich ging ans Telefon und am anderen Ende war mein Vater. Wir unterhielten uns kurz, dann habe ich auch noch mit seiner Frau gesprochen, die mir erzählte, dass meine Oma Krebs hat und man jeden Tag damit rechnen müsste, dass sie sterben würde. Ich hatte mich im Folgenden dann seelisch darauf eingestellt, dass ich jederzeit einen Anruf erhalten würde. In der Nacht vom 06.07.2014 auf den 07.07.2014 träumte ich, dass meine Oma gestorben sei. Es vergingen Tage, doch niemand rief an. Bis ich

fünf Tage später von der Schwester erfuhr, dass meine Oma am Montag, den 07.07.2014, verstorben sei. Zu diesem Zeitpunkt wuchs in meinem Bauch bereits das zweite Kind heran, ich wusste dies aber zu diesem Zeitpunkt noch nicht. Meine Oma hatte den Wunsch gehabt, verbrannt zu werden. Doch leider konnte ich an der Beerdigung nicht teilnehmen.

Es verging ein halbes Jahr, ich war bereits hochschwanger und hatte auch Probleme mit meinem Gebärmutterhals. Es war etwa Mitte bis Ende Januar 2015, als ich zunehmend spürte, jemand steht neben mir an der Couch. Es war ein auf unnatürliche Weise schönes Gefühl, ich spürte auch wie mir eine weibliche *Gestalt* durch mein Haar streichelte und sagte, es würde alles gut werden. Schon bald musste ich zur Schonung ins Krankenhaus und mein Mann war bei mir zu Hause. Als ich am 20.03.2015 endlich meinen Sohn zur Welt brachte, war ich die glücklichste Frau der Welt. Mein Mann ging dann so gegen 12:00 Uhr aus dem Krankenhaus wieder nach Hause. Ungefähr eine Stunde später, ich hatte gerade mein Baby gefüttert, sah ich mich aus irgendeinem Grund im Zimmer um. Auf einmal sah ich meine Oma zwischen der Wickelkommode und dem Esstisch stehen. (Es sah ein wenig so aus, wie bei der Fernsehserie Cold Case, wenn man am Ende die Opfer als Geist noch einmal sieht). Ich sah zuerst zu meiner Zimmernachbarin rüber, da ich dachte, sie würde meine Oma auch sehen. Doch die war mit ihrem Handy beschäftigt und bemerkte von der ganzen Szenerie nichts. Als ich mich wieder meiner Oma zuwandte, sah diese zu ihrem frischgeborenen Urenkel und lächelte warm und herzlich. Immer noch lächelnd, sah sie zu mir und nickte mir freudig und freundlich zu. Ich sah zu meinem Sohn ins Bettchen, ob er irgendetwas davon mitbekam, aber er schlief sichtlich zufrieden und friedlich. Ich wollte wieder zu meiner Oma sehen, doch sie war nicht mehr da. Für mich war es ab da klar, sie wollte noch nicht gehen, sie wollte ihren zweiten Urenkel am Tag seiner Geburt besuchen bzw. sehen. Sie kam auch, um sich von mir zu verabschieden, um mir damit zu zeigen, sie sei nicht böse auf mich, da ich damals nicht auf ihre Beerdigung kommen konnte. Nun konnte ich mich doch noch von ihr verabschieden.»

Besuch von Drüben

Simone aus Niederbayern hatte ebenfalls schon eine Vielzahl an persönlichen Erlebnissen der unheimlichen Art.
«Als meine Oma gestorben ist, im April 2015 wird es nun schon ein Jahr, sind alle meine Uhren, außer die am Handy, stehen geblieben. Es war genau um die Zeit, als sie verstorben ist: 2.14 Uhr. Meine Oma war mein Ein- und Alles. Ich fuhr dann, als ich die Nachricht ihres Todes erhalten hatte, zu ihr hin. Als ich dann später wieder heimkam, war ich natürlich total traurig. Ich fragte dann in den Raum hinein: «Oma, bist du da?». Und plötzlich schaltete sich der Fernseher ein - von ganz allein!
Dann hab ich mir gedacht, es könnte vielleicht Zufall gewesen sein. Zuvor hatte der Fernseher das aber noch nie gemacht. Es passierte dann noch einmal. Ich war total verzweifelt und rief meine Oma an, mir doch zu helfen. Plötzlich ging wieder der Fernseher an!
Nachts glaubte ich öfter, es fasse mich jemand an. Diese Vorfälle dauerten etwa drei Wochen an.
Als ich einmal bei einer Meditation war, sah ich plötzlich ein sehr helles, silberweißes Licht neben mir. Es war etwa einen Meter hoch und auf meiner rechten Seite. Da sagte die Leiterin, wir hätten nun Besuch von den Omas.
Als ich nach einer schweren Operation im Krankenhaus war, sah ich diese Erscheinung erneut an meinem Bett stehen, diesmal auf meiner linken Seite.
Die Leiterin der Meditationsgruppe rief mich einmal an und sagte, es sei ihr etwas passiert und ich würde ihr das vermutlich nicht glauben. Sie erzählte, sie sei in der Küche gewesen, als sie das Erlebnis hatte. Sie hat dort eine Tür, die in den Garten führt. Durch diese Tür sah sie eine Weile lang eine Frau auf- und abgehen. Sie erzählte mir dann ganz genau, wie sie ausgesehen hat.

Und sie beschrieb meine Oma! Meine Oma war etwas kleiner als ich, so etwa 1,62 m groß, noch mit 94 Jahren sehr hübsch und hatte recht wenig Falten. Man sah ihr das Alter gar nicht an. Sie hatte dunkle Augen, weiße kurze, eingedrehte Haare mit ein wenig Silberfestiger drauf und sie war immer sehr schön angezogen, mit viel Schmuck. Sie war eine herzensgute, liebe Frau. Leider war sie am Ende schon etwas gebrechlich und sie hatte Probleme mit den Knien.

Einmal, als mich eine Freundin besuchte, weil es mir wegen Oma so schlecht ging, fuhren wir mit dem Auto nach Vilshofen. Es war etwa eine Woche nach Omas Tod. Ich hatte mein Handy auf dem Rücksitz liegen, meine Freundin saß auf dem Beifahrersitz neben mir. Sie versuchte mich etwas aufzumuntern und brachte mich zum Lachen. Plötzlich klingelte das Handy meiner Freundin. Es war meine eigene Nummer! Da stand «Simone ruft an». Wir riefen dann gleichzeitig «Das ist jetzt Oma, die hockt hinten auf dem Rücksitz und ruft an.» Ich hielt dann an und sagte zu meiner Freundin, sie solle mein Handy vom Rücksitz holen. Ich selbst war dazu nicht in der Lage, da ich so zitterte. Als sie dann auf mein Handy schaute, war da aber kein ausgehender Anruf zu verzeichnen. Nichts war festzustellen, es war nicht damit telefoniert worden. Dennoch stand bei ihr, ich hätte sie angerufen. Meine Freundin ging dann auch in ein Handygeschäft und erkundigte sich, ob sowas passieren kann. Doch der Mann dort sagte ihr, dass ich da wirklich angerufen haben muss, anders wäre es nicht möglich. Wir hatten aber doch die komplette Liste der ausgehenden Anrufe angeschaut und da war nichts. Eine andere Simone kannte sie auch nicht.

Ich hab dann gesagt «Oma, du bist a Strizi!»

Einmal saß ich draußen, es war um die Zeit ihres Geburtstags. Meine Oma hatte einen Tag nach mir Geburtstag und früher habe ich an meinem Geburtstag immer einen Kuchen für sie gemacht. Ich saß also draußen im Liegestuhl, mit meinem Tablet und hörte mir das Lied «Einmal seh'n wir uns wieder» von Gabalier an. Da dachte ich «Oma, wenn du doch zu mir als Schmetterling kommen und mir sagen würdest, dass es dir jetzt gut geht und dir deine Knie nicht mehr wehtun …» Da plötzlich kam tatsächlich ein Schmetterling geflogen. Ich traute meinen Augen kaum. Es war ein Pfauenauge und er setzte sich auf mein Knie. Dann kam ein Zweiter angeflogen und die beiden tanzten über mir. Ich dachte mir dann «Wenn du es bist, Oma, setz dich doch auf mich.» Und beide Schmetterlinge setzten sich dann wirklich auf mich. Ich musste so weinen! Später hab ich nachgelesen, dass früher geglaubt wurde, die Seelen von Verstorbenen würden in die Form von Schmetterlingen schlüpfen, um ihre Angehörigen noch einmal zu besuchen. Das war so schön!

Nun habe ich noch eine Geschichte.
Der Opa meines Mannes Roland hatte sich am 2. Juli vor zwei Jahren aufgehängt. Kurz nach seinem Tod habe ich ihn immer gespürt. Es passierten seltsame Dinge, vor allem in unserem Keller. Dort spürte ich eine plötzliche Kälte und manchmal einen Windhauch, obwohl alles zu war. Dann gingen alle Lichter aus- und wieder an. Da waren Schatten und das ständige Gefühl, er wäre da. Eigentlich hatte ich gar nicht so viel mit ihm zu tun gehabt. Es machte mit große Angst. Ich suchte mir Hilfe bei der Frau, zu der ich nun immer zur Meditation gehe. Zuerst habe ich mich nicht getraut, es anzusprechen und habe deshalb bei ihr erstmal einen Termin zur Fußpflege ausgemacht. Als ich dort ankam, fragte sie mich, wen ich denn da mitgebracht hätte? Ich dachte erst, sie wäre verrückt. Ich war schließlich allein. Nach der

Fußpflege sagte sie dann zu mir, ich hätte einen Mann mitgebracht, der etwas um den Hals hat - irgendetwas Wehes. Mir läuft es sogar jetzt noch eiskalt den Rücken hinunter, wenn ich daran denke. Ich wusste dann natürlich sofort, wer das war. Sie meinte, er habe ihr gesagt, ich sei wegen ihm da. Ich bestätigte das und erzählte ihr von ihm. Sie sagte, er habe ihr erzählt, dass ich sehr sensibel sei und ihn gespürt habe. Außerdem sagte er, ich solle an das alles glauben.» Simone kamen nun die Tränen und sie brauchte einen Augenblick, um sich zu sammeln, bevor sie fortfuhr:
«Am 2. Juli hat er sich erhängt, am 21. Juli, meinem Geburtstag, haben wir unsere neue Terrasse fertiggestellt und am 24. Juli war ich bei dieser Fußpflege. Die Dame dort sagte mir dann, sie habe eine Bestätigung für mich. Etwas, das der Opa meines Mannes zu Lebzeiten nicht mehr gesehen habe, aber trotzdem wisse. Sie beschrieb dann unsere Holzterrasse und den neuen Whirlpool, meinen Steingarten und einen besonders großen Stein, den ich kürzlich dort hineingesteckt und mit einem Gesicht bemalt und einem Weidenkranz verziert hatte. Ich fragte sie dann, ob sie jemanden kennen würde, der ihr das erzählt haben könne, doch sie verneinte es. Ich hatte diesen Stein erst drei Tage zuvor bemalt! Ab da glaubte ich es hundertprozentig.
Opa ließ mir dann auch ausrichten, warum er das alles getan habe. Er sei kurz zuvor im Krankenhaus gewesen und habe erfahren, dass er eine schwere Krankheit habe. Er wollte damit niemandem zur Last fallen, deshalb habe er sein Ableben genau geplant. Er hat erzählt, dass er vorher noch gefrühstückt und dann ein Schnäpschen getrunken habe, was von uns niemand wusste. Er hat sich vorher um alles gekümmert, sogar die Zeitung abbestellt, einen Koffer mit den Dokumenten bereitgelegt usw. Danach habe ich ihn dann nicht mehr gespürt.
Rolands Cousine aus Straubing war dann auch bei der Dame und auch zu ihr hat Opa gesprochen. Er sagte ihr, er würde bei uns im Haus immer nach dem

Rechten sehen. Seine Cousine konnte mir dann unser Haus genau beschreiben, obwohl sie noch nie bei uns war. Sie beschrieb auch unseren Erker, in dem ein Fenster ist und eine große Schiebetür. Sie sagte zu mir, dass dort Opa immer stehe und schaue, ob es uns gut gehe. Jetzt weiß ich auch, was da bei uns immer am Fenster ist. Ich sehe da öfter einen Schatten und höre ein deutliches Klopfen. Dann habe ich immer Angst, weil ich nicht damit umgehen kann. Neulich war sogar die Scheibe an einer Stelle beschlagen, als hätte jemand dagegen gehaucht.

Immer wenn es mir schlecht geht, sehe ich eine Art Schattengestalt. Manchmal, wenn ich allein bin, sehe ich im Flur etwas Dunkles, was das Licht blockiert. Wer das ist, weiß ich nicht. Nachts werde ich manchmal wach und habe das Gefühl, es würde mich jemand streicheln oder berühren und ich höre dann auch immer eine Stimme, verstehe aber nicht, was sie sagt. Es ist nicht unsere Sprache.
Die allerersten Erlebnisse hatte ich als Kind. Meine Tante hat mir erzählt, ich hätte immer Sachen gesehen, die sonst keiner sehen konnte. Ich habe gelesen, dass man als Kind für solche Sachen empfänglicher ist und dass es dann später langsam weniger wird.
Mein erstes Mal, an das ich mich bewusst erinnern kann, war viel später und das hat mir auch richtig Angst gemacht. Es ist jetzt schon sieben oder acht Jahre her. Ich hatte damals eine langjährige Kundin, S., die am Borderline-Syndrom litt und sich auch häufig selbst verletzt hat. Sie war auch ein ganz lieber Mensch, aber von vielen total ausgenutzt. Man denkt dann immer, man könne helfen, aber leider nicht. Sie hat sich mir dann ein wenig anvertraut und erzählt, dass sie als Baby schwer misshandelt worden sei [die Details erspare ich dem Leser hier]. Mir hat es die Haare aufgestellt, als ich das gehört habe. Sie hat dann später Betriebshelferin gelernt, also sie kam z.B. auf einen

Hof, wenn dort die Mutter verstorben war, um dort zu helfen. Das war natürlich nicht der richtige Beruf für sie, da sie das Leid der anderen nicht verkraftet hat, wo sie ja selber schon so viel Leid erfahren hatte. Deshalb war sie dann auch öfter in der Psychiatrie. Das letzte Mal hatte sie getrunken und war dann Auto gefahren. Die Polizei hat sie dann aufgehalten und dann wohl auch eingewiesen. Das habe ich damals gar nicht erfahren. Ich ging damals einfach meinem gewohnten Tagesablauf nach, kochte, räumte auf und abends setzte ich mich auf meinen Hometrainer zum Radfahren. Es war an diesem Abend schon gegen zehn Uhr. Plötzlich überkommt mich ein überwältigender Geruch nach Schnaps und Zigaretten. Meine Kundin hat auch immer penetrant danach gerochen. Sofort dachte ich also an S. Dann zog ich mich aus, da ich dachte, es läge an meiner Kleidung. Ich warf meine Sachen in den Keller zur Wäsche und zog frische Sachen an. Doch ich roch es immer noch. Dann schlief ich ein. Am nächsten Morgen war der Geruch erstmal weg, doch am Abend, als ich wieder auf dem Hometrainer saß, war er wieder da. Mein Mann und meine Tochter rochen seltsamerweise aber nichts.
Wieder wechselte ich die Kleidung, da der Geruch mich so störte. Am folgenden Morgen las ich die Zeitung und auch die Todesanzeigen. Ich blätterte also so herum, plötzlich fiel mir etwas ins Auge. Ich blätterte wieder zurück und da sah ich es: S. war gestorben und zwar am Tag, als ich den Geruch zum ersten Mal wahrgenommen hatte. Sie hatte sich in der Psychiatrie mit der Kordel ihrer Jogginghose erhängt. Ihr Bruder hatte dann einige Tage später auch einen Termin zum Haareschneiden bei mir und ich erzählte ihm alles. Er meinte dann, er könne sich das gut vorstellen, da S. mich sehr gemocht habe. Bei ihnen sei sie übrigens auch gewesen, um sich zu verabschieden. Sie lebten in einem alten Haus mit knarrendem Holzfußboden. Ihr Bruder hat am Abend ihres Todes oben im Haus Schritte gehört. Er wunderte sich darüber, da ja seine Schwester in der Psychiatrie war. Als er nachsah, war da aber

niemand. Die Tür war aber einen Spalt offen. Er schloss sie und ging wieder nach unten. Da hörte er es wieder. Noch einmal ging er nach oben und da war die Tür wieder offen! Er hörte dann noch mehrmals etwas. Ich weiß nicht mehr genau, aber da war auch irgendetwas mit dem Licht. Daran erinnere ich mich aber nicht mehr. Jedenfalls war es derselbe Abend, als auch bei mir die Sache mit dem Geruch losging. Nach zwei Tagen war nichts mehr. Seit ich es in der Zeitung gelesen hatte, war Ruhe.»

Geburtstagsgrüße aus dem Jenseits

Frau Rabbe und Frau Schröder sind Mutter und Tochter. Beide haben schon so manches unheimliche Erlebnis gehabt. Im Folgenden erzählt uns Frau Schröder, wie sich verstorbene Angehörige nach ihrem Tod noch einmal gemeldet haben:

«Mamas Papa ist am 30.6.1971 gestorben. Am Tag vor der Beerdigung, also am 12.07.71, war Mamas 20. Geburtstag. Spätabends lag sie mit ihren zwei Schwestern Z. und E. im Bett (sie schliefen alle drei in einem Zimmer). Am Polster des ausziehbaren Sofas, auf dem sie schlief, hörte und fühlte Mama plötzlich ein Kratzen neben ihren Füßen. Es war so ähnlich wie eine Katze, die ihre Krallen schärft.

Sie dachte, dass sie es sich einbilden würde, weil sie durch den Tod ihres Vaters so am Ende war. Also setzte sie sich im Bett auf und hörte genau auf das Kratzen. Z. fragte auf einmal meine Mutter: *«E., hörst du das Geräusch?»* und ihre andere Schwester E. meinte *«Ich höre das Geräusch auch!»*

In Mamas Kopf erschien plötzlich ein Text, so als ob sie ein Telegramm lesen würde: *«Liebe Tochter, zu deinem Geburtstag wünsche ich dir alles Gute!»*

Es waren so viele Kratzer zu hören wie Silben in dieser Botschaft. Danach war alles vorbei. Vielleicht war ihr Vater da, um zum Geburtstag zu gratulieren?

Mama und Papa waren auf der Hochzeit von K. und M. (23.09.1988) und schliefen danach im Haus von Oma und Opa, da sie in der Nähe der Feier wohnten. Mama trank am frühen Abend ein Glas Sekt und dann nichts mehr, weil sie autofahren musste. Papa hatte etwas mehr getrunken. Zwischen zwei und drei Uhr sind sie dann zum Haus gekommen. Außer ihnen war niemand daheim.

Sie legten sich sofort hin und Papa schlief direkt ein. Draußen tobte ein Herbststurm und Mama hörte dem Klappern der Rollos und Türen zu. Sie kannte diese Geräusche schon, das war normal in dem Haus und sie dachte sich nichts dabei.

Nach wenigen Minuten hörte Mama eindeutig, wie jemand die Treppe hoch kam. Sie erschreckte sich, da sie wusste, dass niemand außer ihnen im Haus war.

Auf einmal sah sie, wie die Tür aufging, sah aber niemanden reinkommen. Obwohl es dunkel war, konnte sie alles gut erkennen, da die Straßenlaterne durch das Fenster schien. Mama lag auf der Seite, Richtung Papa gewandt. Sie hörte, wie jemand mit schweren Schritten am Bett vorbei ging bis hinter ihren Rücken, sah aber keinen. Sie fühlte sich plötzlich wie gelähmt. [...] Der kalte Angstschweiß stand ihr auf der Stirn. Hinter ihr war ein Toilett-Schränkchen mit einer Glasplatte. Darauf hatte Mama vor dem zu Bett gehen eine dickere Silberkette gelegt. Sie hörte, wie sie jemand hochhob und dann wieder fallen ließ. Währenddessen spürte Mama Blicke im Nacken, so als ob sie jemand von hinten angucken würde. Danach hörte sie, wie die Schritte wieder zurück gingen, sah wie die Tür zu ging, hörte die Schritte durch den Flur und die Treppe hinunter gehen. In diesem Moment löste sich langsam ihre Lähmung. Mama vermutet, dass es Papas Patenonkel O. gewesen sein könnte, da er ein paar Tage vorher verstorben war.

Auch ihr Bruder P. käme in Frage, der genau zwölf Jahre zuvor verstorben ist.

Mama und Papa waren im Urlaub, nicht weit von P. entfernt, wo Mamas Großmutter gelebt hatte. Mama war vorher noch nie in P. gewesen und wollte dorthin, um sich das Haus und das Grab ihrer Vorfahren anzugucken.

Auf gut Glück ging sie auf den Friedhof und bat im Geiste ihre Großmutter, ihr zu helfen das richtige Grab ihrer Vorfahren zu finden. Sie ging immer in

eine Richtung, blickte zwar immer hin und her zwischen den Gräbern, aber sie kam von einem Gefühl geleitet, tatsächlich bei dem richtigen Grab an.
Da es sehr schmutzig war, versuchte sie das Grab mit einem Taschentuch so gut es ging zu säubern.
Abends gingen sie wieder ins Hotel. Nachts wachte Mama auf und roch einen sehr angenehmen Duft. Erst dachte sie, dass sie das geträumt hat, doch plötzlich kam ein großer Schwall dieses angenehmen Geruchs zu ihr.
Ein Jahr später waren sie wieder in diesem Hotel. Wieder besuchten sie das Grab und Mama reinigte es wieder grob. Nachts wachte sie, wie im Jahr zuvor, davon auf, dass sie einen intensiven, aber angenehm süßlichen Duft roch (dieses Mal jedoch ein anderer als im Jahr zuvor).

Mamas Großmutter lebte früher in P. Dort lernte sie Nähen. In der Schneiderei hatten sie den Auftrag, ein Hochzeitskleid zu nähen, welches am Tag nach folgendem Ereignis fertig sein sollte. Es dauert bis Mitternacht, bis meine Urgroßmutter nach Hause ging.
Sie ging den kürzeren Weg über den Friedhof. Das war normal für sie, da sie neben dem Friedhof aufgewachsen war und sie schon als kleines Kind öfter auf dem Friedhof gespielt hatte.
Die Mutter meiner Urgroßmutter war vor kurzem gestorben und sie musste auch an ihrem Grab vorbei. An der Stelle, an der das Grab steht, erschien plötzlich ein weißer Nebel, der sie verfolgte. Sie hatte große Angst und fing an, zu laufen. Der Nebel wurde genauso schnell wie sie. Als sie langsamer ging, wurde auch der Nebel langsamer. Sie fing wieder an zu laufen und der Nebel folgte ihr im gleichen Tempo. Erst als sie zuhause ankam, war der Nebel verschwunden.

Es gab ein Mädchen (oder eher junge Frau), die in Opa verliebt war. Sie wollte ihn immer wieder überreden, mit ihr zusammenzukommen, aber Opa war in Oma verliebt.
Eines Nachts träumte er von diesem Mädchen, die ihm sagte, dass er mit ihr kommen solle. Der Traum kam ihm sehr real vor und das Mädchen war sehr energisch und lies nicht locker. Aber Opa meinte, dass er hier bei G. (Oma) wäre.
Am nächsten Morgen erfuhr er, dass das Mädchen in der Nacht verstorben war. Vielleicht wollte sie ein letztes Mal die Chance nutzen, mit ihm zusammenzukommen?

Meine Oma erzählte, dass sie einige Zeit, nachdem ihr Sohn P. gestorben war, eines Nachts davon aufwachte, dass sich jemand auf ihr Bett gesetzt hatte. Sie sah ihren verstorbenen Vater und er fragte, wo denn P. sei. Oma antwortete: *«Aber Papa, P. ist doch gestorben.»*
Vor Angst fing sie laut an, das Vater-Unser zu beten, und die Gestalt verschwand bald. Aber sie fühlte noch lange den Druck auf den Beinen.

Meine Oma lebte später bei ihrer Tochter E. in einer Einliegerwohnung. Sie verstarb schließlich an einem Freitagmorgen, Ende Dezember 2012.
Meine Tante erzählte, dass in der Nacht von Freitag auf Samstag nach ihrem Tod Folgendes passierte:
E. hatte abends das Fenster in der Wohnung meiner Oma einen Spalt aufgelassen, damit das Zimmer durchlüften konnte. Dieses Fenster wird mit einem Haken so festgemacht, dass es sich nicht durch einen Luftzug o.ä. schließen kann.

Als meine Tante am nächsten Morgen die Wohnung betrat, war das Fenster jedoch verschlossen. Sie wunderte sich und fragte ihren Mann, ob er es vielleicht zugemacht hätte, aber er verneinte. Sie tat es ab und dachte, dass sie es dann wohl doch selber zugemacht haben müsse.

Am Abend machte sie das Fenster wieder auf und achtete dieses Mal ganz genau darauf, dass es auch wirklich auf und der Haken richtig eingehängt war. Am nächsten Morgen war es aber wieder zu. Sie fragte wieder ihren Mann und er musste wieder verneinen.

Beide schauten sich das Fenster an und mussten feststellen, dass es unmöglich war, das Fenster zu schließen, wenn der Haken eingehängt war.

Meine Oma hatte vor dem Schlafengehen immer ihr Zimmer gelüftet, dann aber stets das Fenster geschlossen, da sie es immer warm haben wollte.

Eine Freundin meiner Oma, welche auch gut mit meiner Mutter befreundet war, erzählte folgendes Erlebnis: Sie war 16 Jahre alt und ihre Großmutter war vor einiger Zeit verstorben. Eines Nachts erschien sie ihr im Traum. Die Großmutter sagte zu ihr, dass sie mitkommen solle, doch sie antwortete: *«Oma, du bist doch tot!»*

Plötzlich wurde die Oma zu einem Skelett, welches eine große Schere hob und damit immer wieder in die Luft Schnitt. Daraufhin wurde sie wach, die Kirchturmuhr schlug gerade vier Uhr, und sie sah, wie eine große Schere, welche normalerweise in einem ganz anderen Zimmer lag, tatsächlich im Raum schwebte und in die Luft schnitt. Das Licht, welches von außen ins Fenster fiel, reflektierte sich in der Schere, so dass sie gut zu sehen war.

Vor Angst lief sie dann zu ihrer Mutter und legte sich zu ihr ins Bett. Die Mutter fragte daraufhin, was los sei, doch sie antwortete, dass sie es ihr am nächsten Morgen erzählen würde.

Am nächsten Morgen dachte sie dann, dass sie alles geträumt haben müsse. Als sie jedoch in ihr Zimmer ging, lag die Schere an eben dieser Stelle, an der die Erscheinung im Traum gewesen war, obwohl sie vorher ganz sicher ganz woanders gelegen hatte.

Ein weiteres Ereignis, das die Freundin meiner Oma erzählte, war Folgendes: Ihr Mann war kürzlich gestorben. Sie ging nach Hause, um seine Sachen für die Beerdigung zu suchen, als sie einen sehr lauten Knall hörte. Als sie sich umsah, sah sie, dass der Rahmen der Tür an einer Stelle unerklärlicherweise gerissen war.

Einige Zeit später hörte sie erneut einen lauten Knall, der von ihrer Vitrine kam, in dem Kristallgläser standen. Sie dachte, dass eines davon vielleicht von alleine gesprungen sei. Sie schaute sich jedes einzelne Glas an, aber alle waren heil.»

Schwerer Abschied

Katrin Höllhuber und Claudia Elisabeth, zwei Schwestern, erzählen uns im Folgenden von verschiedenen Besuchen ihrer verstorbenen Großmutter: «Wir wohnen in einem großen Haus und unsere Großeltern lebten im ersten Stock. Alles begann, als unsere Oma 2006 verstarb. Die *üblichen* Phänomene traten auf: man hörte z.B. unten, wie oben Sessel verschoben wurden, obwohl oben ja niemand mehr wohnte, Bilder fielen um, Kerzen bogen sich, man sah Schatten vorbei huschen, Schrankwände bewegten sich …

Meine Schwester Claudia wollte gerade aus dem Bad heraus gehen, als ein Schatten in Richtung Spiegel flitzte! Sie erschrak so heftig, dass sie sich eine Stunde nicht mehr aus dem Bad heraus getraut hat, und wir haben nichts gehört. […]

Meine Mutter schlief eines Nachts oben bei meiner Schwester, weil sie nicht allein sein wollte. Plötzlich fühlte es sich so an, als ob ihr jemand eine Haarsträhne aus dem Gesicht gestreift hätte. Sie bekam die ärgste Gänsehaut ihres Lebens!

Klamotten wechselten wie von selbst den Schrank, der Lichtschalter, der sich per Bewegungsmelder einschaltete, spielte verrückt … Dann fuhr unsere Mutter für drei Wochen auf Kur und es kehrte wieder Ruhe ein.

Sechs Jahre später bekam ich ein Kind, Raphael. Wir wohnten einige Wochen im Haus, wo Oma verstarb. Es ereignete sich ca. zwei bis drei Wochen später ein sehr merkwürdiges Ereignis, das mir heute noch die Gänsehaut aufsteigen lässt.

Meine Mutter, meine Schwester und ich saßen gemütlich unten im Wohnzimmer beisammen. Unser Bewegungsmelder ging mal wieder [scheinbar von selbst] an und aus. Doch was mich zum Nachschauen bewegte, war das

Babyphon! Es knarzte und rauschte wie verrückt, man konnte keine Stimmen hören oder Geschrei, nur Rauschen und Knarzen. Ich ging also hoch, öffnete die Tür und erschrak! Mein Sohn lag quer im Bett, seine Bettdecke war gefaltet neben ihm. Es war Winter, wir hatten damals -20 Grad in Österreich. Sein Spucktuch lag wie ein Heiligenschein gefaltet und geformt auf dem Bett über seinem Kopf. Ein zwei bis drei Wochen altes Kind kann sich noch nicht selbst drehen. Er konnte es vorher und direkt nach diesem Ereignis zumindest nicht.

Ich rief nach unten: *«Mama hast, du Raffi umgelegt?»*

Sie verneinte. Ich fragte meine Schwester, diese verneinte auch. Und mein Vater hatte schon geschlafen, weil er früh aufstehen musste.

Na, dann blieb nur mehr eine Option und diese war nicht ich, denn ich würde meinen Sohn niemals ohne Decke schlafen lassen. Meine Mutter meinte darauf nur: *«Sie wollte ihn sich auch einmal ansehn!»*

Etwa drei Jahre später:

Meine Schwester lag im Bett und schlief. Doch plötzlich wurde sie hellwach, denn es fühlte sich so an, als würde jemand von unten gegen die Matratze treten. Wir hatten als Kinder ein Stockbett, und ich hab das damals so gemacht, dass ich sie immer hochschupste.

Etwa zwei bis drei Minuten hat es also bei meiner Schwester gerumpelt und sie stand unter Schock. Sie konnte zuerst nicht schreien!

Sie meinte, gleich aus dem Bett zu fallen. Dann konnte sie sich überwinden und schrie: *«Jetzt ist aber Ruhe!»* Danach plumpste sie wieder runter und konnte nicht mehr einschlafen. Nun war zwar Ruhe, doch das Licht blieb an.

Ein paar Monate später war ich in einer ähnlichen Situation. Meine Schwester ging aus und ich war allein im Zimmer. Es gibt darin ein großes Bett und wir schlafen immer gemeinsam darin, wenn ich zu Besuch bin. Mein Sohn hatte zu dieser Zeit ein großes Reisebett, das in einem anderen Zimmer stand. Ich war kurz vor dem Einschlafen und es fühlte sich plötzlich so an, als würde mich jemand oder etwas in Richtung Wand ziehen, nach links und nach rechts. Ehe ich wusste, wie mir geschah, war es weg. Auch ich konnte ohne Licht nicht mehr einschlafen.

Ein paar Tage später stand Raffi schreiend auf der Treppe. Ich rannte sofort hoch, das Babyphon war anscheinend defekt. Ich fragte ihn, wie er denn aus seinem Reisebett rausgekommen wäre. Raffi meinte, Oma hätte die Tür aufgemacht. (Man konnte beim Bett mit einem Reißverschluss ein Türchen öffnen, wodurch man rauskrabbelte.) Ich war perplex, was soll man darauf sagen?» Katrin und Claudia sind der Meinung, es wäre ihre Oma gewesen, die sich noch einige Male gemeldet hätte. Doch seit etwa einem Jahr hat sie sich nicht mehr gezeigt.

Verwirrte Seelen

Sylvia Schumacher erlebte in ihrem Beruf bereits zweimal, dass sich Personen noch einmal kurz nach ihrem Tod gemeldet haben.

«Ich bin Altenpflegerin und hatte beide Male Nachtschicht mit einer Kollegin Steffi. Das heißt, außer den Bewohnern [des Altenheims] und uns, war niemand im Haus. Es herrschte damals eine Magen-Darm-Grippe, die - wie immer in solchen Fällen - jeder zweite/dritte Bewohner erwischt hatte. Steffi und ich waren also im Dauereinsatz und dabei, das Bad eines Bewohners zu säubern. Die Bad- und auch die Zimmertüre standen weit offen, so dass wir direkten Zugang zum Wagen mit der Schmutz- bzw. sauberen Wäsche hatten. Während wir so arbeiteten (der Bewohner lag wieder im Bett), hörte ich dauernd so ein undeutliches Reden, von Rauschen unterbrochen und ziemlich unverständlich. Steffi hörte es auch, meinte aber nur achselzuckend: *«Ist bestimmt jemand, der Radio hört»* - woraufhin ich ihr antwortete: *«Steffi, in dieser Ecke liegen nur demente Pflegefälle, bei denen beide Bettgitter hochgefahren sind. Wer soll denn da bitte Radio hören? Und was ist das überhaupt für eine Sprache?»*

Heute weiß ich: es hörte sich an, wie EVP-Aufnahmen[2] bei der Serie *Ghost Hunters* - also wie eine Geisterstimme.

So, ich bückte mich also, um die Schmutzwäsche neben Steffi aufzuheben und sah durch die offenen Türen eine kleine Gestalt, ganz in weiß, durch den Flur

---

[2] EVP steht als Abkürzung für electronic voice phenomenon, zu übersetzen mit *elektronisches Stimmenphänomen*. Geisterjäger sind der Meinung, man könne mit Hilfe eines Aufnahmegerätes (z.B. ein Diktiergerät) die Stimmen von Geistern aufnehmen. Je nach Qualität des Aufnahmemediums enthalten die entstandenen Aufnahmen mehr oder *weniger* Artefakte, also Knackgeräusche und Rauschen.

gleiten. Gleichzeitig gingen nacheinander alle Lichter an (durch Bewegungsmelder gesteuert), an denen die Gestalt vorbeischwebte. Wie von der Tarantel gestochen, ließ ich die Wäsche fallen und bin hinaus auf den Flur. Dort war es bestimmt zehn bis fünfzehn Grad kälter als im Bad des Bewohners. Ich sah die Gestalt noch flüchtig von hinten, ihre Füße steckten in einer Art diffusem Nebel - und dann war sie weg.

Steffi kam aus dem Zimmer: «*Ist etwas passiert? Mann, du bist ja kreidebleich! Und überhaupt, wieso ist das hier auf einmal so saukalt?*»

Ich antwortete wie betäubt: «*Wir müssen runter zu Frau W., sie ist gestorben.*»

Steffi meinte ungläubig: «*Wie? Woher willst du das denn wissen?*»

Und ich erklärte ihr, was ich gesehen hatte.

«*Das gibt's doch gar nicht!*», rief sie. Aber so war es. Als wir das Zimmer von Frau W. betraten, stellten wir fest, dass sie tot war. Alleine hätte sie in lebendem Zustand nicht mehr durch die Gänge wandern können, da ihre Beinmuskeln so kontraktiert waren, dass sie seit über einem Jahr nicht mehr laufen konnte.

Aber in besseren Tagen lief sie gerne nachts im Nachthemd durch die Gänge, immer auf der Suche nach etwas Essbarem. Ich denke, sie hatte sich nach dem Tod irgendwie verlaufen, denn in dem Zimmer, wo wir gerade beschäftigt waren, hatte früher immer Frau W. gelegen, bis sie eine Etage tiefer verlegt wurde. Wer weiss?

Wir hatten eine Bewohnerin, die war so dement, dass sie ständig vergass, wann sie zuletzt auf der Toilette gewesen ist. Sie spürte auch keinen Drang, nur hatte sich in ihrem Gehirn das Wort *Toilette* verfestigt, was zur Folge hatte, dass wir x-mal umsonst mit ihr auf's WC rannten. Sie schlief mit über 100 Jahren friedlich ein (auch in meiner Nachtschicht).

Nachdem das Zimmer gesäubert, neu gestrichen usw. war, zog eine andere Bewohnerin ein. Sie war sehr nett, schon leicht durcheinander, aber sehr lieb.

Da klingelte sie des Nachts und wir sind hoch zu ihr: «*Frau H., ist alles in Ordnung? Sie haben geklingelt.*»
Worauf sich Frau H. im Bett aufsetzte und meinte: «*Ich will mich ja nicht beschweren. Es gefällt mir sehr gut hier. Aber langsam wird es mir lästig, dass hier nachts ständig eine kleine Frau aufkreuzt und mir sagt, sie müsse zur Toilette.*»
Steffi meinte dann zu mir: «*Mit dir mach ich keine Nachtwache mehr. Dauernd passieren so seltsame Dinge, das wird mir jetzt aber unheimlich!*»»

Spuk im Altenheim

Natalie von P. ist ebenfalls Altenpflegerin und auch sie erlebte schon einige unheimliche Vorfälle während ihrer Arbeitszeiten. «Mir sind bereits zweimal Dinge passiert.
In der Nacht vom 24. auf den 25. Dezember ist eine Bewohnerin verstorben. Sie war allerdings noch drei Tage bei uns im Abschiedsraum. Ihr Zimmer wurde abgeschlossen, nachdem wir sie nach unten gefahren hatten. Nachdem sie abgeholt worden war, ging in einem anderen Zimmer plötzlich die Glocke, obwohl die Bewohnerin diese nicht selbst hätte betätigen können. Das Zimmer [der Verstorbenen] war nur zwei Räume weiter …
Beim Rückweg sahen wir auf einmal, dass die [zuvor verschlossene] Zimmertüre der Verstorbenen sperrangelweit auf stand und das Licht im Raum brannte!

Im Januar ist eine Bewohnerin an plötzlichem Herztod verstorben. Sie ist mit ihrem Mann in einem Zimmer gewesen. Wir haben sie raus- und in ein leerstehendes Zimmer gebracht. Unsere Stationskatzen sind sonst nie in diesen Gang gegangen, in dem das Zimmer des Ehepaares war, da ihr Frauchen im Gang gegenüber wohnte. Doch sind diesmal beide die ganze Nacht vor dem Zimmer des Ehepaares gesessen! Ich hatte außerdem ein merkwürdiges, beklemmendes Gefühl, sobald ich in die Nähe des Zimmers kam, in dem sie lag.»

Katerchens Abschied

Miriam Kreher, die auch schon in der Geschichte *Himmlischer Besuch* von ihren Erlebnissen berichtet hat, erlebte nach dem Tod ihrer geliebten Katze etwas Unheimliches:

«Das alles war vor etlichen Jahren, damals war ich sechs und erst eingeschult worden.

In diesem Jahr war auch meine geliebte Katze verstorben. Eines Abends, als ich zu Bett ging, das Licht der Nachttischlampe war noch an, sah ich auf meiner Matratze diese kleinen Mulden. So als ob dort jemand stehen würde. Einen kurzen Augenblick später kamen diese Mulden auf mich zu, es waren insgesamt vier. Nach einem weiteren Moment erschienen auch, in der Luft schwebend, diese leuchtenden blauen Augen. Ich schrie damals auf und meine Mutter kam.»

Der Polterhund

Ann-Kathrin S. hatte einen kleinen, tierischen Beschützer, der auch nach seinem Tod noch auf sein Frauchen aufpasste. Sie erzählt hier einige Erlebnisse, die sie vor etwa neun Jahren hatte:
«Ich war etwa 15 Jahre alt, die Zeit des ersten Freundes und des sich Ausprobierens. [...] An meinem 15. Geburtstag musste mein geliebter Hund Jack über die Regenbogenbrücke gehen. Er hatte Krebs. Wir sind zusammen aufgewachsen, wir haben ihn aus dem Tierheim, er ist ausgesetzt worden, wir haben viel erlebt, gute und schlechte Zeiten. An diesem Tag stand ich an meinem Fenster und blickte in den Garten. Dort sah ich, dass meine Eltern unseren Hund tragen mussten, da er seine Hinterbeine nicht mehr bewegen, geschweige denn aufstehen und sich auf den Beinen halten konnte. Meine Eltern mussten den Tierarzt rufen und ich hatte die strickte Anordnung, auf meinem Zimmer zu bleiben. Ich durfte nicht nach unten kommen. Als der Tierarzt dann da war, ging alles ziemlich schnell. Bis heute ist mir sein lautes Bellen und Knurren, dem Tierarzt gegenüber, ins Gedächtnis gebrannt, dann das immer leiser werdende Janken und die darauf folgende Stille. Ich lag auf meinem Bett, presste mir mein Kissen auf's Gesicht und die Ohren, weinte bitterlich. Ich konnte - nein - ich durfte mich nicht von meinem geliebten Hund, von Jack, meinem besten Freund verabschieden!
Das ist ein wichtiger Teil der gesamten Geschichte.
Ich weiß nicht mehr, wann es genau angefangen hat, aber irgendwann nach dem Tod meines Hundes hörte ich ab und an und dann bald jede Nacht lautes Gepolter aus dem Erdgeschoss. Es hat sich immer angehört, wie extremes Stühleschieben oder als ob jemand gegen die Stühle lief. Mein Zimmer lag in der ersten Etage und wenn man aus dem Zimmer geschaut hat, ging der Blick

geradewegs auf die dunkle Treppe, die zum Ort des Geschehens führte: nach unten ins Esszimmer. Und dazu muss gesagt werden, dass wirklich niemand unten war! Meine Eltern waren in der 2. Etage am Schlafen, ebenso wie meine sechs Jahre jüngere Schwester. Wenn jemand die Treppe herunter gekommen und nach unten gegangen wäre, hätte ich das definitiv mitbekommen. Ich war also jede Nacht in meinem Zimmer alleine, hellwach in meinem Bett und starr vor Angst [...] Selbst als mein damaliger erster Freund hier übernachtet hat, hat es im Erdgeschoss gerumpelt. Ich habe mich kaum noch getraut, spät nachts pinkeln zu gehen. Der bloße Blick in den dunklen Flur hat mir eine Heidenangst eingejagt.»

Doch das Schlimmste passierte, als eine gemeinsame Freundin bei Ann-Kathrin übernachtete:

«Ich hatte eine ausklappbare Schlafcouch und natürlich, wie schon erwähnt, komische und sehr gruselige Geräusche im Erdgeschoss. Besonders schlimm fand ich es dann aber, als sie mich wach machte und total ängstlich fragte: «Was war das?!» und ich fragte natürlich «Was?» Es kann natürlich auch ein sehr seltenes Erdbeben gewesen sein, aber ich weiß genau, mein gesamtes Bett hat regelrecht gewackelt/vibriert. Ich hatte so extreme Angst, dass ich laut nach meinem Vater gebrüllt habe.»

Ein weiteres Erlebnis, das auch in dieser Zeit passierte, ängstigte Ann-Kathrin derartig, dass sie die Flucht ergriff:

«Ich saß nebenan im Wohnzimmer und wollte einen Film schauen, konnte aber den DVD-Player nicht zum Laufen bringen. Also saß ich spät abends alleine im Haus, die Eltern waren auf einer Gartenparty mit meiner Schwester, alles war dunkel. Das Wohnzimmer hatte zwei Türen, die zu jeweils einer Treppe führten. Und dann ging's auch schon los. Ein Knack von oben, dann ein Knack von der unteren Treppe. Dann wieder Knack von oben und wieder eins von unten. Das Knacken kam mit jedem Mal eine Stufe auf jeder Treppe

näher. Ich hab den TV ausgemacht, mir meine Jacke geschnappt und bin wie eine Irre aus dem Haus zu den Kleingärten gerannt.
Das mag alles nach kleinen, einzelnen Geschichten klingen, aber das geschah alles erst, nachdem mein geliebter Hund verstorben war. [...] Ich sehe das als Zeichen meines Hundes, der mir sagen wollte, dass mein damaliger Freund nichts taugte. Und Recht hatte er! Als ich mich von ihm getrennt hatte, verstummten auch sämtliche unheimlichen Geräusche. Ich glaube mittlerweile fest daran, dass dies [mein Hund] Jack gewesen ist, der mich beschützen wollte. Er hat immer sofort gespürt, wenn jemand nicht gut zu mir war. Neben diesen nächtlichen Ereignissen, hat er mich auch oft in meinen Träumen besucht. Zu Anfang waren mir diese Besuche ziemlich unheimlich, sogar Angst hatte ich vor ihm. Aber mit der Zeit ist meine Angst komplett verschwunden und ich freue mich, wenn er mich im Traum besucht. So habe ich wenigstens die Möglichkeit, ihn wiederzusehen und die Chance, ihm sagen zu können, wie sehr ich ihn vermisse [...] Ich liebe und vermisse ihn so sehr, dass mir beim Aufschreiben meiner Geschichte glatt die Tränen kommen. Diese Freundschaft geht weit über den Tod hinaus.»

Ann-Kathrin mit ihrem treuen Beschützer

Geisterhafte Begegnungen / Spukhäuser

Es sind scheinbar nicht immer nur die Geister von Familienangehörigen und Freunden, die Besuche abstatten. Auch so mancher unbekannte Spuk begegnete den Menschen, die mir ihre Geschichten berichteten. Es scheint demnach sogar regelrechte Spukhäuser zu geben …

Spukhäuser verlangen ihren Bewohnern gute Nerven ab

Nächtlicher Besucher

Frau Sonja Rotzoll empfand als Jugendliche die Wohnung, in der sie mit ihrer Mutter lebte, als besonders unheimlich. «Ich hatte immer Angst in unserer Wohnung und fühlte mich beobachtet. Ich wollte da auch nicht alleine sein. Meine Mutter ist damals eines Nachts aufgewacht und wollte zur Toilette gehen. Als sie, ohne das Licht anzumachen, über den Flur lief, sah sie plötzlich im Mondschein eine Gestalt im Flur an der Telefonbank stehen. Sie konnte aber nur den Oberkörper wahrnehmen und dachte erst, dass es mein Bruder wäre, der ihr einen Schrecken einjagen wollte, indem er ganz ruhig dastand. Sie sagte, er solle doch ins Bett gehen und holte aus, um ihm eine Ohrfeige zu verpassen, da er sie so erschreckt hatte. Doch ihre Hand ging ins Leere. Da stand niemand. Sie begriff sofort, was sich gerade abgespielt hatte und rannte zurück in ihr Bett.»

Negative Energie

Frau C.R.M. aus der Schweiz hatte in den letzten Jahren einige Erlebnisse, die sie verunsicherten:
«Ich habe vor ein paar Jahren, es war im Oktober 2009, soweit ich mich richtig erinnere, mal ein unheimliches Erlebnis gehabt. Ich bin mit einer Freundin auf einen Jahrmarkt gegangen, um ein bisschen durch die verschiedenen Stände zu schlendern. An einem Stand hatten sie Taschen aus echtem Leder. Sie waren geformt wie ein Sattel und hatten sogar kleine Steigbügel dran. Da mir die Tasche zu teuer war, bin ich dann weiter gegangen. Den ganzen Nachmittag wanderten meine Gedanken immer wieder zu dieser Tasche zurück und irgendwann bin ich dann zurückgegangen und habe sie gekauft. Der Mann hat mir nochmal versichert, dass sie aus echtem Leder sei und in Mexiko in Handarbeit hergestellt worden sei. Bin dann nach Hause gefahren und habe die Tasche in das Wohnzimmer gestellt und bin zu meinen Eltern in die Wohnung gegangen. Nach ca. zwei Stunden bin ich wieder in meine Wohnung und als ich die Treppe nach oben kam, hörte ich eine fremde Musik im Wohnzimmer. Ich bin dann erschrocken stehen geblieben und die Musik hörte auf. Ich dachte dann zuerst, dass ich aus Versehen den Timer meiner Stereoanlage eingeschaltet hätte und die Musik von dort gekommen sei. Bin dann langsam zum Wohnzimmer gegangen, dort war alles O.K. und der Timer war aus. Ich hatte dann ein richtig mulmiges Gefühl und fühlte mich irgendwie nicht richtig wohl. Dieses Gefühl blieb und ich bekam nun doch ein wenig Angst. Ich kam dann auf den Gedanken, ob irgendwas mit der Tasche nicht stimmte und somit wollte ich sie nicht mehr in der Wohnung haben. Ich habe sie dann in den Kofferraum meines Autos gelegt und gehofft, dass ich mich in der Wohnung wieder wohl fühlen würde.

Leider blieb das seltsame Gefühl und nach ein paar Tagen hatte ich immer wieder den Eindruck, dass ich beobachtet werde. Wenn ich einen Film guckte, hatte ich manchmal den Eindruck, dass ich im Augenwinkel jemanden vorbei gehen sah. Ich beruhigte mich dann selber und sagte mir, dass es nur eine Spiegelung des Films in meiner Brille sei, und doch fühlte ich mich nicht sehr gut dabei. Dann wachte ich nachts öfter auf und hatte das Gefühl, dass jemand neben meinem Bett steht. Ich war starr vor Angst und traute mich nicht, mich zu bewegen. Seltsamerweise schlief ich dann irgendwann wieder ein. Ich hatte neben meinem Bett einen Schrank mit mehreren Spiegeln. Manchmal wachte ich auf und hatte wieder das Gefühl, jemand stünde neben meinem Bett, aber in den Spiegeln vom Schrank konnte ich nichts sehen. Manchmal schlief ich auch nachmittags, weil ich nachts nicht mehr gut schlafen konnte. Da wachte ich dann auf und hörte im Zimmer über mir Schritte. In den Zimmern über mir wohnte damals meine Schwester. Ich dachte mir nichts dabei und schlief weiter. Später saß ich bei meiner Mutter und fragte, warum denn meine Schwester um diese Zeit zuhause gewesen sei und meine Mutter sagte dann, dass meine Schwester gar nicht zu Hause gewesen sei. Ich hörte dann öfters Schritte, obwohl meine Schwester nicht da war. Dann in einer Nacht wachte ich auf und zwischen Schrank und Bett sah ich einen Nebel. Ich war wieder starr vor Angst und war kurz vor einer Panik, dann löste sich der Nebel auf und ich habe das Licht angemacht. Nach ein paar Stunden bin ich wieder eingeschlafen. Am Morgen ist mir dann ein Gespräch mit einem Bekannten eingefallen, in dem wir über Spuk gesprochen hatten. Ich sagte zu ihm, dass ich kein Problem mit Geistern in meiner Wohnung hätte, solange ich davon nichts mitbekommen würde.

Nun kam mir der Gedanke, dass ich evtl. einen mexikanischen Geist bei mir hatte, der mit der Tasche zu mir kam. Ich hatte meiner Mutter schon von meinen komischen Erlebnissen erzählt und ich bin dann zu ihr gegangen und berichtete ihr von diesem Nebel und sagte, dass sich was ändern müsse. Sie meinte dann, dass sich meine Schwester auch nicht mehr in ihren Zimmern wohlfühle. Ich dachte dann, sie bilde sich das wegen meinen Erlebnissen ein, aber meine Mutter hatte ihr nichts davon erzählt, um sie nicht zu ängstigen. Ich habe mit meiner Schwester auch nie über die Erlebnisse gesprochen. Soweit ich informiert bin, hat es bei ihr ein paar Tage nach dem Kauf meiner Tasche angefangen. Sie hatte auch nicht dieselben Erlebnisse wie ich, sondern einfach ein ungutes Gefühl. Sie hat sich vorher in ihren Zimmern immer wohlgefühlt, so wie ich auch, und dann auf einmal fühlte sie sich nicht mehr wohl, wenn sie die Zimmer betreten hat. So als würde man einen Ort betreten, von dem man genau weiß, dass er verboten ist.

Ich kann auch nicht mehr sagen wie lange diese Erlebnisse andauerten, aber es waren mehrere Wochen. Meine Mutter holte sich dann Rat bei jemandem, der mehr kann und mehr sieht [als der Durchschnittsbürger]. Ich nenne diese Person jetzt einfach mal Medium. Das Medium sagte dann, dass meine Tasche nicht schuld sei, wir aber eine schlechte Energie im Haus hätten. Wir reinigten dann unsere Zimmer und das Haus [energetisch] und von da an war es viel besser. Ich habe jetzt auch immer geweihte Kerzen in meinen Zimmern. Ein paar Tage nach der Reinigung kam ich abends im Dunkeln nach Hause. Meine Freundin parkte etwas entfernt an der Straße, um niemanden aufzuwecken. Bei uns am Haus ging eine helle Hauslampe an. Wir standen dann bei ihrem Auto, rauchten noch eine letzte Zigarette und sprachen noch kurz miteinander. Auf einmal sah ich eine schwarze Gestalt hinter einem Auto vorbeigehen. Sie sah sehr schemenhaft aus, nicht so wie eine lebende Person. Ich war erschrocken und dachte mir dann *«nee, das hast du dir jetzt aber wirklich eingebildet, das war nur ein Schatten wegen der Hauslampe»*. Meine Freundin bemerkte zum Glück nichts, die ist nämlich noch ängstlicher als ich. Dann sah ich die Gestalt hinter meinem Auto vorbeihuschen und

dann war sie plötzlich weg. Ich überredete dann meine Freundin noch ein wenig zu bleiben und noch eine Zigarette zu rauchen. Ich hätte mich in dem Moment nicht getraut, alleine die 50 Meter zum Haus zu gehen. Wir blieben dann noch ca. 20 Minuten draußen und dann ging ich zum Haus. Sie leuchtete mir noch mit den Autoscheinwerfern den Weg und fuhr dann auch nach Hause. Seit diesem Vorfall habe ich nichts mehr erlebt und bin ehrlich gesagt auch froh darüber.
Etwa zwei Jahre später hat mir meine Mutter noch erzählt, dass das Medium, bei der sie mit unserem Problem war, noch etwas entdeckt hatte. Meine Oma ist 1989 gestorben, ich weiß aber nicht an welchem Datum. Ich war da erst fünf Jahre alt. Damals wurde ihr Leichnam aber nicht sofort abgeholt. Sie wurde über Nacht bei uns im Haus in ihrer Wohnung aufgebahrt. Ihr Körper wurde dann einen Tag später geholt, aber sie ist geblieben, viele Jahre lang, bis zu meinen Erlebnissen. Als das Medium uns dann geholfen hat, die schlechte Energie loszuwerden, hat es festgestellt, dass meine Oma immer noch hier war. Ich habe sehr oft an sie gedacht, doch konnte ich mir das nicht so wirklich erklären, da ich noch ein kleines Kind war, als sie starb und ich nicht sehr viele Erinnerungen an sie hatte. Ich muss wohl gespürt haben, dass sie noch da war. Mit Hilfe des Mediums hat sie nun ihren Frieden gefunden und wir auch.
Ich habe mein Erlebnis schon Bekannten erzählt, aber niemand hat mir wirklich geglaubt und darum möchte ich nicht meinen vollen Namen verwenden.»

Gefangen

Diana erzählte mir von besonders beängstigenden Erfahrungen, die sie in einem Haus in Viernheim hatte und wohl noch immer hat. «Ich wohne nun schon immer in demselben Haus in Viernheim. Hier gingen schon immer seltsame Dinge vor. Ich wurde auch schon nachts gewürgt und war wie paralysiert, total regungslos. Meiner Tante ist vor Jahren dasselbe passiert, im selben Schlafzimmer. Sie sagte damals, sie sei besessen gewesen.
Im Haus gingen viele Dinge zu Bruch. Alles ging kaputt, vor allem alles, was mit Elektrizität zu tun hatte: Lampen, Ofen, etc. Vor ein paar Jahren hat mich etwas nach Hause verfolgt und ich denke, ich habe es mit hier herein gebracht. Ständig passierte etwas Schlimmes. Wir verloren alles, Geld, Arbeit, Lebenspartner etc.
Außerdem denke ich, dass diese Wesen mich nicht gehen lassen wollen. Ich lebe nun seit 30 Jahren in diesem Haus und komme hier nicht raus.» Da bleibt nur zu hoffen, dass die Wesen es sich bald einmal anders überlegen.

Der einsame Geist

Maike Sch. hat folgende Geschichte von ihrer Freundin erzählt bekommen:
«Eine sehr gute Freundin hatte sich mit ihrer Familie vor geraumer Zeit ein hübsches Häuschen mit tollem Garten und in waldreicher Gegend gekauft. Sie begannen mit Umbauarbeiten, einfach die Struktur des Hauses innen und außen zu ändern.
Nun erzählten sich die Einheimischen dieser kleinen Gemeinde im Vorpommerschen folgende Begebenheit:
In diesem Haus soll einmal ein alleinstehender alter Mann gewohnt haben, der immer sehr laut war und nachts immer mit den Türen geschlagen hat, aber eines Tages hat man den Mann nicht mehr gesehen. Die Leute im Ort haben sich dabei aber nichts gedacht, weil der alte Mann als Sonderling und Alleingänger bekannt war. Doch der Zufall wollte es, dass man einmal ins Haus hinein musste. Dabei wurde der Mann erhängt auf dem Dachboden entdeckt. Er hatte sich das Leben genommen.
Noch Monate nachdem meine Freundin und ihre Familie in das Haus eingezogen waren, hörte man Nacht für Nacht die Türen knallen, schlurfende Schritte und Selbstgespräche, die der Mann aus Einsamkeit geführt hatte. Lange wurde überlegt, was man dagegen machen könnte, denn offenbar fand der alte Mann in seinem Grab keine Ruhe und er ging im Haus um.
Erst als ein Pfarrer das Haus gesegnet hatte und der Mann in einer Andacht von der Welt verabschiedet wurde, war nachher Ruhe und Frieden im Haus.»

Die unheimliche Frau

Amandas Tochter ist extrem verängstigt von den Vorgängen im neuen Haus: «Wir zogen am 5. November 2014 in unser Haus ein. Von Anfang an weigerte sich unsere 3 1/2-jährigeTochter, alleine ins obere Stockwerk zu gehen. Sie sagte immer, sie sehe eine Frau und dass es unheimlich dort wäre. Die ersten paar Nächte wollte sie nicht in ihrem eigenen Zimmer schlafen, weil diese Frau angeblich dort war. Und mittlerweile steht diese wohl oben an der Treppe. Wenn ich nicht mit meiner Kleinen zusammen nach oben gehe, schreit und weint sie die ganze Zeit, während sie die Treppe raufsteigt. Sie ist komplett verängstigt. Sie traut sich nicht mal mehr alleine auf die Toilette zu gehen, da diese sich ebenfalls oben befindet. Und sie spielt auch nicht mehr alleine in ihrem Zimmer. So ist sie normalerweise eigentlich nicht. Sie hat zwar schon immer mit irgendwelchen Dingen geredet, die ich nicht sehen konnte, aber sie hatte früher niemals Angst gehabt. Kürzlich waren zwei Freunde von mir zu Besuch und eine davon wurde angestupst, die andere am Ohr gezogen. Alles aus dem Nichts heraus. Mein Mann, der eigentlich nicht an Paranormales glaubt, fühlte sich beobachtet, als er alleine den Keller strich. Ich weiß nicht mehr, was ich tun soll und es geht mir alles sehr nahe. Gestern erst habe ich meine Tochter alleine auf die Toilette geschickt und sie schrie und weinte. Dann hat sie sich im Badezimmer versteckt und wollte nicht mehr rauskommen. Sie sagte, sie würde sich vor der unheimlichen Frau verstecken. Ich fühlte mich wie eine schlechte Mutter. Ich habe auch schon einmal ein Medium kontaktiert, die mir sagte, sie könnte Reiki am Haus durchführen. Das Medium sagte mir, die Frau habe pinkfarbige Haare und trage schwarze Kleider. Diese Frau verängstige meine Tochter sehr. Mein Mann und ich streiten uns auch immer öfter, weil er nicht an das Paranormale glaubt, obwohl er die Reaktionen der Kleinen sieht. Er denkt, dass sie nur überreagiert. Sie ist doch erst drei und kann sich sowas doch noch gar nicht ausdenken! Ich habe auch schon daran gedacht, einen Priester zu holen, um das Haus zu segnen. In letzter Zeit geht sie nach oben, fängt an zu weinen, dann schließt sie oben alle Türen und dann geht sie erst zur Toilette. Ich bin mir also nicht mehr ganz sicher, wo sie diese Frau sieht. Entweder oben an der Treppe oder in ihrem Zimmer, da sie bereits einmal sagte, dass da eine Frau in ihrem Zimmer wäre.»

Spuk in der alten Fabrik

Frau M. Oe. – die uns bereits eine wahre Geistergeschichte in «geisterhafte Schritte» schilderte, hat noch ein aktuelles Erlebnis für uns:
«Die Geschichte spielt sich in unserer jetzigen Wohnung ab. Das Haus, in dem sie sich befand, war ursprünglich eine Fabrik, die im 19. Jahrhundert erbaut worden war. Ich weiß noch, die erste Nacht, in der ich in meinem neuen Zimmer schlief, sah ich Schatten an der Wand, also Silhouetten. Ich hatte echt furchtbare Angst, weil es nichts gab, was diese Schatten hätte werfen können. Das hatte sich aber eigentlich ziemlich schnell erledigt, weil ich danach nie wieder solche Schatten gesehen habe. Aber irgendwie hatte ich immer unbegründete Angst vor der Küche. Wenn ich zur Toilette muss, ist links von mir ein Flur und am Ende des Flures ist die Küche. Ich muss also immer an der Küche vorbei. Mein Herz schlägt schon ganz schnell, wenn ich überhaupt daran denke. Ich hatte damals sogar mein Zimmer neben der Küche, musste es jedoch aufgrund meiner Angst mit meinen Eltern wechseln. Na ja, jedes Mal, wenn ich an der Küche vorbeikomme, trifft es mich wie ein Schlag, ich bekomme sowas wie eine Panikattacke. Und wenn man drinnen sitzt, fühlt man sich, wenn man auf einem ganz bestimmten Stuhl sitzt, immer beobachtet. Das haben auch schon Freunde von uns erfahren. Meine Mutter und ich haben uns dann irgendwann mal über Albträume unterhalten und dann haben wir erfahren, dass wir zwei denselben Albtraum hatten, bzw. fast. Wir träumen, dass wir umziehen und dass es immer in den Häusern spukt und dass immer in der Küche eine alte Frau mit Klamotten aus den Dreißigerjahren sitzt. Dazu kommt auch noch, dass hier manchmal ein Klopfen an der Wand zu hören ist, aufkommende Gerüche wie Zigarettenrauch oder Parfum, das hier keiner trägt.

Eine Zeit lang hab ich gehört, wie sich die Tür zu dem leeren Raum neben meinem Zimmer öffnet, der Wasserhahn anging, wieder ausging und dann war wieder alles still. Ich bin der festen Überzeugung, dass es hier irgendwelche Dinge gibt, die wir nicht direkt sehen können.»

Spuk im Bauernhaus

Herr J. L. Schmitt berichtet uns von zwei unheimlichen Erlebnissen, die er in einem alten Bauernhaus hatte.

«Ich hatte dieses Erlebnis im Oktober 2007. Meine Frau und ich hatten uns ein altes Bauernhaus gekauft, das 321 Jahre alt war. Meine Frau hatte damals Nachtschicht und ich habe im Wohnzimmer abends Playstation gespielt. Plötzlich ist die geschlossene Wohnzimmertür ein Stück weit aufgegangen, es waren ca. 30 Zentimeter. Neben der Tür hatten wir einen Ofen mit einer Glasplatte stehen und ich hörte, wie die Glasplatte neben der Tür geknackt hat, so als hätte jemand einen Fuß darauf gestellt. Die Glasplatte knackte sonst nur, wenn man darüber lief, da sich unter der Platte Schmutz angesammelt hatte. Ich habe dann am nächsten Tag geschaut, was es hätte sein können und habe dann, so wie es am Vorabend von alleine geschehen war, die Tür ca. 30 Zentimeter geöffnet und meinen Fuß auf die Platte gestellt. Es gab exakt das gleiche Geräusch. Ich weiß leider weder Monat noch Jahr, aber es muss schon wärmer gewesen sein, da wir die Haustüre offen hatten. Ich saß im Wohnzimmer und die Wohnzimmertür war offen. Ich konnte in Richtung Treppe schauen. Plötzlich sah ich bei den letzten beiden Stufen klar und deutlich zwei Beine, die rauf liefen. Ich dachte erst, es wäre meine Frau und rief deshalb hinauf, da ich wollte, dass sie mir etwas mitbringe, aber ich erhielt keine Antwort. Ich bin dann selber hinauf, aber meine Frau war nicht da. Als ich dann wieder runter bin, habe ich meine Frau getroffen und sie gefragt, ob sie gerade oben gewesen sei, doch dies verneinte sie und sagte, dass sie die ganze Zeit im Garten gewesen sei und Wäsche aufgehängt habe.»

Die Tür hat sich wie von Geisterhand geöffnet

Geist im Flanellhemd

Vanessa D. aus dem hohen Norden Deutschlands, erzählt uns, was ihr Lebensgefährte einst erlebt hat: «Vor langer Zeit, bevor mein Freund und ich zusammen kamen, wachte er nachts auf und gegenüber von ihm saß ein bärtiger Mann, zwischen 40–55 Jahre alt. Er trug ein Flanellhemd, die üblichen schwarz/rot karierten. Er sagte, er heiße Harvey und er weinte. Er sagte, er suche seine Tochter. Mein Mann hatte keine Angst und beruhigte den Mann mit Worten wie *«es wird alles gut.»* Aber der Mann verschwand als mein Freund zu ihm gehen wollte. Gesehen haben wir ihn nie wieder. Aber manchmal fallen Sachen aus dem Schrank oder Regal und es sind ungewöhnliche Geräusche zu hören. Meine Kinder sehen ihn nicht und die Katzen schauen zwar manchmal lange an die Decke oder die Treppe, fauchen oder knurren aber nicht. Wir sind mittlerweile schon umgezogen, er kam aber mit. […] Wir haben keine Angst vor unserem Hausgeist, möchten ihm nur helfen.»

Die alte Dame

Dorothea W, die schon seit frühester Kindheit immer wieder unheimliche Erlebnisse hatte, berichtet hier von ihren neuesten Erfahrungen:
«Es ist ein Haus, das ein Pärchen vor ein paar Jahren von einem jungen Mann gekauft hat. Er wollte wegziehen. Seine Mutter lebte früher noch oben im Haus, war aber schon etwas älter und gebrechlich. Er wollte das Haus gerne verkaufen, weil er sich woanders was Schöneres und Edleres kaufen wollte. Nur war die alte Dame mit der ganzen Sache wohl nicht ganz so einverstanden. Dann hat er sie mehr oder weniger gepackt, sie aus dem Haus gezerrt und sie ins Altenheim verfrachtet. Mitnehmen konnte sie so gut wie nichts. Und in dem Altenheim ist die Frau dann gestorben. In der Zwischenzeit ist also das junge Paar eingezogen, sie haben darin ein paar Jahre gelebt und während dieser Zeit immer wieder komische Sachen erlebt. Also, z.B. sahen mehrere Leute im Fenster eine alte Frau stehen. Als der Mann, der dort wohnte, einmal über seine Schulter blickte, hat er auch eine alte Frau dort stehen sehen. Sie ist dann immer öfter aufgetaucht, u.a. konnte die Familie einmal im Feuer ihr Gesicht erkennen, obwohl sie die Geschichte der Vorbesitzerin damals noch nicht kannten. Vor einiger Zeit war eine Freundin bei ihnen zu Besuch. Sie hat bei der Tür, die zum Balkon hinausführt, eine alte Frau stehen sehen, mit bösem Blick und wirrem Haar, so richtig bedrohlich wirkend. Seitdem kommt diese Freundin sie nicht mehr besuchen … Ja, und das Ganze spitzt sich momentan zu, die Leute in dem Haus haben schon richtig Angst. Die alte Frau taucht immer öfter auf. Ihr Sohn ist mittlerweile übrigens auch bettlägerig und richtig krank, hat man gehört. Und das junge Paar ist auch ständig krank. Ich habe sie letzte Woche besucht. Als ich ins Haus hinein bin, war da neben dem Eingang eine Stelle, an der man todtraurig

wird, so richtig schlimme Traurigkeit. Du stehst da und musst jeden Moment heulen. Das Wasser stieg mir in die Augen, so richtig schlimm. In der unteren Wohnung habe ich sofort eine alte Frau gesehen. Ich habe auch gespürt, dass sie da ist. Es war aber nicht bedrohlich. Es fühlte sich nur so an, als sei noch jemand anwesend. Meine Bekannten sagten dann aber, das könne ja gar nicht sein, denn die alte Frau habe doch oben gewohnt. Das war also mein persönliches Erlebnis dort.» Das junge Paar wohnt noch immer im Haus - voller Angst vor der nächsten Erscheinung.

Geisterattacke

Frau Sarah H. berichtet uns im Folgenden zwei Vorfälle, die sich jüngst in ihrer Küche ereignet haben:
«Ich stand gerade in der Küche und wollte mir was aus dem Kühlschrank holen, als ich einen stechenden Schmerz im Rücken spürte. Es lässt sich am besten mit dem Gefühl eines Wespenstiches beschreiben.
Ich wollte wissen, was das jetzt war und bin ins Schlafzimmer, um in den Spiegel zu sehen.
Als ich mein T-Shirt hochzog, sah ich an der Stelle lauter kleine, aber sehr breite Kratzer auf dem Rücken, welche immer röter wurden. Ich habe dann versucht, es zu fotografieren und als das nicht klappte, habe ich die Stelle gefilmt. Auf dem Video kann man die Kratzer dann relativ gut erkennen. Die Stelle fühlt sich nun taub an.»

Doch Sarah hat in ihrer Küche noch etwas Unheimliches erlebt: «Ich arbeitete zu dieser Zeit bei Edeka, als Verkäuferin. Dort gibt es immer wieder Aktionen, wie z.B. Treuepunkte oder Sammelkarten zum Einkauf. Aus Spaß nahmen wir uns auch immer wieder solche Sammelkarten mit nach Hause.
Irgendwann sortierte ich die Karten, welche ich zuhause hatte, aber aus und schmiss den Rest weg.
Es war abends, als ich das tat. Ich nahm also die überflüssigen Karten, ging in die Küche und schmiss diese in den Müll, dann ging ich ins Wohnzimmer und beschäftigte mich mit dem Papagei meines Lebensgefährten. Da der Papagei lustigen Quatsch machte, rief ich meinen Lebensgefährten aus der Küche, da er dort gerade abspülte, um ihm das lustige Verhalten zu zeigen. Es vergingen ein bis zwei Minuten, dann drehten wir uns beide wieder zur Küche

um und erschraken. Die Karten, welche ich gerade in den Müll geschmissen hatte, lagen auf einem Haufen auf dem Boden. Wir wissen bis heute nicht, wie sie da hinkamen.»

Die Küche scheint ein Ort der bösen Überraschungen zu sein …

Das Brandopfer

Herr Grego P. hatte noch ein weiteres unheimliches Erlebnis, das sein Interesse am Paranormalen geweckt hat. «Die erste Erscheinung in der neuen Wohnung erlebte ich, als wir eine Pokerrunde bei mir abhielten, somit waren viele Zeugen vor Ort. […] Plötzlich fiel meine Tür zu, die Türklinke bewegte sich von selbst auf und ab und dann wurde der Lichtschalter betätigt und das Licht an- und ausgeschaltet, obwohl wir alle im Nebenzimmer saßen. So ziemlich jeder von uns wurde nach dem Schock wortwörtlich ein Bleichgesicht und die Runde wurde aufgelöst. Bei mir fanden in Zukunft dann keine Runden mehr statt. Recht beleidigt und gekränkt darüber, widmete ich dem seltsamen Geschehen in meiner Wohnung meine volle Aufmerksamkeit. Doch das war wohl ein Fehler. Ich machte mich zunächst ein wenig schlau über Geister. Dieser *Geist* hat mich nun immer provoziert, ihm Aufmerksamkeit zu schenken, entweder es handelte sich deshalb um einen Poltergeist oder einen Verwandten […]. Er ließ meine Gitarren rumfliegen und betätigte großzügig meine Drehlampe. Ich entwickelte fast schon sowas wie Routine, und sagte, wenn ich nach Hause kam immer:
«Hi alle zusammen, hi Geist!» Aber es steigerte sich noch. Ich bekam damals zu meinem Geburtstag eine Anlage und zwei Boxen, die waren gebraucht und deren Story kannte ich zu dem Zeitpunkt natürlich überhaupt nicht. Sie waren von einem guten Freund des Vaters, der einen Secondhandshop betreibt. Diese Boxen, deren Kabel nicht angeschlossen waren, begannen nun ein Rauschen von sich zu geben, das immer lauter wurde, teilweise extrem laut, aber wie sollte ich das denn runterdrehen? Ich hörte aus dem Rauschen einige mir unverständliche Worte von einer Art Frauenstimme. Das fand ich sehr skurril! Ich habe das Ende dieses Rauschens auf Video aufgenommen. […] Einige Nächte darauf, wurde ich von derselben Stimmte geweckt. Ich blickte aus dem

Fenster und dann sah ich sie! Ein verbranntes Gesicht mit zerzausten Haaren.
[…]
Nach meinen Nachforschungen kam ich darauf, dass […] ihre Seele hier keine Ruhe finden konnte, weil wohl irgendein Brand sie davon abgehalten hatte, ihr Lebenswerk zu beenden. Nun hatte ich mich ja ausgiebig über Geister informiert und ich beschloss, dass mich das nichts anginge und der Geist weg musste. […] Ich habe verschiedene Sachen ausprobiert, z.B. Beschwörungen abgehalten etc. und dann geschah es. Ich saß an meinem Tisch, der an der Wand stand, links von mir war in derselben Wand die Türe, und ich sah von dort zweimal hintereinander etwas herüberschauen. […] Also wartete ich darauf, nochmal etwas zu sehen. So war es auch. Ein grässlicher Anblick! Diese Frau einmal so richtig zu sehen war schon hart. Ich packte einen Eisenknüppel und lief ihr hinterher in das Nebenzimmer, dann machte ich dort das Licht an. Ich weiß gar nicht, wie ich das beschreiben soll. Die Lampe begann zwar zu leuchten, aber die Schatten und die Dunkelheit entschwanden nur allmählich – von unten nach oben und dann zum Fenster hinaus. Es ist schier unglaublich, was die Welt des 21. Jahrhunderts noch [an Geheimnissen] zu bieten hat. So allwissend ist die Mensch-heit keineswegs. Nach wie vor besteht das Leben aus Erkundungen und Entdeckungen. Dieser Fall hat mein Interesse am Paranormalen geweckt und ich werde in Zukunft Jagd nach solchen Phänomenen machen.»

Die Geisterfamilie

Es ist manchmal nicht leicht, das eigene Domizil mit einem Hausgeist zu teilen, doch wenn nach und nach eine ganze Geisterfamilie einzieht, wird es sicherlich richtig unangenehm. So ging es z.B. Frau Anja Gutewort:
«Können Geister sich bemerkbar machen, bevor jemand stirbt? Wir wohnen in einem alten Haus, dessen Besitzer (Mann, Frau) gestorben sind. Der Mann starb hier im Haus, die Frau im Heim. Dieses Haus hat die Nichte der beiden geerbt und hat es uns vermietet. Letztes Jahr hatten wir Besuch von einem Freund, dessen Freundin ein Medium ist, sprich, sie sieht die Verstorbenen und kann mit Ihnen *reden*. So auch bei uns. Sie sagte uns, dass hier noch der frühere Besitzer sei. Sie hat auch gesagt, dass unser Geist noch keine Ruhe gefunden habe und deshalb noch hier sei. Sie sah ihn weinend im Wohnzimmer stehen.
Dies erstmal vorab, nun zur eigentlichen Geschichte:
Letzte Woche am Mittwoch stand ich morgens auf, ging in die Küche, machte Licht und auf einmal war alles aus.
Kein Strom mehr - nichts. Im Keller war der Schutzschalter geflogen, nur ging das alles ohne Geräusch. Ich legte den Schalter wieder um, ging nach oben und nach einer Weile war das Gleiche wieder. Aber auch diesmal wieder so leise, als würde jemand eine Kerze ausblasen, so geräuschlos. Auf jeden Fall ging das diesen Morgen noch dreimal. Bevor wir zur Arbeit gingen, zogen wir alle Stecker der Geräte raus und legten den Schalter wieder auf *ein*. Als ich mittags von der Arbeit kam, war der Schalter wieder geflogen. Ich gab dem Mann der Nichte [i.e. der Vermieterin] Bescheid. Es kam ein Elektriker vorbei, der die Anlage vor ein paar Jahren neu installiert hatte. Er konnte es sich auch nicht erklären, da ja alle Geräte vom Netz genommen

worden waren. Seit Mittwochmittag ging auch wieder alles ohne Probleme, bis heute. Ist schon seltsam, oder? Vor allem, da bisher bei uns nie etwas mit der Elektrik war und nach diesem Mittwoch auch nicht mehr. Es war wie ein Spuk. Am Mittwochabend habe ich dann im Keller Wäsche aufgehängt. Als ich wieder hochgehen wollte, ging wie von Geisterhand die Türe des Vorratsraumes auf. Ich hatte noch am Mittwoch zu meinem Mann gesagt, da will uns unser Geist etwas mitteilen.
Mir läuft es eiskalt den Rücken herunter, wenn ich daran denke, denn am Tag darauf ist die Nichte [Vermieterin] verstorben!
Ich denke, dass hinter dem Spuk der Mann [verstorbener Vorbesitzer] steckt. Bemerkbar macht er sich weiter eigentlich sonst nicht, ich spüre aber, dass jemand da ist. Niemand Böses, ganz im Gegenteil. Ich habe das Gefühl, jemand beschützt uns. Ich bin öfter mit meiner Tochter alleine, auch über Nacht, da mein Mann dienstlich unterwegs ist und da merke ich, wie uns jemand beschützt. Wir haben sogar eine eigene Ecke für unseren Geist im Obergeschoss (Ohrensessel, Kerze, Spiegel, kleines Tischchen). Und wie gesagt, ich denke, dass er es war, der letzte Woche auf sich aufmerksam gemacht hat. Warum aber machen die Verstorbenen so etwas? […] Morgen ist die Beerdigung, mal sehen, ob noch etwas hier im Haus vorfällt. Im Moment fühle ich mich nicht so wohl, ich habe immer das Gefühl, unsere Vermieterin ist hier, vielleicht bilde ich mir das nur ein oder sie will sich verabschieden. »

Die schwarze Gestalt

Maximilian B. und Isabel H. erleben seit Jahren beunruhigende Phänomene in ihren eigenen vier Wänden. «Schon seit einiger Zeit, ca. zwei Jahre lang, passieren komische Dinge in unserem Haus, die wir uns nicht erklären können.

Unter anderem haben sich unsere beiden Hunde des Öfteren seltsam verhalten. Sie haben ohne ersichtlichen Grund angefangen, zu knurren, zu bellen und ins Leere zu starren. Sie haben innerhalb des Hauses oft ein aggressives und ängstliches Verhalten gezeigt, das wir von den beiden absolut nicht kennen. Auch haben wir ab und an Geräusche vernommen, wie z.B. lautes Poltern in der Nacht und am Tag, Knallen und das *Aufdotzen* eines Balles, welches wir uns aber absolut nicht erklären konnten. Wir leben in einem Einfamilienhaus, weshalb wir ausschließen können, dass die Geräusche aus einer anderen Wohnung stammen.

Trotz dieser Vorkommnisse haben wir uns damals noch keinerlei Gedanken darüber gemacht, dass etwas Paranormales im Haus vorgehen könnte.

Seit den letzten drei bis vier Monaten sind wir uns dessen jedoch nicht mehr so sicher. Da immer mehr unerklärliche und zum Teil auch furchteinflößende Dinge passieren, wissen wir nicht mehr, wie wir mit dieser Situation umgehen sollen.

Vor etwa vier Monaten haben wir zum ersten Mal auch etwas gesehen, das in etwa wie eine große, ganz in schwarz gekleidete Person aussah.

Des Öfteren habe ich *ihn* gesehen, als ich in der Küche war. Außerdem komme ich mir häufig beobachtet vor. Anfangs sah nur ich diese *Gestalt*.

Ein paar Abende später jedoch, mein Freund und ich saßen im Wohnzimmer vor dem Fernseher, haben wir beide die Gestalt gesehen. Etwas riesiges,

Schwarzes, huschte mitten durch das Zimmer. Wir waren beide sehr erschrocken und konnten uns nicht erklären, was wir gesehen hatten.
Ab diesem Erlebnis passierten immer mehr eigenartige Dinge. Eines der kuriosesten Ereignisse wiederholte sich eine Woche lang jeden Morgen:
Ich stand auf und ging ins Bad, da sah ich, dass bei unseren Waschbecken die Abflussstopfen fehlten.
Nach kurzer Suche fand ich beide Stopfen hinter der Dusche liegend. Am nächsten Morgen befanden sich die Stopfen im Flur, außerhalb des Badezimmers.
Die Badezimmertür ist zu jeder Zeit geschlossen (aus Hygienegründen, der Hunde wegen), weshalb uns das sehr beunruhigt hat. Dieses Spiel wiederholte sich, wie gesagt, eine Woche lang. Danach passierte es nie wieder.
Vor etwa einem Monat wurden wir durch einen lauten Knall geweckt. Wir vermuteten den Lärm aus der Küche und fanden eine Schere vor, die mit gespreizten Klingen, exakt in der Mitte des Raumes lag. Das hat uns schon sehr verwundert, da die Schere normalerweise in dem hinteren Fach eines Messerblocks steckt, der sich auf einem hohen Regal befindet. Es ist daher absolut unmöglich, dass die Schere von selbst aus dem Block gefallen ist, geschweige denn in die Mitte der Küche. Etwa drei Tage später fanden wir an exakt derselben Stelle eine relativ große und schwere Muschel vor, die eigentlich zur Dekoration auf dem Esstisch lag. Diese Vorkommnisse haben uns besonders aufgewühlt, obwohl auch noch diverse andere, unheimlicheDinge passiert sind, wir hier aber zuerst die für uns Wichtigsten erwähnen wollten.»

Eine schwarze Schattengestalt lauert im Dunkeln

Neues vom kleinen Hausgeist

Einige erinnern sich sicher an die Geschichte *Der kleine Hausgeist*, über die ich in meinem letzten Buch berichtete. Darin ging es um verschiedene Phänomene, die einem im Haus verunglückten, kleinen Jungen zugeschrieben wurden. Besonders die kleine Tochter H. schien sich mit dem unsichtbaren Bewohner oft zu unterhalten. Frau W. hat mir in der Zwischenzeit noch einige weitere Vorfälle mitgeteilt. Hier also ein Update:
«Ich habe neulich eine fremde Stimme durch unser Babyphone gehört. Ich fand es echt gruselig, weil mein Mann O. genau neben mir saß. Wir erklärten es uns mit einer Störung, na ja, was tut man nicht alles, wenn man Angst hat. Ich bin dann gleich hoch zu meiner kleinen Tochter, aber es war nichts, sie hat friedlich geschlummert. Ich bin alle Zimmer abgelaufen und habe erst noch überlegt, ob ich anfangen soll zu räuchern, habe es aber dann gelassen, da ich unseren Geist, sollte er das gewesen sein, nicht verärgern wollte. […] Meine Tochter H. winkt und lacht nur noch selten [sie hatte so über längere Zeit mit einem unsichtbaren Freund kommuniziert], aber gerade gestern hat sie mir in einer ganz anderen Ecke des Wohnzimmers [sie hatte sonst meist in eine bestimmte Ecke gewunken] etwas zeigen wollen. Ich habe aber nichts gesehen, außer der Holzwand und Holzdecke. Sie wurde schon echt sauer, aber ich habe wirklich nichts gesehen. Ja, und da war noch etwas. Neben unserer Couch im Wohnzimmer ist eine große Fensterfront. Irgendwann morgens, der Rollladen war noch unten, hat H. angefangen zu weinen, als sie auf der Couch saß. Sie sagte mir, sie habe Angst und am Fenster wäre ein Gespenst. Ich dachte erst, sie meinte unsere Spiegelbilder, aber die konnte sie von der Couch aus gar nicht sehen, dazu hätten wir aufstehen müssen. Ich habe ihr erklärt, dass es bei uns keine bösen Gespenster gäbe und wenn,

dann wäre es ein Geist. Wenn er nicht lieb sei, so solle sie einfach sagen, er solle weggehen. Dann war sie beruhigt. Ich habe in unserem Haus *Lieblingszimmer* und Zimmer, die ich gar nicht so mag. Das finde ich persönlich echt komisch. Unser *Hausgeistzimmer*, also die Bibliothek, die liebe ich und kann gar nicht oft genug dort sein. Mein Bügelzimmer kann ich aber gar nicht leiden, obwohl es eigentlich schön eingerichtet ist. Mein Sohn B. mag zum Beispiel (leider) sein Zimmer nicht so gerne. Wir werden ihn umziehen lassen, wenn H. groß genug ist. Das ist so ein schönes Zimmer, ich mag es total, aber ihn stört anscheinend etwas. Was genau, kann er mir auch nicht sagen. Ja … um unseren Hausgeist ist es echt still geworden. Als wir neulich unseren neuen Hund Greyt bekommen haben, hat unser Geist kurz einmal *randaliert* und mir das Backblech vom Schrank gehauen. Es lag wirklich so, dass es niemals hätte von alleine runterfallen können. Da fiel mir dann ein, ich hatte vergessen, ihm Greyt vorzustellen. Also hab ich das gemacht und dem Hausgeist zwei Kekse stehen lassen. Es ist manchmal schon peinlich, wenn ich das so erzähle, aber momentan scheint er zufrieden. Manchmal hab ich das Gefühl, ich sehe etwas weghuschen, aber das ist vielleicht nur Einbildung. Ich würde ihn schon gern mal sehen, das weiß er auch. *Gestreichelt* werde ich momentan leider nicht mehr. Wirklich schade, ich fand das immer toll wenn ich ehrlich bin und fand es auch nicht unheimlich.» Im Augenblick scheint es im Haus der Familie ein wenig ruhiger geworden zu sein und geisterhafte Aktivität zeigt sich nur noch selten, sehr zum Bedauern der Bewohner.

Die Bibliothek wird von der Familie auch *Hausgeistzimmer* genannt

Die Heimkehr

Sarah H. berichtet uns eines ihrer zahlreichen unheimlichen Erlebnisse: «Es passierte mir vor ein paar Jahren in den Sommerferien. In den letzten zwei Wochen wollte meine Mutter mit meinem Bruder und mir in den Urlaub fahren. Dort wollten wir den Tauchschein machen.

Ich verbrachte die restlichen Wochen der Sommerferien bei meinen Großeltern und lernte jeden Tag den theoretischen Stoff für die Tauchprüfung.

Donnerstagnachmittag fahren meine Großeltern immer weg, da sie dann Stammtisch mit ihren Freunden abhalten. Sie kommen auch erst immer abends zurück.

So fuhren sie auch an diesem Donnerstag wieder zum Stammtisch. Mir war das ganz recht. So hatte ich meine Ruhe und konnte mich auf meine Prüfung vorbereiten.

Das Haus meiner Großeltern besteht aus einem Altbau und einem, von ihnen später dran gesetzten, neueren Bau.

Aufgeteilt ist es in mehrere Wohnungen. Die Wohnung im Erdgeschoss und die im ersten Stock bewohnte meine Uroma, Maria Faber, genannt Ria-Oma (verstorben im August 2013). Die Wohnungen im 2. und 3. Stock bewohnen meine Großeltern und die Oberste, eine Dachgeschosswohnung, dient als Gästewohnung.

Durch die Haustür unten gelangt man ins Treppenhaus, von dem dann die Wohnungen abgehen.

Gegen Abend hörte ich, wie unten jemand die Haustür aufschloss, reinkam und die Haustür ins Schloss fallen ließ. Dazu sei gesagt, dass ich alle Türen genau unterscheiden kann, mit der Zeit hört man, welche Tür, welche ist.

Gerade die Haustür hat einen spezifischen Klang, da in ihr eine Glasscheibe eingefasst ist, welche schon etwas wackelt
und das ist zu hören, wenn jemand die Tür auf und wieder zu macht. Ich dachte, meine Großeltern kämen nach Hause, doch dann merkte ich, dass niemand die Treppen hinauf kam, was eindeutig zu hören gewesen wäre, da sie schon etwas knarzen. Nachdem nichts weiter passierte, tat ich das Gehörte als Einbildung ab und konzentrierte mich wieder auf mein Lehrbuch. Doch nach einiger Zeit ging das Ganze wieder los, jemand schloss die Haustür auf, trat herein und lies sie ins Schloss fallen. In dem Glauben, dass meine Großeltern nun nach Hause gekommen seien, war ich doch sehr verwundert, als wieder nichts weiter passierte. Es herrschte danach wieder Stille. Niemand kam die Treppen hinauf. Nachdem sich dies noch ein paar Mal wiederholte, fing ich doch langsam an, mich zu fragen, ob ich nun verrückt werde.
Dann ging das Ganze weiter. Wieder schloss jemand die Haustür auf, kam herein, ließ sie ins Schloss fallen. Doch diesmal waren Schritte auf der Treppe zu hören. Ich dachte mir, dass das doch nun endlich meine Großeltern sein müssten. Aber, nach ein paar Schritten, hörte es wieder auf und es war wieder still. Auch das passierte ein paar Mal hintereinander. So langsam bekam ich es doch mit der Angst zu tun, obgleich ich immer noch eher an meinem Verstand zweifelte. Dann setzte sich das Ganze fort und zur Haustür und den Schritten kam nun noch das Aufschließen der Haustür im 2. Stock dazu. Dort befinden sich Küche, Esszimmer, Wohnzimmer und ein Bad.
Das mussten ja nun endlich meine Großeltern sein. Doch wieder folgte Stille. Auch das geschah ein paar Mal hintereinander.
Nach kurzer Zeit ging es in die nächste Runde: Haustür, Schritte, Wohnungstür und nun Schritte auf der Treppe in den dritten Stock, in dem ich

mich befand. Zu dieser Zeit wusste ich nicht mehr so recht, was ich davon halten sollte.
Auch diesmal folgte nach den Schritten Stille und auch dies ereignete sich ein paar Mal. Bis schließlich jemand den Gang entlang zu meinem Zimmer lief. Im 3. Stock befinden sich das Schlafzimmer von meinen Großeltern und das meines Bruders und mir. Jemand lief also den Gang entlang und musste so zwangsläufig an meinem Zimmer vorbei. Meine Zimmertür war zu, vielleicht ein Glück? Die Schritte hielten vor meiner Zimmertür an und auf einmal klopfte es ziemlich heftig dagegen. An der Zimmertür hingen Taschen, welche sich dadurch etwas bewegten. Ich dachte es wäre mein Opa, da er immer so klopft. Doch als ich nachsah, war niemand da. Meine Großeltern kamen dann erst etwa eine Stunde später vom Stammtisch zurück.»

Der Gläserschreck

Wenn man sich mit außergewöhnlichen Phänomenen befasst, erfährt man immer wieder neue erstaunliche Geschichten. Zu den außergewöhnlichsten gehört die Folgende, die mir eine Dame namens Renate aus dem Landkreis Freyung-Grafenau, unweit von Passau, erzählt hat.

«Wir lebten in den 1970er Jahren in einem Neubau in Passau, in einer Mietwohnung. An derselben Stelle stand früher ein altes Haus, das abgerissen worden war. Vor uns befand sich eine Steuerkanzlei in der Wohnung, dann sind wir dort eingezogen. Die Ereignisse dort passierten nur in der Küche unserer neuen Wohnung. Wenn ich über Nacht dort Glas stehen hatte, dann ist es kaputt gegangen. Wir haben z.B. Römerweingläser gehabt, und als ich die auf dem Küchentisch stehen ließ, um sie am nächsten Morgen abzuspülen, hatte ich am Folgetag, als ich sie hochnahm, nur noch den Kelch in der Hand. Das grüne Unterteil ist einfach stehen geblieben. Es war wie durchgeschnitten. Ein anderes Mal war es eine dicke Walterglastortenplatte. Das Glas der Platte war richtig dick und massiv. Ich hab den Kuchen gemacht und ihn auf der Anrichte in der Küche stehen lassen. Am Morgen wollte ich ihn auf den Tisch stellen, nahm ihn am Fuß hoch, auf einmal löste sich das Oberteil der Platte und der Kuchen klatschte auf den Boden. Sie war am Übergang zum Fuß ganz glatt, wie mit einem Diamantschneider, durchgetrennt. Es gab keine Zacken oder Unregelmäßigkeiten. Der letzte Vorfall ereignete sich bald darauf. Ich hatte eine Vase voll Blumen am Tisch stehen. Als ich morgens in die Küche an die Eckbank trat, hinter der sich der Tisch mit der Vase befand, um die Vorhänge aufzuziehen, bemerkte ich, dass der Tisch ganz nass war. Als ich näher hinsah, war da ein einzelnes Stück Glas neben der Vase zu erkennen. Als ich es in die Hand nahm, sah ich, dass es der Boden der Vase war,

der wieder wie abgeschnitten da lag. Der Rest der Vase samt Blumen stand noch an Ort und Stelle, ganz normal, nur das Wasser war ausgelaufen, weil der Boden fehlte.
Danach habe ich nie wieder Glas über Nacht in der Küche stehen lassen. Wenn ich Glas im Wohnzimmer stehen ließ oder es im Küchenschrank stand, ist nichts passiert. Allein in der Küche am Tisch oder auf der Arbeitsplatte konnte man damit rechnen, dass es am nächsten Tag zerschnitten war.
Als ich die Vorfälle mal auf der Arbeit erzählte, meinte eine Kollegin, ich solle das Zimmer doch mal mit Weihwasser besprengen, dabei aber unbedingt das Fenster aufmachen. Ich habe das dann auch gemacht, traute mich aber trotzdem nicht mehr, etwas Gläsernes in der Küche offen stehen zu lassen. Wir wohnten auch nicht sehr lange in der Wohnung, etwa ein dreiviertel Jahr.»

Ein ereignisreiches Leben

Frau Gudrun Rübenach, die uns bereits ihre Erlebnisse in «Sie sind unter uns» berichtet hat, erlebte im Laufe ihres Lebens noch einige weitere schauerliche Dinge:

«Ich fange ganz chronologisch an. [...] Ich bin mit meinen drei Kindern im März 2008 in ein Haus umgezogen, das ungefähr 1860 gebaut wurde. Die Vorbesitzer kenne ich noch aus meiner Kindheit.

Es war dann einige Wochen nach dem Einzug. Ich lag mit meinen Kindern in der mittleren Etage des Hauses, im großen Kinderzimmer und las ihnen Geschichten vor. Plötzlich hörten wir alle, wie jemand die Treppe hochkommt. Die Kinder sagten: «Oh, jetzt kommt noch wer?» Ich dachte, ich hätte eventuell die Haustür nicht abgeschlossen und mein Bruder wäre zu Besuch gekommen. Auf dem Absatz am Ende der Treppe hörten die Schritte plötzlich auf und ich schaute aus der offenen Kinderzimmertür, wer denn da sei. Es war niemand da. Wir überprüften die Haustür, welche von innen verschlossen war und nächtigten dann alle zusammen in einem Zimmer.

Später im Jahr hatte ich mich mit dem Vater meiner Kinder ausgesöhnt und er schlief bei mir auf dem ausgebauten Dachboden, welcher mein Schlafzimmer ist.

Eines Morgens fragte er mich, warum ich nachts auf der Holzleiste am Fußende des Bettes mit den Fingern herum trommele. Ich war das natürlich nicht und fragte ihn nur, wie er auf sowas käme. Kurze Zeit später trennten wir uns dann für immer.

Als ich dann eines nachts wach wurde, weil jemand am Fußende des Bettes mit den Fingern auf das Holz trommelte und sich dabei meine Decke im Takt mit hob und senkte, wurde ich sehr böse innerlich und dachte, dass man hier nicht mal in Ruhe schlafen könne. Sofort war Ruhe und dieses gelangweilte Fingergetrommel kam nie wieder. (Und ich hoffe, das bleibt so.)

Danach folgten noch kleinere Ereignisse. Zum Beispiel kam mein großer Sohn zu mir ans Bett und sagte, jemand wäre über seine Legokisten gefallen. Die anderen beiden Kinder schliefen und ein Haustier hatten wir damals noch nicht.»

Frau Rübenach berichtet weiter zu ihrem jetzigen Domizil: «Bemerkt habe ich nach dem Einzug 2008, dass es sich zeitweise anfühlt, als würden wir taxiert. Also so, wie wenn man jemanden kennenlernt und versucht, ihn einzuschätzen. [...]

Es passierte alles in größeren Zeitabständen. Kleinigkeiten waren für mich, dass ich merkte, wie ich manchmal Gedanken hatte, die sich bewahrheitet haben. So, als wäre man ein wenig hellsichtig, aber ich habe nie viel auf die Gedanken geachtet, erst als es dann so geschah, wie ich es im Kopf hatte.

Oftmals träumte ich auch, dass jemand kommt und mir etwas erzählt. Perplex war ich dann immer, wenn sich herausstellte, dass es der Wahrheit entsprach, was mir im Traum mitgeteilt wurde.

Einmal war eine Zimmerdecke eingestürzt und ich musste einen Bekannten bitten, sie neu zu machen. Die Ehefrau dieses Bekannten war im Jahr davor an Krebs gestorben. Wenn er Pause machte und bei mir in der Küche saß, erzählte er mir von ihr und von seiner Trauer. Er wollte sich wohl auch schon mal vor einen Zug werfen, um wieder bei seiner Frau zu sein.

Ich sagte ihm, dass es ihr jetzt gut gehe und sie dort ist, wo unser aller Zuhause ist, dass er sie nicht halten soll mit seiner Trauer etc.

Abends dann, als ich im Bett lag hörte ich eine Frau sagen: «Danke sehr! Er hat doch das Herz auf der anderen Seite.»

Was das zu bedeuten hatte, erfuhr ich kurze Zeit später, als der Bekannte wieder an meiner Zimmerdecke arbeitete. Bei irgendeinem Gesprächsthema

sagte er, wenn ihn mal jemand erstechen wolle, so müsste derjenige ihn in die rechte Seite stechen, denn er habe sein Herz auf der anderen Seite als es normal ist.
Das sind die größeren Begebenheiten, an die ich mich gut erinnere. »

In diesen beiden Häusern spielte sich alles ab

Feng Shui für Geister

Scheinbar brauchen auch Geister manchmal ein wenig Abwechslung. Frau Tina A. ist jedenfalls dieser Überzeugung, da ihr Hausgeist gerne mal umräumt:

«Mein unheimlichstes Erlebnis war vor ca. zwei Monaten. Ich wohne in einem großen Haus mit mehreren Etagen (Keller /Erdgeschoss/1. Stock & Dachboden). Meine Mama und ich wissen schon lange, dass bei uns ein Hausgeist wohnt, da vor einigen Generationen in diesem Haus eine Mutter von ihrem Sohn umgebracht worden war, indem er sie die Stiegen hinuntergestoßen hat. Unser Geist ist freundlich und würde uns nie etwas tun. Manchmal dreht er Lichter auf oder den Radio auf und ab. Die letzte Begegnung war jedoch etwas unheimlicher als sonst.

Meine Mama und ich waren im ersten Stock, als wir im Gang draußen Schritte hörten, wir gingen dorthin, sahen aber niemanden. Kurz darauf hörten wir das Knacken unserer Stiegen (die Stiegen knacken immer, wenn wir rauf- und runtergehen). Aufmerksam standen wir immer noch am Ende des Flurs und lauschten, hörten jedoch nichts mehr. Also gingen wir ebenfalls die Stiegen herunter in unser Wohnzimmer. Dort sahen wir dann etwas sehr Seltsames und - für uns - Abhärtendes. Unsere Zimmerpflanze, die seit unserem Einzug neben dem Zimmerbogen stand, war nun irritierenderweise vor unserem Spiegel, die Erde am Boden in einer Spur nachzuverfolgen. Außerdem stand unser Ägyptenbild am Boden. Einfach so. Es konnte nicht runtergeflogen sein, da es seit drei Jahren an unserer Wand hing und es keinen Grund hatte, herunterzufallen.

Meine Mama und ich starrten uns nur an und als wir es wieder aufhängen wollten, wurde es kalt in unserem Zimmer. Wir wissen nicht genau, warum

dies alles passiert ist, aber jedes Mal, wenn wir an dem Tag das Bild zurückhängen wollten, wurde es wieder kalt. Wir haben es dann drei Tage später wieder aufgehängt und die Pflanze auf ihren Platz gestellt. Es schien so, als hätte unser Geist keine Lust mehr auf"s Alltägliche.
Seitdem *geistert* es wieder mehr in unserem Haus. Aber mittlerweile wissen wir schon, wie wir mit ihr umgehen müssen.»

Unheimliche Begegnung

Die heute 38 Jahre alte Daniela S. hatte mit 16 Jahren eine unheimliche Begegnung:
«Ich war in meinem Zimmer und plötzlich wurde es an einer Stelle eiskalt. Es fühlte sich an, als wäre ich nicht allein. Mein Kater flippte total aus. Er starrte eine Stelle im Raum an, sträubte sich und fauchte. Egal was ich tat, z.B. ihn rufen und so weiter, es half nichts, er fixierte diese Stelle. Die Geräusche, die er von sich gab, machten die ganze Situation noch gruseliger. Immer, wenn ich zu dieser Stelle hinging, kribbelte mein ganzer Körper und es war eiskalt. Ich hatte schreckliche Angst. Doch genauso plötzlich wie es da war, verschwand es auch wieder. Mein Kater beruhigte sich dann sofort. Ich hatte solche Erlebnisse zu dieser Zeit öfter und auch eine Freundin, die damals bei mir übernachtete, erlebte etwas. Ich hatte ihr nichts davon erzählt, weil ich Angst hatte, dass sie mich für verrückt halten würde. Am nächsten Morgen meinte sie nur zu mir: «Ich schlafe nie wieder hier bei dir. Heute Nacht war Irgendetwas hier im Zimmer.» Ich weiß, dass ich mir diese Dinge nicht eingebildet habe.»

Das Spukhaus

Stefanie Muhl gehört ebenfalls zu den Personen, die schon sehr viele seltsame Erlebnisse hatten. Das Haus ihrer Großeltern im kleinen Dörfchen W. in Sachsen-Anhalt scheint einige Geheimnisse zu bergen:

«Alle Situationen sind im Haus meiner Großeltern passiert. Es wurde 1909 erbaut und ich glaube, es sind insgesamt drei Menschen darin verstorben.
Viele Dinge hat mir meine Mutti, als sie jung war und noch dort wohnte, oder mein Onkel, der dort aufgrund einer Motorradpanne übernachten musste, erzählt.
Es gab immer ein paar Bilder, die von der Wand fielen. Jeden Abend um 22:30 Uhr haben die Gläser in der Vitrine gewackelt, so oft kann es keinen Gebirgsschlag geben.
Meine Mutti hat mir erzählt, dass sich beim Lesen eines Buches plötzlich die Seiten von alleine weiterblätterten.
Als sie noch kleiner war und mit Ihrem Bruder allein zuhause, passierte Folgendes: sie lag schon im Bett (es war ein kleines Zimmer mit einem zweiten alten Bett darin), als es plötzlich anfing, darin zu schnarchen. Aus Angst warf sie ihre Puppe darauf, dann hörte es auf.
Als sie mit mir schwanger war, konnte sie das Rauchen trotzdem nicht lassen. Sie legte eine Zigarette auf den Aschenbecher und plötzlich sprang diese in einem hohen Satz weg. Auch ihre Freundin war Zeugin.
Einmal saß die ganze Familie am Esstisch, das war vor meiner Geburt. Der Kühlschrank stand noch offen, doch niemand wollte aufstehen und jeder sagte «mach du ihn zu». Plötzlich flog die Tür von ganz alleine zu.

Als mein Vater dann dort wohnte und er einmal im Wohnzimmer noch fernsehen wollte, meine Mutter war schon im Bett, kam er plötzlich wie angestochen angerannt und fragte, ob sie gerade im Wohnzimmer gewesen sei. Er meinte, es hätte ihn eine kalte, feuchte Hand ins Genick gefasst. Natürlich war meine Mutter die ganze Zeit über im Bett gelegen, sie war es nicht gewesen.

[...] Mein Vater und Opa sägten eines Tages etwas auf dem Dachboden. Meine Oma und Mutti kochten währenddessen unten in der Küche das Mittagessen. Eine Weile später gingen mein Vater und mein Opa hinunter in den Hof zum Schuppen. Man hörte jedoch noch immer Sägegeräusche vom Dachboden, obwohl dort niemand mehr war. Als das Mittagessen dann fertig war, meinte meine Oma, meine Mutti solle doch zum Dachboden gehen und die zwei Männer zum Mittagessen holen. [...] Sie ging hinauf und kurz bevor sie über die Luke sehen konnte, hörte das Sägegeräusch einfach auf. Der Dachboden war leer.

Mein Onkel bekam drei Ereignisse mit, als er einmal nach einer Panne im Wohnzimmer schlief. Er hörte deutliche Schritte, die sich anhörten, als ob jemand mit rauen Hausschuhsohlen über den Teppichboden gehen würde. Die Schritte gingen immer bis zur Gardine, dann zog sie etwas vom Fenster weg und sie flogen wieder dran. Dann gingen die Schritte zur Tür und wieder zurück zum Fenster usw. Später hörte er ein Kettenrasseln die Treppe herunter kommen und das Licht ging an [...] Er dachte, es wäre mein Opa gewesen. [...] doch dann ging das Licht mit einem Mal komplett aus. Opa war es nicht gewesen.

Die Dinge, die ich selbst mitbekam, waren z.B., dass etwas Kaltes, Schweres auf mir lag. Ich wusste zunächst gar nicht, dass dies meiner Mutti, als sie klein war, auch passiert ist. Es geschah damals in der Adventszeit und ich muss etwa zwölf Jahre alt gewesen sein. Und etwa zu dieser Zeit war da auch einmal ein Fauchen hinter dem Sofa, als ich dort schlief. Als meine Mutter einmal ins Krankenhaus musste und ich bei Oma schlief, hörte ich auch ein Knacken, das immer näher kam, zunächst in der Anbauwand und dann im Tisch. Im Wohnzimmer war ich bei diesen Gelegenheiten immer alleine …

Das Haus der Großeltern

In einem anderen Haus hatte ich dann weitere Erlebnisse. Ich war um die sechs Jahre alt, wir wohnten in einer Wohnung in Eisleben. Mein Vater hatte sich mehr oder weniger aus dem Staub gemacht. Ab und zu schaute er aber noch vorbei.

Es gab Mittagessen, ich kann mich noch erinnern, es war aber schon gegen 14 Uhr. Meine Mutti war in der Küche. Wie ich so aß, brüllte plötzlich jemand hinter dem Sessel, auf dem ich saß. Es war so eine Art *Monsterbrüllen*, als ob jemand einen erschrecken will. Erschrocken und nichts ahnend, sprang ich mit den Knien auf den Sessel und schaute dahinter. Es war niemand da. Ich war damals der festen Überzeugung, dass es von der Stimme her mein Vater gewesen sein muss, doch der war nicht da. Das war sehr beängstigend und natürlich für mich auch nicht zu verstehen.

Meine Mutti erzählte mir ein weiteres Geschehnis, aus der gleichen Wohnung. Sie hat eine große Holztruhe, die man fast als Sarg bezeichnen könnte, so riesig ist das Ding. Sie stammte wohl noch von der Uroma. Diese Truhe fing eines Tages an zu Klopfen und Knacken. Es wurde immer lauter, bis daraufhin mein Vater dagegen getreten haben soll. Dann hörte es einfach auf. Vielleicht war das ein Poltergeist, der durch die Truhe mit in die Stadtwohnung genommen wurde?! Diese hat meine Mutter schon früher besessen.»

Die mysteriöse Truhe

Frau Muhl war so freundlich, uns einige Ausschnitte des Tagebuches ihrer Mutter zur Verfügung zu stellen, in dem diese ihre Erlebnisse niedergeschrieben hat. Zitat: «Ich glaube, ich war damals ungefähr neun Jahre alt. Meine Eltern waren am Abend weggegangen, so dass ich mit meinem Bruder allein zu Hause war. Ich hatte oben mein Zimmer und er seins in entgegengesetzter Richtung. Hätte er mich laut gerufen, so hätte ich es nicht bis in mein Zimmer hören können. Uns trennten meine Tür, die Stube, die dahinter lag, die Flurtür [unleserlich] und unten meines Bruders Zimmertür selbst. Es war also praktisch unmöglich, Geräusche voneinander zu vernehmen. Ich lag im Bett und mein Bruder auch. Ich las noch in einem Buch und neben mir lag meine Puppe. Plötzlich vernahm ich ein leises Schnarchen oder Schnaufen, gerade so als wenn jemand schliefe. Das Geräusch kam vom anderen Bett in meinem Zimmer. Es war leer und nur mit einer Steppdecke zugedeckt. Mir stockte der Atem und ich lauschte dem Geräusch eine Weile. Mal wurde es lauter, mal leiser. Ich wusste genau, dass im Nebenzimmer niemand war. Ich griff nach meiner Puppe und warf sie auf das andere Bett. Das Geräusch verstummte. Ich lag noch sehr lange wach und überlegte, was das gewesen sein könnte. Ich glaube, ich stand dann sogar auf und schaute nebenan in die Stube, ob vielleicht mein Vater oder meine Mutter dort auf dem Sofa lägen und schliefen. Aber es war niemand im Zimmer. Meine Eltern waren noch nicht zu Hause.

[…]

Ich war noch sehr jung. So um die zehn Jahre alt muss ich damals gewesen sein. Ich wachte mitten in der Nacht auf. Irgendwas hatte mich geweckt. Ich merkte wie plötzlich von jemandem meine Bettdecke in die Höhe gehoben wurde. Ich hatte große Angst und spürte die Kälte des ungeheizten Zimmers. Als ich dann am anderen Morgen erwachte, lag ich neben dem Bett. Die Bettdecke befand sich aber unter mir, so dass diese also zuerst darunter gelangt sein muss. Wäre ich aufgewacht, so wäre ich ganz gewiss erwacht, denn ich

habe keinen sehr tiefen Schlaf. Es ist mir bis heute noch ein Rätsel, wie ich auf die Bettdecke auf dem Fußboden gelangt bin, ohne zu erwachen. […]
Es war im August, als ich dieses Kippeln zum ersten Mal vernahm. Es hörte sich an, als wenn eine Flasche oder ein Glas kippelte. Wenn ich spät am Abend noch in einem Buch las, konnte ich das Kippeln immer um die gleiche Zeit, von 22.30 Uhr bis 23.00 Uhr, vernehmen. Es dauerte nie länger. Wenn ich dann das Licht ausmachte, wurde das Kippeln immer wilder. Wenn ich dann sagte: «Hör auf mit dem Blödsinn, ich will schlafen!», so hörte es auf. Manchmal fing das Kippeln schon kurze Zeit danach wieder an. Dann sprang ich aus dem Bett, kippte jedes Glas und jede Flasche um, sprang ins Bett. Aber es wackelte nichts. Also konnte dieses Kippeln nicht von Erschütterungen oder kleinen Erdstößen herrühren.
Anfang Dezember räumte ich meine Schränke aus und um. Seit dem habe ich kein Kippeln mehr gehört. […]
Als ich 18 Jahre alt war, es war ungefähr Ende November 1983, erwachte ich mitten in der Nacht. Ich spürte, wie jemand am Fußende an meiner Bettdecke zog. Ganz langsam. Ich konnte sogar den leisen Rauschton hören, der bei Reibung von Stoff an Stoff verursacht wird. Mein Körper war ganz steif und ich konnte mich nicht bewegen. Ich hatte einen Zipfel Bettdecke in der Hand, konnte ihn aber nicht festhalten, weil jede Bewegung und jede geringste Anspannung der Muskeln Schmerzen verursachte. Sogar die Finger. Als wenn mein ganzer Körper vom Krampf befallen sei. Ich unterließ dann jegliche Bewegungsversuche, holte ein paar Mal Luft, denn ich war ganz kraftlos und sagte dann mühevoll: «Lass den Blödsinn, ich will schlafen, ich muss morgen arbeiten.» Plötzlich hörte das Ziehen auf und ich konnte mich wieder tadellos bewegen. Ich machte das Licht an und schaute ans Fußende. Ich sah, dass die Bettdecke ein kleines Stück aus dem Bett hing, aber nicht weit genug, um von alleine rausrutschen zu können. […]

8.3.84
5.15 Uhr - Kippeln zum ersten Mal wieder vernommen. [...]
Heute möchte ich wiedermal ein Erlebnis eintragen. Seit 1984 ist viel passiert. Am besten ich fange mit dem Erlebnis vom 30.4.86 an. Ich lag im Bett. Ich fühlte mich wach, aber ein bisschen schläfrig. Ich glaube, ich war aufgewacht, weil mein Arm eingeschlafen war. Plötzlich zog wieder was an meiner Bettdecke. Dann geschah etwas Schauriges. Ich spürte deutlich wie ein paar eiskalte Finger in meinen Haaren herumwühlten. Die Bettdecke auf mir wogte hin und her, als ob jemand drauf rumwühlt. Ich war wieder steif. Ich bewegte meinen Kopf und brummte grimmig. Das Wühlen hörte auf. Ich machte mein Licht an und sah auf die Uhr. Es war 4–5 Uhr morgens. Ich beruhigte mich und schlief ein. [...]
Ich habe in letzter Zeit mit meiner Freundin Carola bei uns viel ferngesehen. Dabei hörten wir beide deutlich ein Poltern unten. Meine Eltern, die unten ferngesehen haben, dachten, dass wir oben poltern oder Kohlen hoch holen würden. Weder meine Eltern noch meine Freundin und ich haben gepoltert. [...]
Dieses Schnarchen, von dem ich schon mal berichtet hatte, habe ich in letzter Zeit auch wieder sehr oft vernommen. Ich fand keine Person dazu. [...]
So im Januar, Februar 1986 saß ich noch in der Stube oben bei uns und sah alleine fern. Meine Eltern waren bei Bekannten oder schon im Bett, das weiß ich nicht genau. Ich wollte unbedingt noch eine Gesprächsrunde im Fernsehen anschauen, war aber sehr müde. So halb schläfrig schaute ich zu. Doch plötzlich riss mich ein lauter Pfiff hoch. Ich dachte, mein Vater steht hinter mir. Ich schaute in die Glasscheibe des Büffets, sah niemanden, drehte mich um, nichts zu sehen von einem Menschen. Ich ging daraufhin ins Bett. Zum Wundern komme ich schon gar nicht mehr. [...]

Ich weiß nicht, ob es ein, zwei Tage später war. Ich hatte abends meinen Wecker nicht gestellt und aufgezogen. Er stand still. Um 5 klingelte er sonst. Plötzlich weckte mich aber derselbe Pfiff, den ich vor dem Fernseher hinter mir gehört hatte. Entweder hatte ich das Radio angemacht oder auf meine Armbanduhr gesehen. Es war 5 Uhr. Wäre dieser Pfiff nicht gewesen, hätte ich bestimmt verschlafen. [...]
Ich lag im Bett und träumte, ich ginge mit meiner Mutter eine Straße entlang. Da sahen wir eine Person in eine Decke eingehüllt. Ich wusste genau, dass sie tot war. Plötzlich war der Traum weg und in diesem Augenblick spürte ich, wie etwas Schweres, Kaltes auf mir lag. Als ich im Begriff war, das Licht einzuschalten, verschwand es. Ich war ganz kalt, obwohl ich mit drei Decken zugedeckt war. Ich konnte mir das nicht ganz erklären, was so kalt und schwer auf mir gelegen hatte.»

Das Kind

Sarah H. berichtete uns schon einige ihrer zahlreichen Erlebnisse. Auch in ihrer Kindheit ereigneten sich bereits ungewöhnliche Vorfälle:
«In unserer Kindheit waren mein Bruder und ich ganz oft bei meinen Großeltern. Wir hatten dort unser eigenes Kinderzimmer. Die Schlafzimmer befanden sich alle im 3. Stock, zusammen mit einer kleinen Toilette und einem kleinen Zimmer mit Waschbecken und ein paar Regalen, von uns genannt das *Zimmerle*. Mein Bruder und ich spielten in unserem Zimmer, bis meine Oma uns ins Zimmerle zum Zähneputzen und Bett fertig machen rief. Mein Bruder stand schon auf und lief los. Ich sah ihn noch zur Tür laufen, als ich hochschaute und aufstand, das glaubte ich zumindest. Plötzlich ging das Licht im Zimmer aus. Ich dachte, mein Bruder spielt mir einen Streich, da er wusste, dass ich Angst im Dunkeln hatte, wenn ich mitten im Raum war. Nachdem das Licht ausgegangen war, kauerte ich mich schreiend auf den Boden. Kurz darauf kamen meine Oma und mein Bruder ins Zimmer gelaufen, um zu sehen, was los war. Meine Oma machte natürlich das Licht an. Ich schrie meinen Bruder an, warum er das gemacht habe, wieso er das Licht ausgemacht habe, wo er doch wisse, dass ich dann Angst bekäme. Er blickte mich völlig entgeistert an und beteuerte, dass er das Licht nicht ausgemacht habe, da er zu dem Zeitpunkt, als ich anfing zu schreien, schon längst den Gang runter, bei meiner Oma im Zimmerle gewesen sei.
Meine Oma bestätigte dies. Sie sagte auch, dass er nicht gerannt, sondern ganz normal gelaufen sei. Von unserem Kinderzimmer bis ins Zimmerle muss man einen langen Gang hinunter. Mein Bruder hätte nicht genug Zeit gehabt, um so schnell von unserem Zimmer in das andere zu gelangen. Der Junge kann also nicht mein Bruder gewesen sein. Aber wer war es dann?»

Böse Geister

Klaus S. aus P. hatte unlängst ein wahrlich haarsträubendes Erlebnis: «Ein Arbeitskollege rief mich neulich an, weil er eine alte Hütte nähe H. umbauen sollte. Laut Besitzerin sollte es dort spuken. Ich war heute also dort. Die Mieterin erzählte mir, dass sie eines ihrer Zimmer nicht mehr betreten würde, da angeblich die Möbel dort täglich anders stünden und auch das Kruzifix sich immer umdrehen würde. Ich betrat dann also das Zimmer und muss sagen, ich spürte ein Kribbeln und auch eine ungewöhnliche Kälte. Ich fühlte mich dort sehr unwohl. Nach nur drei Minuten musste ich dort wieder raus, da ich Angstzustände bekam. Mir wurde auch erzählt, dass dort nagelneue Maschinen plötzlich ihren Dienst verweigern würden. Und mitten unterm Gipsen, gefror das Wasser in der Gipspfanne! Ich fragte mich, ob dort böse Geister am Werk seien? Wenn möglich, werde ich dieses Haus nicht mehr betreten.»

Neugierige Schattengestalt

Marco L., der in einer Kleinstadt am linken Niederrhein in Nordrheinwestfalen lebt, hat uns gleich mehrere ungewöhnliche Begebenheiten zu berichten.
«Als junger Erwachsener in den 90er Jahren lebte ich in einem neu erbauten Haus. Es war an einem schönen, sehr sonnigen Tag und ich ging vom Erdgeschoss in meine Wohnung im 1. Obergeschoss. [...] Als ich gerade im Flur der Wohnung angekommen war, sah ich in Richtung Wohnzimmer. An der Wohnzimmertür (nicht darauf) sah ich einen Kopf, der absolut tiefschwarz war, nur sehr minimal aufgehellt durch das von hinten auf die Erscheinung einfallende Sonnenlicht. Die Gestalt war damit immer noch dunkelgrau bis schwarz. Ich konnte nur den Kopf sehen, weil der Rest durch die im rechten Winkel offenstehende Tür verdeckt war. Es war, wie wenn jemand hinter der Tür stehen und dann nur mit dem Kopf hervorschauen würde.
Wie bei normalen Schatten, waren weder ein Mund, noch Augen oder Ohren zu sehen. Ich möchte nochmals darauf hinweisen, dass dieser schwarze *Schatten* nicht wie normale Schatten auf ein Objekt (wie etwa eine Wand oder Tür) geworfen wurde, sondern dass vor und hinter ihm freier Raum war. Wir schauten uns gegenseitig etwa zehn Sekunden lang an. Dann verschwand die schwarze Gestalt hinter der Wohnzimmertür. Ich lief sofort hinterher, die Erscheinung war aber nicht mehr aufzufinden. Das Ganze ging völlig lautlos vor sich. Ich habe mich zu keinem Zeitpunkt bedroht gefühlt, sondern war eher neugierig.
In derselben Wohnung wie in der vorherigen Geschichte, hatte ich als junger Erwachsener noch ein Erlebnis: Ich lag einmal nachts im Dunkeln noch wach. Plötzlich klopfte es dreimal in regelmäßigen Abständen am Schlafzimmerschrank. Es klang wirklich genauso, als wenn jemand von außen auf den

Schrank klopfen würde. Es war definitiv kein Arbeiten von Holz oder irgendein Knacken in der Holzkonstruktion des Schrankes.
Alle diese Vorfälle sind nur genau ein einziges Mal in meinem Leben vorgefallen.»

Das Grauen im Keller

Frank Seidel aus P. berichtete uns schon im ersten Band der *Wahren Geistergeschichten* über eine scheinbar verfluchte Uhr. Doch er hat in seinem Leben noch weit mehr Unheimliches erlebt:

«Die ersten Erlebnisse hatte ich im Kindesalter. Meine Familie hatte ein Fahrradgeschäft an der Ecke W.-Gasse/ Kleine K.-Gasse, und wir wohnten in diesem alten Haus.

Zu unserer Wohnung führte eine längere alte Holztreppe, und es war oft so, dass man darauf ganz deutlich Schritte hörte, so als ob jemand die Treppe hochgehen würde. Wir als Kinder meinten, dass unsere Mutter zu uns kommen würde. Wir kamen dann zur Türe, und waren immer ganz überrascht, dass niemand da war, weil die Schritte immer deutlich zu hören gewesen waren.

Im Alter von ca. neun Jahren wurden meine Eltern einmal zu einer Familie eingeladen, die sie im Urlaub kennengelernt hatten. Die Bekannten meiner Eltern erzählten ihnen, dass sie in einem Haus wohnten, wo es *spuke*, da es auf einem früheren alten Friedhof erbaut worden sei. Das Haus stand in einer Neubausiedlung, und es war schon eine sehr lange Zeit her, dass an dieser Stelle ein Friedhof gewesen ist. Da wir als Kinder die ganzen Geschichten mitbekommen hatten, die da so abends erzählt wurden, gruselte es uns natürlich sehr bei dem Gedanken, in diesem Geisterhaus ein Wochenende verbringen zu müssen. Ich weiß noch sehr genau, dass ich dort dann einmal nachts aufwachte, das Zimmer vom Mondschein beleuchtet, und ich eine weiße Gestalt am Fenster sah, die irgendwie nebelhaft wirkte.

Ich hab mich dann so erschrocken, dass ich mich unter der Bettdecke versteckt habe.
Am nächsten Tag war ich schweißgebadet vor Angst.

Bis zum Alter von ca. 15–16 Jahren hatte ich dann keine Erlebnisse mehr in dieser Art. Erst als mir im Jahre 1988 meine Schwester vom *Gläserrücken* erzählte, wurde ich wieder neugierig. Wir versuchten es einmal selber, aber nichts rührte sich.
Erst als ein Bekannter erzählte, dass er jemanden kenne, der «weiß wie das geht», kamen wir der Sache näher. Wir hatten ihn eingeladen und waren bei meinen Eltern im Haus, im Hobbyraum. Dort versuchten wir nun das Gläserrücken noch einmal. Wie von Geisterhand geführt, funktionierte dann plötzlich alles. Das Ganze war sehr unheimlich, doch die Neugierde auf das Unbekannte war größer. Der Geist erzählte uns damals z.B., dass der III. Weltkrieg in Libyen seinen Anfang nehmen und sich nach und nach ausbreiten würde. Alles war, wie gesagt, sehr mysteriös und vieles nicht zu erklären.
Das Gläserrücken wurde irgendwie zum Hobby von uns. Teilweise waren bis zu acht Bekannte da, die das sehen wollten. Es entwickelte sich fast eine Sucht, und mit dem Gläserrücken kamen immer mehr unheimliche Vorfälle.
Wenn man z.B. in diesem Raum übernachtete, konnte man öfter eine dunkle Gestalt erkennen, und man hörte ein merkwürdiges Knacksen in den Holzwänden, das vorher nicht da war.

Wenn manchmal Freundinnen bei mir übernachteten, schraken sie oft mitten in der Nacht hoch, weil da «wer im Raum» war. Mich beruhigte das Ganze aber eher, weil ich schon selber dachte, ich würde mir das alles nur einbilden. Aber dadurch, dass andere auch gewisse Sachen im Raum wahrnehmen konnten, sah ich alles ein bisschen anders.

Wir hörten dann irgendwann mit dem Gläserrücken auf, weil alles außer Kontrolle geriet. Der Geist sagte uns, wenn wir weitermachen würden, gehörten wir ihm. Er sagte, dass er ein dunkler Dämon sei. Wie gesagt, das lief alles außer Kontrolle, und wir hörten dann damit auf. Allerdings verfolgen mich seitdem gewisse Geschichten irgendwie - diese Geister-geschichten halt.

In diesem Hobbyraum gab es über Jahre hinweg merkwürdige Vorfälle. Er wurde eine gewisse Zeit nur mehr als Lagerraum genutzt. Eines Abends im Herbst wollte ich mal mehrere Kartons unten abstellen.

Ich schaltete das Licht ein, stellte die Kartons ab und war mir zu hundert Prozent sicher, das Licht danach angelassen zu haben, weil ich noch etwas in den Keller stellen wollte.

Wie ich um das Haus herumging, bemerkte ich aber, dass im Keller kein Licht mehr brannte. Ich dachte an einen Zufall, oder dass meine Eltern das Licht ausgemacht hätten. Ich holte den nächsten Karton, ging wieder in den Keller hinunter, schaltete das Licht ein, stellte den Karton ab. Ich schaltete das Licht wieder aus, ging einen Teil des Weges in der Dunkelheit zur Türe und sperrte dann alles ab. Als ich dann an den Kellerfenstern vorbeikam, erschrak ich gewaltig, denn ich sah, dass unten im Keller das Licht wieder brannte.

Ich hatte auch mal einen Lehrling, dem ich diese Kellerräume als Wohnung zur Verfügung gestellt hatte. Ich erzählte ihm aber wohlweislich nichts von den ganzen Geschichten, weil ich wusste, dass er sonst Angst haben würde. Als ich ihm die Räumlichkeiten zeigte, und das Licht anschaltete, gab es einen Knall und die ganzen Lampen sprangen aus den Fassungen heraus. Die Sicherungen flogen ebenfalls heraus. Ich dachte mir nur, «na toll, jetzt geht das wieder los».

Später dann, als der Lehrling wieder ausgezogen war, fragte ich ihn, ob er da in den Kellerräumen etwas bemerkt habe, und er erzählte, dass er immer mit Licht habe schlafen müssen, weil es ihn in der Dunkelheit so gegruselt habe. Er sagte, dass es immer geknackst habe, und er Schritte gehört habe, die er sich nicht habe erklären können. Ich sah das als eine Bestätigung von allem, was ich selbst dort erlebt hatte.»

Frank Seidel hat noch eine weitere interessante Geschichte für uns:
«Meine Großtante wohnte in J. Den Älteren dürfte sie noch bekannt sein, auch das Haus von ihr, das *Borscher Haus*.
Als Kinder gruselte es uns immer in diesem Haus, weil in der Stube ein Teufelskopf an der Wand hing, der uns angrinste. Normalerweise waren in alten Bauernhäuser ja die *Herrgottswinkel*, aber bei meiner Tante eben dieser *Teufelskopf*, der da an der Wand hing. Auch war die Großtante im Besitz eines *Schwarzbuches*[3].
Ich war oft mit meiner Oma bei der Großtante zu Besuch, und die Großtante erzählte eine Geistergeschichte nach der anderen. Die Oma schimpfte oft und meinte, sie solle nicht andauernd solche Geschichten erzählen. Ich weiß es noch genau, im Winter waren in der Stube viele Katzen und der Ofen knisterte. Die Großtante hatte lauter unheimliche Geschichten erzählt, und ich musste dann wieder zum Holzschuppen gehen, um Holz zu holen. Wenn ich dort im Winter durch den Schnee zum Schuppen stapfte, und in der Dunkelheit Holz zusammenklaubte, hatte ich jedes Mal ein mulmiges Gefühl in der Bauchgegend.
Als die Großtante dann 1992 verstarb, nahm ich das Schwarzbuch und den Teufelskopf an mich. Das ganze Haus wirkte irgendwie so, als ob die Zeit seit

[3] Die Bezeichnung *Schwarzbuch* bezieht sich hier auf ein Buch mit Zaubersprüchen.

den Dreißigerjahren stehen geblieben wäre. Alles knarrte und war voller Spinnweben. Das ganze Haus wirkte irgendwie unheimlich.
Eines Abends war ich wiedermal im Haus und suchte ein wenig herum, was noch Interessantes zu finden sei. Irgendwie war ich gedankenversunken. Da bemerkte ich, dass im ganzen Haus das Licht zu Flackern anfing.
Ich fand das noch witzig, weil ich dachte «*Wie in einem Gruselfilm*». Es beunruhigte mich aber nicht, weil ich glaubte, dass das irgendwie an den alten Sicherungen liegen müsste.
Ich wollte dann zum Obergeschoss gehen und da ein bisschen weitersuchen, weil das Haus ja voller alter Schätze war.
Als ich die Holztreppe nach oben gehen wollte, stellte sich plötzlich ein Gänsehautgefühl ein, als ob da etwas oben lauerte, das nicht wollte, dass ich da jetzt raufging. Dazu kam mir dieses Flackern des Lichtes im ganzen Haus auch langsam unheimlich vor, weil ich irgendwie nachgrübelte, dass davon doch eigentlich die Sicherungen rausgeflogen sein müssten.
Ich hab dann doch nicht mehr im Obergeschoss nachgesehen. Keine zehn Pferde hätten mich da noch raufgebracht. Mich gruselte es richtig. Ich löschte das Licht im ganzen Haus und fuhr dann nach Hause.»

Schwarzbuch und Teufelsmaske

Hartnäckiger Untermieter

Jasmin H., die wir bereits aus der Geschichte «Geisterhafter Beistand» kennen, erfuhr schon als Teenager, was es heißt, mit einem Hausgeist zu leben, der sich noch nicht von seinem irdischen Leben trennen konnte:

«Es geschah vor ca. zwölf Jahren, ich war damals zwölf oder dreizehn Jahre alt. Damals zog ich mit meiner Familie um. Das Haus, in das wir zogen, war an die 100 Jahre alt und stand vor unserem Kauf länger leer.

Die Frau, die zuvor in unserem Haus gelebt hatte, war dort verstorben. Als wir einzogen, verlief alles gut. Doch nachdem wir etwa ein Jahr im Haus gelebt hatten, passierten seltsame Dinge.

Mein Bruder, damals etwa sieben Jahre alt, erzählte mir, er habe das Gefühl, dass in seinem Zimmer immer jemand bei ihm sei, doch wenn er das Licht aufdrehe, um nachzusehen, sei nie jemand da. Er hatte ein sehr ungutes Gefühl dabei und manchmal hatte er sogar richtige Angst. Er weinte oft deswegen und schlief damals fast immer bei meinen Eltern und nicht in seinem Zimmer.

Auch in meinem Zimmer passierten seltsame Dinge. Bücher, Spielzeug usw. flogen ohne jegliche Erklärung einfach auf den Boden, Sachen verschwanden einfach so und tauchten an den seltsamsten Orten wieder auf. Ich spürte regelrecht die Anwesenheit einer Person, und fühlte mich beobachtet.

Auch meine Mama glaubte an Geister, also holte sie eine Freundin, die sich mit solchen Dingen gut auskannte. Sie vermutete, dass die ehemalige Bewohnerin unser Hausgeist sei. Also räucherte sie das Haus aus und sagte zu dem Geist, er solle doch bitte gehen. Sie meinte, mit dem Haus sei alles in Ordnung und sie könne ja ab und zu vorbeischauen, um nach dem Rechten zu sehen.

Von da an passierten keine seltsamen Sachen mehr. Ab und zu spürte ich zwar eine Anwesenheit, aber auch das ist schon lange nicht mehr passiert.»

Durch Räuchern sollen (böse) Geister vertrieben werden

Spuk in der Badewanne

Ob sich Kira G. wohl auch das Haus mit einem geisterhaften Bewohner teilt? «Gerade war ich in der Badewanne. Ich machte das Wasser an und lehnte mich zurück. Fünf Minuten später ging das Wasser von alleine aus! Ich muss dazu sagen, dass der Wasserhahn aufgedreht werden muss und das nicht so leicht geht. Das war jetzt einmalig, aber es öffnen sich bei mir im Haus auch manchmal Türen von alleine, Dinge fallen herunter, das Licht geht von alleine aus usw.

Das passiert jetzt schon mehrere Jahre lang, manchmal dreimal die Woche, manchmal nur alle drei Wochen. Auch meine Mutter, meine Oma und der neue Freund meiner Mutter haben es bemerkt.

Der Mann, der das Haus gebaut hat, hat sich hier erhängt.

In meiner Familie und meinem Bekanntenkreis gab es in den letzten Jahren auch viele Todesfälle.»

Frau G. meint, dass diese Ereignisse vielleicht miteinander in Zusammenhang stehen könnten.

Das Mädchen mit dem Messer

Cindy H. aus Eberswalde hat für uns eine *lebenslange Geschichte*:
»Es fing schon an, als ich noch ein Baby war. Ich habe damals viel zu oft geweint und als Kind habe ich dann den Grund herausgefunden. Ich hatte immer das Gefühl, dass mich etwas aus dem Bett zieht oder anfasst. Als es einmal nachts ein Gewitter gab, fing es auf einmal an, ganz doll zu blitzen und in diesem Moment begann plötzlich mein Spielzeug, Musik zu machen. Meine Schwester und ich sind sofort zu unserer Mutter gerannt, weil wir richtige Angst hatten. Als ich dann etwas älter war, so ungefähr 13–14 Jahre, da hat mir meine Mutter erzählt, dass auch sie im Bett gespürt habe, wie sie irgendetwas angefasst habe, obwohl mein Vater zu dem Zeitpunkt in der Stube und sie allein im Schlafzimmer war. Als mein Vater einmal bei meinem Bruder im Zimmer geschlafen hat, hörte er dort Schritte.
Nach etwa einem Jahr haben wir schließlich erfahren, dass sich in der Wohnung, in der wir gewohnt haben, jemand erhängt hat. Da wurde uns klar, dass wir da weg wollten, also sind wir umgezogen. Das ist jetzt etwa vier Jahre her. Meine Schwester ist in eine andere Wohnung gezogen und sie hat mir daraufhin erzählt, dass sie wieder in der Nacht etwas gespürt habe, das sie an den Beinen gezogen habe. Als sie dann ganz wach war, lag ihre Decke am Boden. Außerdem hat sie mir erzählt, dass sie im Halbschlaf gemerkt habe, dass jemand über sie gelaufen sei. Sie sagte, sie habe gedacht, dass sie auf ihrer Bettseite ein kleines Mädchen gesehen habe, das ein Kreuz oder einen Dolch in der Hand gehabt habe. Ich habe Angst, dass es etwas anderes als ein Geist sein könnte.»

Vom Grauen verfolgt

Nadine W. aus Niedersachsen hatte plötzlich, aus dem Nichts heraus, blutige Kratzer am Körper:

»Wie ich sie bekommen habe, weiß ich leider nicht. Ich hatte meine ganze Brust kaputt und blutig gekratzt, außerdem Bisswunden an der Wade und an der Hüfte, aber nichts davon hat mir wehgetan. Die Kratzer habe ich erst beim Duschen bemerkt.

Wir hatten schon immer mit solchen Dingen zu tun.

Aber in einem bestimmten Haus war es ganz besonders schlimm. Wir hatten einen Bauernkotten für fünf Jahre gepachtet, aber nach fünf Monaten sind wir bei Nacht und Nebel abgehauen. Es sind dort viele Dinge passiert, z.B. hat mein Bruder mitten in der Nacht eine Ohrfeige bekommen, unser Hund wurde getreten und flog halb durchs Wohnzimmer und jeder von uns hörte, wie Kinder unsere Namen riefen. Wenn aber z.B. ich hörte, wie jemand meinen Namen rief, hörten es die anderen nicht.

Aus unserem Keller kam jede Nacht ein Schnarchen. Der Keller war richtig klein und er stand leer. […]

Nachts hörten wir laute Geräusche, so als würde bei uns gerade ein Kindergeburtstag stattfinden. Es hörte sich manchmal sogar so an, als ob ein Ball gegen die Fensterscheibe […] fliegen würde und das Glas kaputt ginge.

In meinem Zimmer ging nachts immer eine Spieluhr an, also so eine zum Aufziehen. Ich besaß damals so etwas aber schon lange nicht mehr.

Nicht einmal die Pastoren in der näheren Umgebung sind noch zum Kotten gekommen, obwohl meine Eltern um Hilfe gebeten haben. Sie sagten, es bringe in diesem Haus nichts, sie seien schon dort gewesen.

Wir nahmen dann Kontakt mit den Vormietern auf. Sie hatten in diesem Haus auch große Angst wegen derartiger Erlebnisse gehabt. Wir erfuhren, dass der Bauernkotten früher einmal bis auf die Grundmauern abgebrannt und eine Familie darin ums Leben gekommen war. Das Haus wurde dann neu aufgebaut und die Eigentümer haben sich selber lieber den Hühnerstall ausbauen lassen und darin gewohnt, als wieder ins Haus zu ziehen.
Nachdem wir dort ausgezogen waren, zog da ein Architekt aus Münster mit seiner Frau ein.
Der Mann wurde im Haus erstochen, in den Teppich eingerollt und vor den Kamin gelegt.
Die Frau stand zunächst im Verdacht, den Mann getötet zu haben, aber es gab wohl Ungereimtheiten, weil es nicht möglich gewesen sei, dass die Frau ihn ins Kaminzimmer getragen habe. Sie kann sich auch nicht an einem Mord erinnern und ist nun in einer Psychiatrie. [...]
Wir sind wahnsinnig oft umgezogen, weil meine Mutter immer glaubte, dass es dann aufhört, was aber nicht so war. Mir hat mal jemand gesagt, dass sich etwas an uns geheftet habe und dass es jederzeit wiederkommen könne. Diese unheimlichen Dinge ereignen sich schon, so lange ich denken kann. Etwa im Alter von sechs Jahren, begann ich, etwas aktiv mitzubekommen. Was davor war, weiß ich nicht, doch meine Mutter hat auch einige schlimme Geschichten erzählt. Es gab immer wieder Zeiten, zu denen es weniger war. Manchmal hatten wir monatelang Ruhe und dann fing es wieder von vorne an. Der einzige, der nie etwas hörte, war mein Stiefvater. Er hat uns alle immer nur ausgelacht.
Die Kratzer und Bisswunden sind nun etwa dreizehn Jahre her und seit ca. sieben Jahren ist es bedenklich ruhig bei uns geworden.
Ich würde gerne wissen, warum ausgerechnet wir solche Dinge angezogen haben.»

Kindergeist

Vanessa K. hatte zusammen mit ihrem ehemaligen Freund einige gruselige Erlebnisse in ihrer früheren Wohnung im oberfränkischen Örtchen M. Sie berichtet: «Ich habe in M. in einer Altbauwohnung gewohnt, die schon seit 50 oder 60 Jahren dort steht. Ich zog mit meinem damaligen Freund ein. Die ersten Nächte waren sehr ruhig. Mein damaliger Freund ging in die Arbeit und ich war mit meinen zwei Katzen allein zuhause. Auf einmal hörte ich Schritte, die von der Küchentür zur Wohnzimmertür liefen. Ich dachte mir nichts dabei, weil ich meinte, es wäre der Boden, der wegen des Alters der Wohnung knarrzte. Ich erzählte es meinem damaligen Freund, doch er lachte nur und meinte, ich sei irre.

Dann eines Nachts lagen wir im Bett und er sagte, er würde mal auf's Klo gehen. Auf einmal blieb er an der Tür stehen und rührte sich nicht mehr. Ich fragte ihn, was los sei. Darauf sagte er, da stehe jemand, der ihn nicht durchließe.

Ich machte das Licht an und es war weg. Er ging dann auf's Klo. Meine Katzen verhielten sich aber nicht wie immer. Sie waren richtig aufgedreht. Ich hörte nun wieder diese Schritte in der Küche, dann kam mein Freund wieder vom Klo ins Schlafzimmer und meinte, dass es gerade ganz schön gruselig gewesen sei.

Am nächsten Abend saßen wir auf der Couch und schauten fern. Auf einmal gab es einen lauten Knall. Wir wussten zunächst nicht, was passiert war.

Wir gingen in die Küche und schauten uns um. Da sah ich, wie eine Tür an die Arbeitsfläche knallte und einen Sprung im Holz bekam. Doch alle anderen Türen waren zu und Fenster waren auch keine auf. Es gab da dann noch zwei Sachen, die passiert sind. Einmal stand ich in der Küche und jemand hat mir in die Haare gepustet. Und ein anderes Mal bin ich abends auf der Couch eingeschlafen und hörte dann, wie ein Kind mir direkt ins Ohr schrie. Ich weiß bis heute nicht, ob es ein Traum war oder echt. Ich riss die Augen auf, aber da war nichts und niemand zu sehen. Ich fragte dann eine Nachbarin, die dort schon seit sie klein war lebte.

Sie sagte, dass in dieser Wohnung mal etwas Schreckliches passiert sei. Eine Mutter legte ihr Kind, sechs Jahre alt, ins Bett. Es war Winter und sie hatte vergessen, den Gasofen anzumachen. Das Kind ist in der Nacht erfroren, weil die Fenster auch nicht mehr so dicht waren, wie sie sein sollten. Mehr sagte sie dazu nicht.

Ich habe mir dann eine neue Wohnung gesucht und jetzt ist, Gott sei Dank, alles vorbei. Ich hatte in der alten Wohnung richtig Angst und habe wirklich am Ende Panik bekommen, traute mich gar nicht mal mehr in die Badewanne zu gehen, weil ich Angst hatte, dass dann da jemand stehen könnte.

Engelsflügel

Andrea H. hatte leider das Pech, gleich in mehreren Wohnungen geisterhafte Mitbewohner vorzufinden. Im Folgenden erzählt sie uns ihre Erlebnisse:

«Ich war 26 Jahre jung, als ich das erste Mal mit *Geistern* Bekanntschaft schloss. Ich hatte einen Mann kennengelernt, der einen Hund besaß. Als wir abends auf dem Sofa saßen, der Hund neben mir dösend, und uns unterhielten, setze sich der Hund plötzlich aufrecht hin und fing an, sehr böse zu knurren und seine Zähne zu zeigen. In dem Moment bekam ich Angst vor dem Hund und fragte den Mann, was mit ihm los sei. Er sah mich an und sagte: «Er sieht einen bösen Geist!» Ich schaute den Mann in die Augen und fragte, ob er mich veräppeln wollte? Der Mann lächelte nur und sagte in den Raum hinein: «Verschwinde und lass uns in Ruhe.» Einige Sekunden danach beruhigte sich der Hund, legte sich wieder hin und döste weiter. Das war mein erster Kontakt. Und es sollte nicht mein Letzter gewesen sein.

Ein Jahr später lernte ich meinen jetzigen Lebensgefährten kennen. Ich zog in seine Wohnung ein und ab da hatte ich regen Kontakt zu Geistern. Der Fernseher schaltete sich von allein an, ich hörte, wie Türen aufgemacht wurden etc. Irgendwie bekam ich doch langsam Angst.

Einmal lagen mein Freund und ich abends im Bett und wollten unsere Nachtruhe genießen, als mich ein eisigkalter Finger berührte. Ich sagte zu meinem Freund, dass er doch wirklich sehr kalte Finger habe. Er antwortete nur, dass er mich gar nicht berührt habe.

In unserem Wohnzimmer steht ein etwa zwei Meter großer Benjaminbaum. Es war Winter, Fenster und Türen waren geschlossen. Plötzlich *schüttelte* der

Baum sich, als hätte jemand ihn am Stamm gefasst und einmal kurz und kräftig durchgeschüttelt. Ich dachte erst, dass ich mir das nur eingebildet hätte, aber mein Freund hat es auch gesehen.

Nach zwei Jahren in dieser Wohnung sind wir dann umgezogen. Die neue Wohnung war schön, doch auch hier waren wir nicht allein. Als wir gerade unsere neuen Küchenmöbel zusammengebaut haben (Fenster und Tür waren auch diesmal geschlossen), fragte mich mein Freund, was ich denn für ein Parfüm aufgetragen habe. Ich sagte, dass ich keines benutzt hätte. Dann roch ich es auch. Der Parfumduft schien nur an einem bestimmten Fleck zu sein. Ich ging jeweils zwei Schritte nach allen Seiten und schnupperte. Doch woanders war es nicht zu riechen. Wir mussten dann das Fenster aufmachen, weil der Geruch so intensiv war.

An einem anderen Tag wachte ich in unserem Bett im Schlafzimmer auf. Mein Freund lag nicht mehr neben mir, also beschloss auch ich, aufzustehen. Ich zog mich an, machte die Tür auf und wurde von einem Hund angeknurrt! Ich blieb sofort stehen und schaute, ob da wirklich etwas war. Doch es war nichts zu sehen. Ich erzählte es meinem Freund und er sagte, dass ihm das vor einigen Tagen auch passiert sei.
Ich hörte Klopfgeräusche, roch Parfümduft, manchmal auch Nikotin. Ich hörte, wie Schlüssel ins Schlüsselloch gesteckt wurden, obwohl keiner vor der Tür stand. Ich hatte manchmal das Gefühl, dass mich jemand beobachtete und sogar berührte. Das war wie ein kalter Luftzug und ein Kribbeln an derselben Stelle.

Ich kaufte mir Bücher über Geister, weil mich dieses Thema nicht losließ. Ich hatte dann auch ein Buch gefunden, worin all meine Fragen beantwortet wurden. […]
Obwohl ich manchmal Angst vor diesen Dingen habe, glaube ich daran, dass es *Geister* gibt.
Ich wohne noch immer in dieser Wohnung. Außer, dass ich mal Gerüche wahrnehme, ist aber in den letzten Monaten nichts Außergewöhnliches mehr geschehen.
Ich habe mir nun einen Engelsflügel als Anhänger gekauft, weil ich diese so schön finde. Seitdem ist komischerweise nichts mehr passiert. Ich trage ihn Tag und Nacht. Ob es jetzt daran liegt, dass hier nichts mehr passiert, kann ich nicht sagen. Es kann auch nur Einbildung meinerseits sein, dass dieser Anhänger mich schützt. Es ist mir nur mal aufgefallen, weil vorher meist etwas geschah und wenn es nur ein Geräusch war. Aber ich vermisse diese Erlebnisse auch nicht wirklich, denn irgendwie machen sie einem doch Angst.»

Benny

Nadine aus Wolfsburg hat ebenfalls einige spukige Erlebnisse zu berichten: «Ich habe damals bei meinen Eltern gewohnt. Nach der Geburt meiner Tochter ging es los. Zuerst fielen nur die Türen zu, obwohl alle Fenster geschlossen waren. Na ja, man denkt sich ja erst nichts dabei. Ein anderes Mal fielen plötzlich, während wir beim Essen saßen, alle Sachen vom Kühlschrank. In der Nacht hörte ich meine Tochter lachen und mit jemanden plappern. Ich lief sofort hoch in ihr Zimmer, doch dort war nichts zu sehen.
In unserem Zimmer gingen die Lichter öfter von alleine an, doch die Elektriker haben den Grund nicht gefunden.
Zwei Wochen später wurde es noch gruseliger. Mein Vater sah um sechs Uhr morgens einen Jungen mit einer Bundeswehrjacke an ihm vorbei ins Wohnzimmer laufen.
Er dachte zuerst, es sei sein Neffe. Er rief ihm hinterher: «J., was machst du denn hier?», und ging auch ins Wohnzimmer, aber der Junge war verschwunden. An diesem Abend kam plötzlich ein riesiger Teppich aus Maden aus der Mülltonne zu unserer Haustür gekrochen. Wir haben Stunden gebraucht, sie wegzuspülen und verstanden die Welt nicht mehr. Niemand wollte uns glauben, bis sie es dann selbst erlebt hatten. Für all diese Erlebnisse habe ich Zeugen.
Wie gesagt, begann alles nach der Geburt meiner Tochter und viele Sachen ereigneten sich auch bei ihr im Zimmer. Wir nannten den Geist *Benny.* [...]
Nachdem mein Sohn dann zur Welt gekommen ist, war plötzlich Ruhe. Ich bin nach der Geburt meiner Tochter wieder sehr schnell schwanger geworden. Hat Bennys Seele dadurch endlich Ruhe gefunden und ist zu meinem Sohn geworden?»

Das Mädchen am Bett

Sandra B. aus Hessen lebte viele Jahre in einem Spukhaus. Hier berichtet sie uns nun einige ihrer vielen Erlebnisse:
«Es ist schon neuneinhalb Jahre her. Meine Tochter war noch ein kleines Baby, ca. vier Monate alt. Sie schlief tief und fest in ihrem Zimmer. Von meinem Schlafzimmer bis zu ihrem Zimmer geht ein langer Flur mit Granitfliesen und die Haustür ist auch im Flur. Die Tür war nicht ganz dicht, es hat unten immer kalt durchgezogen. Bis man im Zimmer angekommen war, war man deshalb hell wach. Ich hatte im Zimmer der Kleinen immer einen Stuhl stehen, damit ich mich setzen konnte, wenn ich ihr die Flasche gab. Eines Nachts hat sie geschrien, aber so laut und so heftig, dass ich in Panik in ihr Zimmer gerannt bin.
Ich öffnete die Tür, machte das Licht an, und da saß ein kleines Mädchen, ca. fünf bis sieben Jahre alt, dunkle kurze Haare, einen roten Pullover an. Ihre Hand hatte sie am Gitterbett und sie schaute mich erschrocken an. Ich rieb mir die Augen, weil ich es nicht glauben konnte - und weg war sie. Ich habe sie nie wiedergesehen. Aber in unserer alten Wohnung gingen sowieso komische Sachen vor sich. [...]
Ich saß mit einer Freundin im Wohnzimmer, die Tür war zu. Im Flur hatten wir einen Schlüsselkasten aus Metall. Wenn mein Mann nach Hause kam, ging die Tür auf, der Schlüsselkasten machte dann *plopp*, Schlüssel rein und *klick* war er zu. Wir saßen also im Wohnzimmer, meine Tochter war in ihrem Zimmer und schlief. Die Türen waren alle zu. Auf einmal hörten wir, wie die Haustür aufging und dann der Schlüsselkasten auf und wieder zuging. Meine Freundin sagte *«oh, ist dein Mann schon zuhause?»* Wir warteten und warteten, aber er kam nicht herein! Ich schaute nach, aber da war niemand. Ich rief

meinen Mann am Telefon an, ob er denn gerade zuhause gewesen wäre, aber er sagte, dass er noch in der Arbeit sei. Also, ich war dieses Mal nicht alleine, ich habe eine Zeugin. Der Schlüsselkasten war magnetisch, also ein Luftzug hätte ihn nicht aufbekommen.»

Doch das war noch nicht alles:

«Wir hatten einen CD-Player, in dem drei CDs eingelegt waren. Das Gerät war aus. Ich putzte die Wohnung und auf einmal ging CD 2, Lied Nummer 16 los. Da hab ich mich etwas erschrocken, machte es aber wieder aus. Mein Mann war zuhause und ich erzählte ihm den Vorfall. Er meinte in einem belustigten Tonfall, dass ich mal wieder meine Geister zu Besuch hätte. Tage später saßen wir zusammen im Wohnzimmer und auf einmal ging CD 3, Lied 4 an. *«Ha!»*, sagte ich zu meinem Mann, der mich mit großen Augen anschaute. Also ich fand es schon komisch. Wir haben zwei Katzen, sehr liebe Katzen, die noch nie gekratzt oder gebissen haben. Es war abends und mein Mann ging hoch, um den Katzen etwas zum Fressen zu geben. Ich hörte von unten, wie unsere Zwei gefaucht und geknurrt haben, aber ganz extrem. Mein Mann schrie und kam ganz schnell nach unten gerannt. Er sagte, dass die beiden total verstört wären und sich in ihrem Häuschen versteckt hätten. Ich bin nach oben gegangen, um zu schauen, was mit ihnen los sei. Sie hatten so panische Angst, dass sie wie Hunde gehechelt haben.

Meine jüngste Tochter sagte mir übrigens immer, dass in ihrem Zimmer ein Monster sei. Es war noch vieles mehr, nur wenn man es jemanden erzählt, wird man immer behandelt, als hätte man einen Dachschaden.

Wir sind dann ausgezogen, weil ich mit Zwillingen schwanger war und die Wohnung zu klein wurde.»

Sandra glaubt, die Katzen hätten vielleicht einen Geist gesehen und wären deshalb so verschreckt gewesen. Ob Kinder und Tiere wirklich einen besonderen Draht ins Jenseits haben? Wer weiß?

Die schwarze Frauengestalt

Christa F. hat ebenfalls einige unheimliche Erfahrungen mit einem Spukhaus: «Ich bin das dritte Mal schwanger und bis jetzt hatte ich in jeder Schwangerschaft seltsame Gefühle, als wäre ich nie allein. Ich meine damit jetzt nicht das Ungeborene. Mal macht mir das Angst, manchmal ignoriere ich es. Manchmal versuche ich es als positiv wahrzunehmen. Es kommen öfter komische Sachen vor, z.B. meine ich ab und zu unseren letztes Jahr verstorbenen Hund im Haus an mir vorbeihuschen bzw. auf der Treppe sitzen zu sehen, wie sie das früher oft gemacht hat. Kurz nach unserem Einzug, wenn Herrchen Spätschicht hatte und ich schon im Bett lag, hatte ich im Schlafzimmer ein älteres Ehepaar reden hören, sehr liebevoll. Mittlerweile ist es eher wie Kindergeflüster, fast wie Kichern. Was mir ein bisschen Angst macht ist, dass wenn ich die Treppe zu den Kindern raufgehe, ich ab und zu unten eine Art dunkle Frauengestalt sehe, die mich beobachtet. In diesen Momenten rast mir oft das Herz und ich möchte nicht runtersehen. Mein Hund hat früher in so einem Moment die Tür vor dem Kinderzimmer nicht verlassen.»

Polter- oder Familiengeist?

Frau Manuela Bauer hatte im Haus, in dem sie aufgewachsen ist, viele unheimliche Erlebnisse. Besonders intensiv war es in ihren Teenagerjahren, im Alter von zwölf bis sechzehn. Doch auch davor gab es bereits seltsame Ereignisse:

«Im Haus meiner Großeltern, in dem ich auch aufgewachsen bin, erlebte ich etwas, zusammen mit meiner Cousine Nadine. Wir waren in der Kellerwohnung meiner Mutter und schauten ein Video. Wir beide waren noch sehr jung – ich schätze ich war sieben und meine Cousine neun Jahre alt. Wir hörten die obere Kellertür und danach Schritte auf der Kellertreppe. Wir waren beide ruhig und dachten, dass bestimmt mein Onkel Udo von der Arbeit nach Hause gekommen sei und sich nun in seinem Schlafzimmer, welches sich ebenfalls im Keller befunden hatte, ausruhen wolle.

Nach den Schritten war es kurz ruhig und dann gab es einen sehr lauten Schlag gegen die Tür der Wohnung. Meine Cousine und ich erschraken uns so stark, dass wir beide aufschrien. Ich machte den Fernseher aus und wir beide waren still. Nach kurzer Zeit gab es wieder einen heftigen Schlag gegen die Tür, danach nur noch Stille. Wir sind nach sehr langer Wartezeit aus der Wohnung herausgerannt und in die Erdgeschosswohnung meiner Großeltern *geflüchtet.* Dort erfuhren wir, dass mein Onkel Udo noch gar nicht zu Hause sei. Sonst gab es ebenfalls niemanden, der in den Keller gegangen war …

Ich hatte früher im Erdgeschoss bei meinen Großeltern mein Kinderzimmer. In diesem Zimmer ist einiges passiert, das ich mir bis heute nicht erklären

kann. Vieles hatten meine Freundinnen miterlebt und wir sprachen irgendwann von meinem *Spukzimmer*. Ich weiß, dass der Cousin meiner Großmutter in diesem Zimmer verstorben ist.
Am Tag, aber vor allem nachts, passierten verschiedene Dinge – und das fast täglich über zehn Jahre hinweg:
Der Computer ging nachts alleine an, der Fernseher und auch Videorecorder gingen von alleine an und aus, das Radio begann nachts zu spielen – die Lautstärke wurde immer intensiver – auch wenn ich das Volumen runterdrehte, das Radio ließ sich nicht mehr abschalten, mein Licht ging nachts an, meine verschiedenen Wecker waren morgens nicht mehr gestellt und ich verschlief, wenn mich nicht meine Großmutter weckte, es lagen am Morgen, wenn ich aufwachte, verschiedene Dinge aus meinem Zimmer in meinem Bett: Bücher, CDs, Wecker usw., meine Schrank- oder/und Zimmertür war nachts geöffnet …
Am meisten erschrak ich eines Morgens, als die komplette Bücherreihe, die ich im obersten Regal meines Zimmers hatte, fein säuberlich aufgereiht vor meinem Bett stand.
Eine sehr gute Freundin von mir war damals fast täglich bei mir. Wenn ich das Zimmer mal verließ und sie alleine dort war, passierte es ebenfalls, dass Fernseher, Videorekorder und/oder Radio verrücktspielten.
Die Ereignisse waren in der Zeit, als ich zwölf Jahre alt war, bis zum 16. Lebensjahr am intensivsten. Danach wurde es spürbar weniger.
Als ich bei meinen Großeltern auszog, hörte alles auf. Bis heute habe ich keine Erlebnisse dieser Art mehr gehabt. Ich weiß auch nicht, ob es etwas mit dem verstorbenen Cousin meiner Großmutter zu tun hatte.
Ich musste sehr oft an ihn denken, wenn wieder etwas passiert war. Er ist damals plötzlich nachts in dem besagten Zimmer verstorben.»
Doch auch von ihrem Großvater hat Manuela ein Erlebnis zu berichten:

«Mein Opa war immer ein Realist und hat keinen Platz für Übernatürliches gelassen. Schon als Kind hatte ich ja einige Dinge erlebt, die ich mir selbst nicht erklären konnte und hatte davon auch Etliches meinem Großvater erzählt. Er winkte immer nur ab und meinte, dass es keine Geister o. ä. gebe. Eines Tages erzählte er mir – ich war ca. zwölf Jahre alt – dass er nicht an Übernatürliches glaube, jedoch habe er eine Sache erlebt, die ihm in seinem ganzen Leben immer wieder beschäftigte. Seine Großmutter wurde von seiner Mutter gepflegt und konnte nur noch liegen. Die Großmutter rief ihren Enkel *Willi* zu sich und sagte ihm, er solle bitte die Balkontür zumachen, da sie Angst habe, *sie* würden kommen und sie holen. Mein Großvater fragte nicht lange, und schloss die Balkontür. Er setzte sich zu ihr und sie redeten über das Leben. Während des Gesprächs wurde die Großmutter ziemlich unruhig und meinte zu Ihrem Enkel, er solle schnell seine Mutter holen.
Als mein Opa seine Mutter geholt hatte und sie zusammen am Bett der Großmutter standen, war sie bereits verstorben. Die Balkontür stand nun komplett auf!
«Verstehst du, sie konnte nicht mehr laufen und ich hatte davor die Balkontür fest verschlossen. Es war so, als hätten sie sie wirklich geholt.» betonte er die ganze Zeit.»

Unsterbliche Liebe

Frau Sylvia Schumacher, die uns bereits aus der Geschichte *verwirrte Seelen* bekannt ist, erzählte mir eine besonders ungewöhnliche (Liebes-) Geschichte. Sie kannte den Geist, der sie heimsuchte, bereits aus einem früheren Leben.

«Obwohl ich keine Esoterik praktiziere, habe ich wohl eine besondere Veranlagung, denn wenn ich träume, dass jemand stirbt, schwanger wird oder heiratet, dann passiert das auch wirklich. Ich weiß auch schon Jahre im Voraus, ob eine Beziehung von befreundeten Paaren halten wird oder nicht. Klingt verrückt, hat sich aber bisher alles immer so erfüllt. Ich bin 39 Jahre alt und das, was ich erzählen möchte, hat vor elf Jahren begonnen.

Alles begann damit, dass ich anfing, von einem bestimmten Mann zu träumen. Ich fand ihn sehr attraktiv, er war elegant gekleidet im Stil der 1850er Jahre, trug keinen Bart, aber längeres Haar - was zu der Zeit ja verpönt war, aber er scherte sich nicht um Konventionen - und ich wusste im Traum, dass wir uns gegenseitig sehr liebten. Ich sah auch mich zusammen mit ihm im Traum, nur sah ich ganz anders aus als heute. Meine kleine und zierliche Figur war dieselbe, nur hatte ich sehr langes, schönes schwarzes Haar und große dunkle Augen. Komischerweise hatte ich mir als Kind schon immer langes schwarzes Haar gewünscht ... Diese Träume wiederholten sich und ich sah uns in einem großen Haus, etwas außerhalb einer deutschen Stadt - von der ich jeden Winkel beschreiben konnte. Es gab dort außerdem einen Park und einen Fluss.

Da ich glaubte, so langsam irre zu werden, weil ich mich an immer mehr Details aus dieser Zeit erinnern konnte - auch tagsüber, ausgelöst durch einen bestimmten Geruch, ein Geräusch usw., was dann wie in einem Film vor meinem inneren Auge ablief [...], bat ich eines Abends um ein Zeichen, ob wir in einem früheren Leben ein Paar gewesen seien. Ich trug damals eine Kette mit Kreuz und ohne Verschluss um den Hals, der war nämlich kaputt. Weil es ein Erbstück von meiner Oma war, hatte ich es so zurechtgefriemelt, dass ich die Kette nur hätte ausziehen bzw. öffnen können, indem ich sie kaputtmachte. Als ich dann morgens erwachte, lag das Kreuz auf meinem Kopfkissen. Die Kette war intakt an meinem Hals und am Kreuz war auch nichts kaputt. Das gab mir sehr zu denken.

In der folgenden Nacht bin ich durch ein tiefes Knurren erwacht. Meine Chow-Chow Hündin saß im Wohnzimmer, starrte knurrend in eine Ecke und zitterte am ganzen Körper. Chows sind stolze Hunde, die sich eigentlich durch nichts einschüchtern lassen.

Ich zog sie weg, nahm sie mit ins Schlafzimmer [...] und schloss die Tür. Sie legte sich zwar auf ihr Kissen, knurrte und zitterte aber weiter. Da habe ich meinen Rosenkranz genommen und über eine Stunde gebetet. Der Hund beruhigte sich und wir schliefen wieder ein.

Ich hatte zum 1. Mai einige Tage frei und fuhr in die Stadt aus meinen Träumen. Ich fühlte mich gleich wie daheim, kannte jede Gasse, jeden Winkel und viele Erinnerungen kamen hoch. Es war unglaublich, ich hatte so etwas noch nie erlebt. Ich habe auch instinktiv unsere beiden Grabstätten [aus einem früheren Leben] besucht. Einerseits begeistert, andererseits verzweifelt, kam es, dass ich mich rückführen ließ. Die Therapeutin wusste nichts über das, was ich bisher erlebt hatte. Es stellte sich heraus, dass der Geist des Mannes an mich gebunden war und ich willigte ein, Kontakt mit ihm aufzunehmen. So kam es, dass ich bald einen unsichtbaren Partner hatte. War Franziskus präsent, verzog sich meine Hündin in ein anderes Zimmer und gleich darauf roch es im Raum nach Zigarren, die er immer geraucht hatte. Er fasste mich auch an, ich spürte seine Umarmungen, wenn er mir durchs Haar strich usw. Mit der Zeit merkte ich, dass ich nicht mehr im *Jetzt* lebte, sondern in der Vergangenheit.

Ich ging zu einen Medium, da ich ihn *loswerden* wollte. Alles, was diese Frau von mir wusste, war mein Vorname. Sie fragte mich gleich, nachdem ich mich gesetzt hatte, wer der Mann neben mir sei! Sie beschrieb ihn exakt: Aussehen, Charakter, damaligen Beruf usw.

So berichtete ich ihr alles und sie meinte, ich müsse diesen Kontakt abbrechen, sonst würde ich sehr krank werden. Seine Anwesenheit in unserer Welt würde mir Lebensenergie rauben, weil er selbst Energie benötige, um sich hier aufhalten zu können.

Also fing ich an, ihm zu erklären, das könne so nicht weitergehen, ich sei jetzt die Sylvia und nicht mehr die Elisabeth. Doch Franziskus wollte das nicht akzeptieren, schließlich habe ich ihn in mein jetziges Leben eingeladen und wir seien einander versprochen. Es stimmte ja auch, ich hatte ihn eingeladen. Die Geister, die ich rief …

Da mit ihm nicht auf vernünftiger Basis zu verhandeln war, begann ich, ihn zu ignorieren. […] Er schlug zurück. Elektrogeräte gingen an und aus, Türen öffneten sich von selbst und wenn ich zur Frühschicht die Wohnung verließ, kam der Lift auf meine Etage, ohne dass ich den Knopf gedrückt hätte, usw. Das Schlimmste aber passierte, als ich ihm auf Anraten des Mediums eine Kerze anzündete, um ihm den Weg ins Licht zu zeigen. Am folgenden Tag war meine sämtliche Schmutzwäsche mit Kerzenwachs besudelt. Ungläubig hielt ich inne, als ich sie in die Waschmaschine stecken wollte. Eine ungeheuere Wut regte sich in mir.

Ich ging in den Flur und sagte laut: «*Das verstehst du also unter Liebe? Jemandem seinen Willen aufdrängen? Ich habe mich entschuldigt dafür, dass ich es soweit habe kommen lassen, ich wusste ja gar nicht, was mir passierte! Du hast*

gesagt, du verzeihest mir und lassest mich mein jetziges Leben leben. Was soll das? Und Gnade dir Gott, wenn du meinem Hund wieder Angst machst! Da du es nicht anders willst, werde ich mich an Gott wenden.» Franziskus war zeitlebens sehr gläubig gewesen und später sogar in ein Kloster eingetreten. Damit hatte ich ihn. Ich ging regelmäßig in Kirchen und Kapellen, zündete ihm Kerzen an und betete. Es dauerte lange. Ich ließ auch drei Clearings machen [= das Haus in einem Reinigungsritual von ungewollten Energien / Geistern befreien]. Nach mehreren Jahren war dann erst Ruhe. Mein Hund war inzwischen verstorben.
Heute träume ich nur noch selten von ihm, aber immer etwas Schönes. Und ich kann behaupten, dass ich danach nie mehr einen Mann so sehr geliebt habe. Seltsam ist nur, dass ich, von dem Zeitpunkt an, als ich mich zur Trennung entschied, zu kränkeln anfing. Erst nur leicht, dann wurde es schlimmer. Heute beziehe ich seit zwei Jahren Invalidenrente, da ich zwei schwere chronische Krankheiten habe. Was der Grund dafür sein könnte? Da kann sich jeder seine Meinung bilden, denn ich weiß selber nicht, ob es da einen Zusammenhang gibt. […] Ich kann selber kaum glauben, das erlebt zu haben. Aber ich habe Zeugen, und es beruhigt mich, zu wissen, nicht verrückt zu sein.»

Unsichtbare Hausbesetzer

Frau Rabbe und Frau Schröder haben uns bereits einige Erlebnisse in *Geburtstagsgrüße aus dem Jenseits* berichtet. Auch in ihrem Haus haben die beiden schon so manches erschreckende Erlebnis gehabt – teilweise auch zusammen. Doch nicht nur sie, auch die übrige Familie und sogar Gäste haben dort Unheimliches erlebt. Frau Schröder erzählt uns von den vielen spukigen Vorfällen:

«Im Juli 1998 war meine Cousine N. bei uns zu Besuch. Sie schlief oben im kleinen Gästezimmer und eines Nachts wachte sie um zwei Uhr auf und sah, dass eine dunkle Gestalt neben ihrem Bett stand. Sie machte sofort das Licht an, sah aber nichts.

Cousine N., Mama und ich hielten im Juli 1998 eine Séance ab, bei der jedoch nicht viel passierte. Danach schliefen wir drei alle im Schlafzimmer - Mama und ich im Bett, N. auf der Matratze auf dem Boden vor dem Schrank. Nachts wachte Mama auf und sah, wie eine schwarze Gestalt vor N. entlang ging und dann in der Wand verschwand.

Mama roch hin und wieder an der Kellertreppe angenehme Gerüche, z.B. Vanille oder angenehmes Parfum.

Im August 1999 roch sie Lavendel. Dies roch sie auch schon mal im Garten, wo kein Lavendel wächst. Kam sie nach kurzer Zeit wieder zu derselben Stelle, waren die Gerüche verschwunden. Ich selbst habe an der Kellertreppe auch schon manchmal diese angenehmen Gerüche wahrgenommen.

Im August 1999 war meine Oma mehrere Tage zu Besuch. Am ersten Abend ging sie im Gästezimmer ins Bett und hörte ein lautes Klopfen an der Tür, als ob jemand mit der flachen Hand draufgehauen hätte. Sie schaute raus, ob sich jemand von den Kindern einen Scherz erlaubt habe, aber es war niemand da und wir Kinder schliefen auch schon lange.

Am 20.09.1999 wachte Mama gegen ein Uhr auf und konnte nicht mehr einschlafen. Sie rollte sich im Bett hin und her, als sie gegen halb zwei Uhr hörte, wie eine Tür zugeschmissen wurde. Sie wusste nicht, ob es die Kellertür war oder eine Tür oben im ersten Stock, aber der Knall war in etwa so laut, als ob ein starker Durchzug sie zugeweht hätte. Sie stand sofort auf, um nachzusehen, ob eine Tür oder ein Fenster auf seien, aber alles war fest verschlossen. [Es war also keine Zugluft.]
Der nächste Gedanke war, dass mein Bruder D. oder ich vielleicht auf der Toilette gewesen und uns dann die Tür aus der Hand gerutscht wäre, aber als sie nachschaute, schliefen wir fest.

Im November 1999 wachte Mama davon auf, dass sie hörte, wie die Tür des Badezimmers geöffnet wurde. Sie dachte, dass es vielleicht mein jüngerer Bruder M. gewesen sei und ging raus, um nachzugucken, was los sei. Aber alle schliefen und die Tür zum Bad stand genauso halb offen wie immer.
Sie legte sich wieder ins Bett, konnte jedoch nicht einschlafen. Bald darauf hörte sie eindeutig, wie jemand die Tür des Badezimmers schloss. Sie ging wieder nachgucken, doch die Tür war immer noch genauso halb geöffnet.

Am 11.Januar 2000 kam mein Bruder D. morgens runter und fragte, ob wir nachts etwas Ungewöhnliches gehört haben. Er erzählte, dass er bis kurz nach Mitternacht noch gelernt habe und dann ins Bett gegangen sei. Kurz danach hörte er ganz klar, wie vor seiner Zimmertür ein Hund knurrte. Nach etwa 20 Sekunden hörte er es wieder, dieses Mal war das Knurren jedoch direkt neben seinem Bett zu hören, so dass er erschrak und sich nicht mehr zu bewegen traute. Damals hatten wir noch keinen Hund und mein Bruder schwört, dass er wach gewesen sei.

Ostern 2000 war die Familie von meiner Tante da und mein Cousin L. (damals 17 Jahre alt) schlief im Gästezimmer. Am nächsten Morgen kam er runter und erzählte, dass er, als er das Licht ausgeschaltet habe, merkte, wie sich jemand über sein Gesicht gebeugt habe und immer näher gekommen sei. Er hörte, wie das Atmen immer lauter geworden sei, bis es direkt vor seinem Gesicht gewesen sei. Erschreckt machte er das Licht an, sah aber niemanden. Er traute sich nur noch mit der Lampe an zu schlafen.
In der nächsten Nacht schlief L. bei mir und seiner Schwester im Zimmer. Wir hörten nachts erst, wie Schritte durch das Zimmer gingen, und kurz darauf kleine Schritte, wie von einer Maus. L. sagt heute noch, dass er nicht noch eine Nacht in dem Gästezimmer schlafen werde.

Im Februar 2000 hatte Mama gerade meinen kleinen Bruder M. gebadet. Plötzlich hörte sie, wie die Tür von M.s Zimmer (gegenüber vom Badezimmer), zugeschmissen wurde. Sauer ging sie sofort raus, um zu gucken, wer die Tür so heftig zugeschlagen hat, dass sie fast aus den Angeln geflogen war. Doch dort sah sie mit Erstaunen, dass die Tür noch halb offen stand und niemand da war. Ich sah während dessen im Wohnzimmer fern und mein Bruder D. war oben in seinem Zimmer.
Eines Morgens im Frühling 2000, wir Kinder waren bereits in der Schule, setzte Mama sich in die Küche, um in Ruhe die Zeitung zu lesen. Plötzlich hörte sie, wie die Kellertür (gegenüber von der Küchentür) zugeschlagen wurde. Erst dachte sie, dass vielleicht mein Bruder D. zurückgekommen sei, da er etwas vergessen habe und sich nun beeilen müsse. Doch das wäre nicht möglich gewesen, da er durch die Garage hätte kommen müssen und diese

kann man nur von innen aufmachen oder von außen mit einer Fernbedienung. Als Mama nachsah, war auch niemand da. Minutenlang hörte sie den Knall noch in ihren Ohren nachhallen.

Ende Juli 2000 war unsere Familie im Urlaub, nur mein Bruder D. war für die zwei Wochen zuhause geblieben. Er hörte öfter, wie jemand im Arbeitszimmer den Schalter für die Lampe betätigte (ein ganz besonderes *Klack*). Als er runterging, um nachzuschauen, sah er aber niemanden.

Im Oktober 2000 war mein Bruder D. im Keller und reparierte sein Fahrrad. Es war gegen halb zehn Uhr abends, als er plötzlich eindeutig hörte, wie jemand die Treppe draußen zum Keller mit lauten Schritten herunter kam. Wir nutzten diese Treppe kaum, höchstens mal Papa, wenn er draußen im Garten arbeitete, doch er hatte an diesem Tag gerade Nachtdienst. Ein Einbrecher würde wohl auch nicht so laut die Treppe runter kommen, wenn er sehen kann, dass im Keller das Licht brennt.
D. machte das Licht aus und horchte, was weiter passierte, doch nichts geschah.

Oft hört Mama abends, wenn sie im Bett liegt, wie jemand im Ankleidezimmer nebenan hin und her geht. Sie hört die Schritte ganz deutlich, doch wenn sie nachschaut, ist niemand da. Da sie das Papa auch erzählt hat, denkt sie manchmal, dass Papa sich vielleicht einen Scherz erlaub habe und extra dort langgehe. Doch wenn sie nachguckt, liegt Papa im Wohnzimmer auf der Couch und guckt Fernsehen.

Am 20.12.2000 erzählte mein Bruder D., dass er früh um vier Uhr aufgewacht sei und eindeutig Schritte auf der Treppe gehört habe. Ich habe bei Mama mit im Bett geschlafen, da Papa Nachtdienst hatte und nicht da war. Mein Bruder M. sagte, dass er auch nicht aufgestanden sei.

Im Oktober 2003 lag Mama im Bett, war aber noch nicht eingeschlafen. Sie hörte, wie Papa leise reinkam und sich ganz sanft auf sein Bett setzte. Dies entsprach ganz und gar nicht seiner Gewohnheit, da er sonst stampfend ins Schlafzimmer kam und sich auf das Bett schmiss. Sie hatte ihn zuvor bereits einige Male darum gebeten, es zu lassen und dachte deshalb, dass Papa sich dies nun zu Herzen genommen habe.
Sie hatte also die leisen Schritte gehört und wie das Bett und die Matratze knarzten. Es dauerte nur länger als sonst, dass Papa sich hinlegte und Mama dachte sich, dass er sicher Schwierigkeiten habe, den Wecker zu stellen. Nach ein paar Sekunden hörte sie aber, wie er sich ganz sanft ins Bett legte und wie die Decke raschelte, als er sich zudeckte.
Kurz darauf hörte sie jedoch, wie Papa, ganz nach seiner Art, laut die Badezimmertür schloss, ins Schlafzimmer trabte, sich auf die Matratze schmiss und unter die Decke schlüpfte.
Mama war etwas mulmig zumute, dachte sich jedoch, dass Papa vielleicht nochmal aufgestanden sei, um auf Toilette zu gehen und sie das dann nicht mitbekommen habe, doch als sie ihn am nächsten Tag fragte, sagte er, dass er nachts nicht noch einmal aufgestanden sei.

Am 10. Juli 2004 fragte Papa am Morgen, ob jemand bei uns Kindern zu Besuch gewesen sei, der um zwei Uhr nachts nach Haue gegangen sei. Er hatte gehört, wie die Haustür geschlossen wurde.
Dies war jedoch nicht der Fall. Mein Bruder D. war Arbeiten und kam erst gegen vier Uhr wieder. Ich hingegen bin um Viertel vor zwei wach geworden und hatte gehört, wie jemand unten rumging und auch, wie jemand ein paar

Schritte die Treppe hochkam. Ich dachte, es sei D. gewesen, der früher von der Arbeit nach Hause komme, so dass ich wieder einschlief.

Ich saß in D.s Zimmer am Computer, es war Abend und D. war bereits zum Arbeiten weg. Plötzlich hörte ich, wie etwas umfiel. Mit mulmigem Gefühl schaute ich mich in dem Zimmer um und sah, dass eine Nachttischlampe, die vorher definitiv gestanden hatte (auf dem Boden), plötzlich umgefallen war. Dies ist jedoch nicht einfach so möglich, da sie einen recht breiten Fuß hat.

B., Mamas Freundin, war zu Besuch und schlief im Gästezimmer. Am nächsten Morgen fragte Mama, wie sie geschlafen habe. B. sagte, dass sie gut geschlafen habe, nur der Baum, der mit seinen Ästen immer gegen das Fenster geschlagen hat, hat sie etwas gestört. Vor dem Fenster des Gästezimmers steht jedoch kein Baum. Davor ist nur ein großes Flachdach.

Ähnliches berichtete unsere Bekannte T., die im Juli 2015 zwei Wochen zu Besuch war. Sie erzählte, dass es nachts ja stark geregnet habe und der Regen gegen das Fenster geprasselt sei. Nachts war es jedoch trocken geblieben.
T. berichtete außerdem von Schritten im Flur, die sie sich nicht erklären konnte.

In letzter Zeit (Sommer 2015) hörte Mama zweimal Türen schlagen.
Das erste Mal war sie im Keller und hörte dort, wie die Tür, die in den Garten führt, zugeschlagen wurde. Sie ging hin, um nachzusehen, sah aber, dass sowohl der große Holzriegel als auch die Kette vor der Tür an ihrem Platz waren.

Als ich noch bei meinen Eltern gewohnt habe, hörte ich oft Schritte auf der Treppe. Oft nur ein paar, jedoch sehr eindeutig. Es war bestimmt nicht das knarzende Holz, da es sich ganz anders anhört als die Schritte auf der Treppe. Ich hörte auch oft in meinem Zimmer, wie jemand den Schalter der Lampe im Wohnzimmer unter mir betätigte, wenn bereits alle im Bett lagen.

Es kam auch öfter vor, dass ich länger im Arbeitszimmer saß, bis spät in die Nacht, und am Chatten war. Alle waren bereits eingeschlafen. Plötzlich hörte ich dann Schritte, die aus Richtung des Schlafzimmers von Mama und Papa kamen, vielleicht aus dem Ankleidezimmer. Ich habe dann immer voller Panik meinem guten Freund S. geschrieben, der mich dann wieder zu beruhigen versuchte.

Vor ein paar Jahren haben Mama und ich zu zweit eine Séance abgehalten. Es geschah nichts, ich hatte nur ein komisches Gefühl.
Wir gingen dann ins Bett, ich konnte jedoch nicht einschlafen, da ich die ganze Zeit das Gefühl hatte, dass jemand da sei. Mama ist dagegen sehr schnell eingeschlafen.
Nach einiger Zeit hörte ich, wie es aus dem Schrank neben mir klopfte. Ich machte voller Angst das Licht an. Mama wurde irgendwann wach und fragte, warum das Licht denn an sei. Ich sagte, dass ich ein Klopfen gehört habe. Daraufhin machte ich das Licht wieder aus. Ich weiß, dass danach noch etwas passiert ist, kann aber nicht mehr genau sagen, was. Vielleicht war es wieder ein Klopfen oder auch, wie eine Tür sich geschlossen hat, oder noch etwas anderes. Ich weiß nur, dass noch eine andere Sache passiert ist, so dass ich wieder das Licht angeschaltet habe und bis zum Morgengrauen angelassen habe.

Als mein Zimmer renoviert wurde, musste ich für ein paar Wochen ins Gästezimmer ziehen. Zu der Zeit habe ich mich aber nicht allzu sehr mit Geistern beschäftigt und somit keinen Gedanken daran verschwendet. Ich kann mich allerdings erinnern, dass ich einmal vor dem Spiegel stand und mir die Haare bürstete. Auf einmal flog ein Zopfgummi hinter meinem Kopf herunter, ich hatte jedoch keinen in den Haaren gehabt. Etwas verwundert hab ich das ganze Zimmer nach dem Gummi abgesucht. Ohne Erfolg. Ich fand ihn dann irgendwann Monate später in einer verschlossenen Tasche wieder, die ich seit Jahren nicht mehr benutzt hatte.

Meine Cousine N. erlebte Folgendes bei uns:
Mein Bruder D. und ich waren über Nacht weg. Oben im Haus liegen nur das Gästezimmer, die Zimmer von meinem Bruder und mir und ein Bad. Cousine N. lag im Bett und las bis spät in die Nacht, bis sie auf einmal Schritte hörte, welche die Treppe hoch kamen. Dann hörte sie, wie die Tür meines Zimmers knarrend aufging und laute Schritte auf den Dielen. Danach gingen die Schritte wieder raus aus meinem Zimmer und die Tür zu. Jetzt gingen die Schritte weiter zum Zimmer meines Bruders. Tür auf, Schritte hinein, Schritte wieder heraus und Tür zu. Dann hielten die Schritte vor ihrem Zimmer [Gästezimmer] an und sie hörte ein Geräusch, als ob jemand mit den Fingerspitzen/-nägeln immer wieder über die Tür wischen würde.

Ende Juli 2013 waren Mama und ich dabei, mein Kleid für die Hochzeit zu ändern. Nur wir beide waren zuhause. Plötzlich hörte ich Schritte oben, ich war mir erst nicht ganz sicher und sagte zu Mama, dass sie auch horchen sollte. Wir hörten dann eindeutig, wie oben jemand ging, waren jedoch so perplex, dass wir nur unten standen und lauschten. Nach ein paar Minuten hörten die Schritte auf und wir machten uns wieder daran, das Kleid zu ändern. Kurz darauf fingen die Schritte erneut an. Mama meinte schon, dass es vielleicht ein Einbrecher sei, weil die Schritte so deutlich zu hören waren. Also sagte ich laut, dass ich jetzt die Polizei rufen würde, jedoch war keine Reaktion zu hören. Die Schritte gingen immer weiter hin und her. Mama sagte dann, dass derjenige runterkommen solle. Tatsächlich kamen die Schritte dann auch runter. Aus Angst rief ich schnell *«Nein, nein! Doch nicht runter kommen!»* Bald darauf hörten die Schritte auf.

Früher sah ich in diesem Haus im Gästezimmer oft einen großen Schatten. Man konnte eindeutig die schwarzen Umrisse eines großen Mannes erkennen. Ich habe manchmal gedacht, dass ich mir das eingebildet hätte, aber ich habe die Gestalt wirklich oft gesehen. Da sie mir Angst machte, gewöhnte ich mir an, die Tür zum Gästezimmer zuzumachen, wenn es dunkel wurde, da ich daran vorbei musste, wenn ich von meinem Zimmer ins Badezimmer musste.

Als bei uns die Ereignisse anfingen und sich bald häuften, rief Mama die vorherigen Bewohner des Hauses an, Familie S.
Sie erzählte von den Ereignissen, die wir hier hatten. Herr S. bestätigte dies und sagte, dass auch sie damals vieles gehört haben. Unter anderem hat ihre Tochter die schwarzen Umrisse eines großen Mannes gesehen, jedoch in der Küche!»

Frau Schröder hat uns aber noch etwas sehr Aktuelles zu berichten, das kurz vor dem Erscheinen dieses Buches passierte, allerdings schon Ende des letzten Jahres langsam losging:

«Mein Mann und ich sind Ende November letzten Jahres (2014) in eine neue Wohnung gezogen. Das erste seltsame Erlebnis dort war, dass mein Mann und ich im Bett lagen und ein leises Quietschen hörten, immer und immer wieder, so als ob man eine alte Tür aufmachen würde, aber eben ganz leise. Das war der Abend, bevor meine Wehen losgingen.
Das zweite Erlebnis war vor ein paar Wochen, da lag ich mit unserer Tochter im Wohnzimmer auf ihren Decken und merkte, wie mir jemand mit einem Finger langsam über den Rücken strich (mein Mann war nicht zuhause). Ich dachte mir noch, bestimmt sei etwas hinter mir umgekippt und dabei an meinen Rücken gekommen, aber als ich mich dann umdrehte, war da nichts.
Am 6.12.2014 saßen wir abends im Wohnzimmer. Mein Mann schaute mit Kopfhörern fern, damit unsere Kleine nicht durch die Geräusche gestört werden würde, während ich mit ihr spielte. Plötzlich hörte ich aus der Küche ein Geräusch (Wohnzimmer, Esszimmer und Küche sind eigentlich ein Raum). [...] Es hörte sich irgendwie so an, als ob man Alufolie oder Papier zu einem relativ großen Ball zusammengeknüllt [...] und ihn irgendwo dagegen geworfen hätte, er dann auf dem Boden aufgekommen, kurz nochmal hochgesprungen und wieder auf den Boden aufgekommen wäre, also drei kurze Geräusche hintereinander. Ich habe nachgeschaut, doch weder in der Küche, noch sonst irgendwo war etwas runtergefallen oder verrutscht.

Heute Morgen waren wir im Kinderzimmer zum Wickeln. Als Wäschetonne haben wir dort eine Metalltonne. Der Deckel hat einen Haken, so dass man ihn senkrecht auf den obersten Rand der Tonne stecken kann. Wenn man dann manchmal dagegen läuft oder irgendwie den Deckel in Bewegung bringt, klappert es sehr laut.
Heute Morgen klapperte es dann also, aber ich habe keine Ahnung warum. Ich stand zwei Meter neben der Tonne und habe sie definitiv nicht berührt.

Es war am Abend des 1.10.2015 und mein Mann war nicht zu Hause. Meine Tochter L. schlief sehr unruhig in ihrem Zimmer, wälzte sich hin und her und quengelte etwas.
Um halb zwölf legte ich mich ins Bett und schaltete nochmal den Bildschirm des Babyphones an, um mich zu vergewissern, dass alles OK sei. Doch da hörte ich durch das Babyphone plötzlich ganz deutlich Geräusche, die [...] wie Schritte klangen, etwa sieben oder acht Mal.
Da das Babyphone so eingestellt war, dass man die Geräusche sehr laut hörte, schob ich meine Geister-Gedanken beiseite und redete mir ein, dass L. vielleicht mit ihren Füßen an die Gitterstäbe des Bettes gekommen sei. Ich wusste aber, dass das eigentlich nicht sein konnte, da sie zum einen gerade einmal ruhig da lag und zum anderen im Schlafsack steckte, der eventuelle Tritte an die Stäbe gut dämpfte.
Ich war hin und hergerissen zwischen *«hol ich das Kind da jetzt raus?»* und *«du redest dir da was ein»*. Ich beschloss dann, dass ich L., sobald sie wieder wach wäre, in mein Bett holen würde.
Dies war auch nach ein paar Minuten der Fall. Sie wurde wach und meckerte. Ich ging durch den dunklen Flur zu ihrem Zimmer und öffnete die Tür. Doch ich blieb verblüfft stehen, denn zwischen Bett und Wickeltisch schwebte eine helle Kugel von etwa einem Meter Durchmesser. Sie verschwand, als ich die Tür vollständig aufmachte, aber ich konnte sie für etwa eine Sekunde eindeutig sehen.
Ich nahm L. aus dem Bett und ratterte in meinem Kopf die rationalen Möglichkeiten ab, aber weder mir noch den Leuten, denen ich das erzählte, fiel wirklich eine ein - nicht einmal meinem Mann, der an Spuk überhaupt nicht glauben mag. Merkwürdigerweise verspürte ich überhaupt keine Angst vor dieser Kugel.

In L.s Zimmer habe ich auch bereits zweimal sehr starken Rosenduft gerochen. Ich kann mir diesen Duft einfach nicht erklären, denn nichts in diesem Zimmer oder in der Wohnung riecht nach Rosen - kein Duschgel, keine Creme, nichts. Einmal trat dieser Duft auf, als meine Mama gerade da war. Ich holte sie dazu und sie konnte ihn ebenfalls riechen.
Ein anderes Mal, ich hatte L. gerade in ihr Bett gelegt und war aus dem Zimmer gegangen, schaltete ich wieder den Bildschirm des Babyphones an. Ich wollte überprüfen, ob sie tatsächlich fest eingeschlafen war, oder ob sie wieder wach geworden war. In diesem Moment schwebte ein Orb durch das Bild (nicht so wie ein Staubkorn, sondern recht zügig und mit Kurven) und flog scheinbar in L. hinein. In dem Moment, wo es sie berührte, zuckte sie im Schlaf einmal zusammen.
Ich weiß nicht genau, was ich von Orbs halten soll. Oft ist es mit Sicherheit nur Staub oder ein Regentropfen oder ein Tierchen, das man sieht, aber das fand ich wirklich merkwürdig!»

Spukschlösser und -burgen

Die bekanntesten Geistergeschichten sind sicherlich die von Spukschlössern, in denen der Sage nach, noch geisterhafte Adelige umgehen oder kopflose Gespenster mit den Ketten rasseln. Doch die Erlebnisse, die viele Menschen aus diesen uralten Gemäuern berichten, sind keineswegs klischeehaft, sondern zeugen von echten Begegnungen mit unverstandenen Phänomenen.
Im letzten Band wurde u.a. ausführlich von den zahlreichen Geschehnissen in den Schlössern Neuburg am Inn, Ortenburg und Fürsteneck berichtet. Auch diesmal sind wieder Neuigkeiten aus diesen Schlössern hier zu lesen.

Spukschlösser gibt es scheinbar nicht nur auf den britischen Inseln

Die verfluchte Burg

Klaus S. aus P., der für eine Baufirma arbeitet, kam ebenfalls schon oft in Kontakt mit scheinbaren Spukhäusern, wie bereits in der Geschichte «böse Geister» zu lesen war. Doch er hat auch Erfahrung mit Spukburgen:
«In einer Burg, die wir innen umbauten, erlebten wir Sachen, die sich rational nicht erklären lassen, wie z. B. dass wir alle ein Türgeräusch und Schritte im Kies hörten, ohne dass der Bewegungsmelder angesprungen wäre. Wäre da aber eine richtige Person gelaufen, hätte der ja anspringen müssen. Das war damals um sechs Uhr morgens im Winter [...] Wir erlebten dort als Arbeiter die unmöglichsten Dinge. Wir fanden z.B. unzählige Skelette von Leuten, die einfach in den Kerker geworfen und ihrem Schicksal überlassen worden waren. Ich hatte immer ein ungutes Gefühl, wenn ich dort gearbeitet habe und ich fühlte mich beobachtet. Als ich einmal im Rittersaal eine Rüstung berührt hatte, war es, als würde ich einen elektrischen Schlag bekommen, obwohl der Strom abgeschaltet war [...] Und es wurde manchmal auch ganz plötzlich eiskalt. Ich hatte dann eine Ahnung, dass wir an einer bestimmten Stelle eine Mauer bzw. Geröll stemmen sollten. So fanden wir eine Folterkammer [...] Der Rittersaal und acht Zimmer im zweiten Obergeschoss sind noch im Originalzustand, ebenso der Dachboden, wo angeblich ein Erhängter von einem Stück Seil heruntergeschnitten worden war [...] Spürt ihr das Kribbeln an solchen Orten auch? Ich habe teilweise, ich weiß nicht, wie ich es sagen soll, eine Art von Black-Out, bzw. sehe ich dann etwas, das gar nicht mehr existiert, aber schon einmal dort war [...] Im zweiten Obergeschoss hörten die Mieter nachts schwere Schritte, obwohl der Bewegungsmelder nicht ansprang. Ich war dann dort, konnte aber elektrisch keinen Fehler feststellen. Das Einzige, was mir auffiel, war, dass das Kruzifix immer auf dem Boden lag. Eigentlich

sollte es am Ende des Ganges an der Wand hängen. Ich war insgesamt viermal wegen der Schritte und des Bewegungsmelders dort und viermal lag es am Boden. Die Mieter sagen, dass das Kreuz angeblich täglich auf dem Boden liege. [...] Normalerweise laufe ich einfach so in die Burg hinein, ohne mir etwas dabei zu denken, doch die letzten Male spürte ich etwas Bedrückendes, als ob mir jemand die Luft zum Atmen nehme. Je näher ich der Folterkammer kam, desto schlimmer wurde es [...] Ihr könnt mich ruhig für verrückt erklären, aber ich spürte beim vorletzten Besuch dort eine richtig negative Energie. Es war, als würde jemand immer versuchen, mich dazu zu bringen, etwas Gefährliches zu tun. [...] Ich war von gestern auf heute Nacht auch auf der Burg, wegen in letzter Zeit häufig auftretenden Stromstörungen und nächtlichem Lärm. Ich stand da so beim Rauchen, da hörte ich plötzlich wieder Schritte, Türgeräusche und etwas, das wie Stimmen klang. Im Normalfall, wenn da eine Person gewesen wäre, hätte mindestens einer der fünf Bewegungsmelder anspringen müssen. Ich fühlte mich dann auch beobachtet und sehr unwohl.»

Unheimliches Indien

Es scheint nicht nur in Europa Spukschlösser zu geben, sondern sogar im fernen Indien. Herr Michael H. hatte in seinem Indienurlaub ein entsprechendes Erlebnis:

«Es war in einem Palast aus der englischen Kolonialzeit. Er war gut instandgesetzt und wie ein Hotel. Wir konnten ihn auch besichtigen. Wir betraten einen der Räume, es war eine riesengroße Säulenhalle mit alten Bildern. Als ich von hier aus in den nächsten Raum wollte, hatte ich plötzlich das Gefühl, von der linken Seite schwebe etwas auf mich zu. Etwa zwei bis drei Sekunden sah ich etwas Schwarzes von links oben herunter kommen, etwa menschengroß. Ich bin dann auch direkt einen Schritt zur Seite gegangen, um auszuweichen. Ich hatte die Videokamera laufen und wollte es filmen, doch da ging die Kamera plötzlich aus.»

Neues vom Schloss der weißen Frau

Im letzten Band der *Wahren Geistergeschichten* berichteten verschiedene Augenzeugen über ihre Erlebnisse im geschichtsträchtigen Schloss Fürsteneck, das malerisch im Bayerischen Wald, etwa eine halbe Fahrstunde von Passau entfernt, liegt. Hier sind nun weitere aktuelle Augenzeugenberichte aufgeführt.

Marion Lorenz war im Oktober 2012 zu Gast im Schloss und hat ein Erlebnis für uns:
«Ich wurde nachts in unseren Zimmer (Zimmer 8) von etwas am linken Knie und am linken Unterarm berührt. Außerdem spürte ich über der rechten Hand, in ungefähr einem Zentimeter Höhe, eine eisige Kälte. Als wir uns nachmittags noch ein bisschen ausgeruht haben, wachte ich auf, weil ich das Gefühl hatte, mir würde jemand ins Gesicht atmen!
[…] Ich konnte es mir später nicht verkneifen, einen Blick in die Kapelle zu werfen. Ich war ganz allein […], da nahm ich ganz leise ein Geigenspiel und eine Art Knistern wahr. Als mein Mann reinkam, hörte ich nichts mehr. Weder Geige noch Knistern. […]»

Claudia S. erlebte am 12.10.12 eine sehr unheimliche Episode in Eiskeller: «Ich hatte unten im Keller eine seltsame Begegnung. Es war, als ob jemand durch mich hindurch gehen würde und es wurde mir plötzlich eiskalt. Mein Herz pochte, dass ich schon dachte, ich müsse ersticken!
In meiner Panik rannte ich nach draußen und dann wurde es wieder besser. Allerdings hatte ich die Wochen danach seltsame Träume und immer das Gefühl, es sitze mir etwas im Nacken.

Ich machte mir einen Termin bei einer Schamanin und sie meinte, sie könne mir helfen.
Nach der Sitzung erzählte sie mir, dass eine Frau und ein Kind sich mir angeschlossen hätten. Sie bat dann beide zu gehen. Ich finde das interessant, da es im Schloss die Sage von einer eingemauerten Frau gibt. Davon wusste die Schamanin aber nichts. Danach war übrigens wieder Ruhe.»

Herr Markus B. erzählte von seinem Erlebnis am 10.5.13: «Ich hatte meine Kamera in Zimmer Nr. 3 aufgestellt. [...] Meine Taschenlampe gab ein gedimmtes, aber gutes Licht im Zimmer ab.
Wie soll ich sagen, meine Kamera hat anscheinend einiges in Bild und Ton aufgezeichnet.
Gleich am Anfang, als wir zu dritt im Zimmer waren, gab es einen kleinen weißen Lichtpunkt zu sehen, also einen Orb. Es konnte kein Staub gewesen sein, da dieser teils kreuz und quer durch das Zimmer flog. Etwa eine Minute später flog auf einmal ein deutlich weißer Punkt von der Decke nach unten und wieder nach oben, um dann in Richtung meiner Taschenlampe zu verschwinden.
Das war das einzige Mal, ansonsten ist Derartiges und auch Vergleichbares nie zu sehen gewesen. Auch keine Staubpartikel! [...] Die Tonaufnahmen der Kamera nahmen Schritte, Rascheln und Geräusche auf.
Das Bild der Kamera hatte gelegentlich kurze, aber wahrnehmbare Unterbrechungen, oder auch Flackern, angezeigt. Außerdem waren zwei Schläge direkt aus dem Zimmer zu hören. Manchmal hatte ich das Gefühl, dass etwas in der Nähe der Kamera war. Die Schritte im Zimmer klangen tatsächlich, als wenn jemand auf Holz laufen würde.

Ich habe auch eine Art Hämmern wahrgenommen. Es hörte sich so an, als wenn jemand kontinuierlich auf Holz hauen würde, oder auch auf einen Holzboden umher renne. Alles sehr merkwürdig.»

Justine hatte einige einprägsame Erlebnisse im Schloss, das sie am 7.12.13 besuchte:
«Ich bin immer noch recht aufgewühlt nach diesem Wochenende […]! Ich möchte gerne nochmal etwas ausholen, bevor ich meine Empfindungen niederschreibe.
Ich bin in einem Dorf in Polen aufgewachsen, wo in der Nachkriegszeit viele Geschichten erzählt wurden. Meine Oma hatte uns auch viele davon erzählt. Tote Soldaten, eine Frau, die immer wieder aufgesucht und aus ihrem Bett gezogen wurde … Wir dachten immer, das wären Märchen. Anscheinend muss meine Oma aber selbst auch etwas, für sie sehr Erschreckendes, erlebt haben, was in unserem eigenen Haus passiert sein soll. Sie hatte das mal erwähnt, wollte uns aber bis zu ihrem Tod nicht sagen, was es war, um uns keine Angst einzuflößen. Seit dem Moment bin ich darauf geprägt, weil ich mir denke, wenn nichts gewesen wäre, hätte sie es nicht verheimlicht.

Doch nun zu Fürsteneck: Wir besuchen mit unserer Firma alle zwei Jahre Events, bei denen niemand weiß, wo es hingeht und was wir genau machen. Wir sind davon ausgegangen, wir würden eine Wanderung machen oder sowas. In dem Moment, als ich erfahren habe, wo es hingeht, war mein erster Gedanke: «Hier schläfst du nicht!» Als ich die Geschichte und Geistergeschichten des Schlosses gehört habe, […] war ich sehr ängstlich und dennoch neugierig. Ich habe sehr viel Respekt vor sowas und denke mir immer, «lass die Geister in Ruhe, dann lassen sie dich auch in Ruhe». […] Ich hatte oben an den Tischen [im Heuboden] schon das Gefühl, meine linke Hand wäre plötzlich deutlich kühler als die andere und das bevor ich erfuhr, dass einen dort jemand an die Hand nehmen will. Genauso, als wir die erste Treppe runtergegangen sind, kurz bevor wir raus wollten, da hatte ich das Gefühl, dass ich gegen eine kalte Wand laufen würde und wir konnten auch messen, dass es kälter geworden war. Ich habe mich in dem Raum deutlich unwohl gefühlt. Ebenso im Eiskeller. Da muss ich sagen, hab ich erst einmal keine Empfindung gehabt, bis nachher in dem kleinen Raum, mit den Kopfhörern und einem Messgerät in der rechten Hand. Als wir das Licht aus hatten, merkte man erst nichts, aber kurz bevor die Taschenlampe angemacht wurde [...], hatte ich wirklich das Gefühl eines leichten Drucks auf meinen Handballen, so als würde jemand schwach mit einem Finger darauf drücken. [...] Zwischendurch hatte man dort wirklich auch das Gefühl [...], als wenn jemand hinter einem stehen würde! [...] Der Weinkeller war für mich besonders spannend [...] Als ich dort unten stand, habe ich plötzlich einen riesen Adrenalinstoß bekommen und gleichzeitig gemerkt, dass ein leichter Stromfluss, der durch die Mitte meiner linken Handinnenfläche und durch den gesamten Arm in meinen Oberkörper zog, diesen Adrenalinkick vermutlich auslöste!

Um ca. 3:30 Uhr waren unsere Weihnachtsfeier und eine Diskussion mit dem Chef zu Ende. Die Vorhänge in meinem Zimmer (Zimmer 6) hab ich gleich zugezogen, um den Schatten, von dem dort immer berichtet wird, erst gar nicht sehen zu können. Ich konnte erst überhaupt nicht einschlafen. Total aufgewühlt lag ich im Bett [...]. Ich konnte eine ganze Weile nicht einschlafen, weil mir so kalt war. Trotz warmer Decke und Heizung auf Stufe 5 hab ich mir noch einen warmen Pulli und meine Taschenwärmer mit ins Bett genommen. Meine Arbeitskollegin, mit der ich mir das Zimmer teilte, hatte es da besser und ist sofort eingeschlafen. [...] Mir zog ein Schauer nach dem anderen über den Rücken. Etwa eine Stunde später, als ich endlich warm war und dachte, endlich einschlafen zu können, wurde ich von einem Geräusch erschreckt, das sich anhörte, als wenn jemand eine Türklinke betätigen würde. Es war so deutlich, dass ich im Bett aufgeschreckt bin und mich umgedreht habe, um nachzuschauen. Natürlich war da nichts. Die Türklinke war aber direkt aus meinem Zimmer zu hören gewesen!

Etwas später wurde ich erneut aus meinem beginnenden Schlaf gerissen. [...] Ich bin der Meinung, eine männliche Stimme wahrgenommen zu haben. Es hörte sich an, wie ein Gespräch, aber man konnte keine zweite Stimme hören. Das hat mich alles nicht beängstigt, aber eine Aufregung war spürbar. Als ich mich dann selbst beruhigen konnte und wieder dem Schlafen widmen wollte, hörte ich das Rücken von Gegenständen irgendwo aus den Räumen unterhalb meines Zimmers. Es war fünf Uhr morgens! Ich habe mir erst zu erklären versucht, dass jemand da unten aufräumt, aber wer bitteschön soll es gewesen sein? Der Koch war schon im Bett, als wir noch unten waren und die Bedienung hatte auch schon Feierabend gemacht und war nach Hause gefahren. [Anmerkung: der Wirtsraum wird nachts auch immer verschlossen]. Aus dem Schlaf wurde ich noch zweimal wach und hatte beide Male das Gefühl, geweckt worden zu sein, zumindest hob ich den Kopf und schaute nach, wer da sei. Eine sehr kurze anstrengende Nacht! Ich war froh, als ich das nächste Mal die Augen aufgemacht habe und es draußen hell war. Ich muss aber sagen, normalerweise wäre ich vor Angst ausgeflippt, das Gefühl hatte ich diesmal aber gar nicht. Es war jedenfalls spannend und ich hatte weniger Angst, als gedacht.»

Auch im vergangenen Jahr – 2014 - gab es spukige Ereignisse in Fürsteneck. Hier einige weitere Erlebnisse von Gästen.

Widmen wir uns zunächst dem Bereich des heutigen Weinkellers. Am 15.8.14 wurde berichtet, dass sich beim Besuch des Kellers eine Fotokamera von selbst eingeschaltet habe. Außerdem schien eine andere Kamera dort unten keine Akkuleistung zu haben, funktionierte jedoch oben wieder normal. Am selben Tag wurde im Weinkeller ein seltsames, klägliches Geräusch vernommen, das an das Miauen einer (dort nicht vorhandenen) Katze erinnerte. Der Aussage eines Mediums nach, soll dort jemand eingemauert worden sein, was sich mit der Sage des Schlosses decken würde. Am 26.9.14 waren eindeutig Schritte, Geräusche und ein sehr dunkles Flüstern zu hören, deren Ursprung nicht gefunden werden konnte. Die Besucher sahen auch kurz, wie das Licht von etwas blockiert wurde, so als ob sich eine dunkle Gestalt im unteren Gang bewegt hätte. Dort gibt es allerdings keinen Zugang. Wer oder was auch immer dort war, wäre von der Gruppe, unter normalen Umständen, gesehen worden. Zu dieser Zeit wurde es außerdem wieder spürbar kälter. Aus Richtung des dort befindlichen Gitters wurde ein leises Knurren gehört.
Bei einem Besuch am 15.11.14 war hingegen eine unerklärliche, düstere Stimme zu hören und die Besucher nahmen eine deutliche Bewegung wahr. Zu dieser Zeit wurde es auch plötzlich eiskalt im Raum. Ein weiblicher Gast steckte die Hände durch das Gitter des Weinkellers und fühlte, wie sie jemand anfasste. Die Finger wurden sehr kalt, ihre Daumen dagegen sehr heiß.

Auch im ehemaligen Heuboden kommt es immer wieder zu unheimlichen Vorfällen. Am 15.8.14 hörten mehrere Personen gleichzeitig ein Geräusch aus unmittelbarer Nähe, das klang, als würde hinter ihnen jemand herumlaufen. Es war jedoch nichts zu sehen. Später spürte eine Dame, dass sich am Steg hinter ihr etwas bewegte, so als laufe ihr jemand nach. Doch sie war die Letzte, die darüber gegangen war. Niemand war hinter ihr zu sehen. Ein Herr berichtete außerdem, er habe eine starke Kälte gespürt, die ihn im Nacken berührt habe, so wie ein eiskalter, geisterhafter Finger.

Am 26.9.14 hatte eine Besucherin den Eindruck, angefasst zu werden. Von der Höhe der Berührung her, schloss sie auf eine kleinere Person oder ein Kind. Beim Verlassen des Raumes sahen drei Personen, unabhängig voneinander, ein *Etwas* weglaufen. Es handelte sich dabei um eine Figur, die als etwa einen Meter groß beschrieben wurde. Spukt im Heuboden etwa ein Kind?

In einer zweiten Gruppe haben Gäste an diesem Abend ein Foto gemacht, auf dem eine Art von Nebelfigur zu sehen ist und eine Kopf- und Schulterformation. Als am Ende des Besuches noch ein weiblicher Gast alleine im hinteren Teil des Heubodens blieb, und dann langsam nach vorne zum Ausgang lief, war ihr so, als ob sie etwas berührt hätte.

Michael H., ein häufiger Gast im Schloss, hatte schon mehrere Male Erlebnisse dort, die auch im ersten Band teilweise schon veröffentlicht wurden. Hier ein neues Erlebnis:

«Ich war letztes Jahr im Sommer alleine im hinteren Teil des ehemaligen Heubodens und versuchte, mit den Geistern dort auf Russisch zu sprechen. Plötzlich baute sich vor mir ein leichter Nebel auf und ich hatte das Gefühl, es berührt mich etwas. Da bekam ich Panik und rannte zur Gruppe. Mein Körper war eisigkalt, obwohl es am Heuboden mindestens 20 Grad hatte! Und auch heute habe ich an dieser Stelle wieder eine Eiseskälte gespürt und sogar eine Gänsehaut bekommen. Wieder hatte ich Russisch gesprochen … Ich hatte zu der Zeit auch ein Messgerät für elektromagnetische Strahlung in der Hand. Ich sagte auf Russisch: *«Guten Tag, mein Freund»*, und plötzlich hat das Messgerät volle Kanne ausgeschlagen. Also, der Heuboden hat es in sich! Da gehe ich nicht mehr rauf.» Womit er nicht der Einzige ist.

Der Eiskeller in Fürsteneck wird von manchen Personen nicht einmal mehr betreten, so groß ist die Angst, etwas Unheimlichem zu begegnen. Am 15.8.14 hörten in den Tiefen des Felsenkellers zuerst nur zwei Personen etwas Seltsames, später dann wurde von allen etwas wahrgenommen, das wie Schritte in Stöckelschuhen klang. Ein mutiger Gast blieb dann noch einige Minuten alleine im Keller, um der Sache auf den Grund zu gehen, und wieder wurden die klackernden Schritte gehört.

Am selben Abend besuchte noch eine weitere Gruppe den Keller. Als einer der verstorbenen Schlossbesitzer angesprochen wurde, fiel die Temperatur plötzlich um sechs Grad ab. In diesem Moment bezeugte ein Gast, dass etwas auf ihn zugekommen sei. Er beschrieb es als neblige, grünliche Gestalt. Eine zweite Person berichtete über ein starkes Kältegefühl, das sie wie eine Hülle umgab. Eine weitere Besucherin hörte einen weiblichen Schrei, dessen Ursprung nicht gefunden werden konnte. Später waren Schritte im Eingangsbereich hörbar, die als *Schuhe mit Hartledersohlen* beschrieben wurden.

Eine dritte Gruppe, die an diesem Abend den Eiskeller besuchte, hatte ebenfalls Erlebnisse. Wiederholt wurde während des Aufenthaltes im dunklen Keller das Geräusch *Psch* gehört. Auch ein näherkommendes Atmen war zu vernehmen.

Und auch in dieser dritten Gruppe waren Schritte, wie von Schuhen mit Absätzen, zu hören, außerdem etwas, das klang wie ein Räuspern. Danach wurde zweimal ein Geräusch gehört, das klang, als ob Stoff über den Boden gezogen würde. Vielleicht ein langes Kleid, das über den Boden schleift?

Im hinteren Teil des Kellers befindet sich ein kleiner, unscheinbarer Raum, der es offenbar in sich hat, wie bereits im ersten Band berichtet. Diesmal hatten die Besucher hier ein beklemmendes Gefühl und spürten eine ungewöhnlich starke Kälte. Man hatte den Eindruck, es komme etwas auf einen zu. Zusätzlich waren dort ein Jammern, etwas, das klang wie ein *Hilferuf*, und eine qualvoll klingende weibliche Stimme zu hören.

Am 26.9.14 hörte eine Besucherin, die eine Hörhilfe trug, wie jemand auf einen ihrer Lautsprecher klopfte. Außerdem wurden im kleinen Zimmer Pfeifen und ein Schleifen, wie von Steinen, wahrgenommen. Einmal wurden ganz laute Schritte, gefolgt von einer Stimme, gehört.
Auch eine zweite Besuchergruppe hatte an diesem Abend viele auditive Erlebnisse. Die Gruppe hörte häufig Schritte, als ob sich jemand Unsichtbares dort unten bewegen würde. Zwei Personen hörten eine weibliche Stimme, die nicht von den anderen Gästen kommen konnte. Wieder hatten einige das Gefühl, es käme etwas direkt auf sie zu. Vor dem kleinen Zimmer gab es eine plötzliche Kälte, als ob eine Wesenheit an einem vorbeigegangen wäre.
Noch eine dritte Gruppe besuchte an diesem Abend den Keller. Ein Gast wiederum hatte dabei, als sie alleine vor dem kleinen Raum stand, den Eindruck, es bewege sich dort etwas. Es war auch immer wieder ein dumpfes Schlagen aus der Wand und der Decke zu hören. Ein Gast erzählte, sie habe auch ein Geräusch gehört, welches sie an das Rutschen von Steinen über den Boden erinnere. Sie sagte, es klänge, als ob jemand Steine schieben und ziehen würde, sowohl größere als auch kleinere.

Bei einem Besuch, pünktlich zu Halloween, am 31.10.14, wurden folgende Ereignisse berichtet: Es wurden von allen Besuchern seltsame Geräusche gehört, darunter ein Rumpeln und ein Laut, wie von einer sich schließenden Tür (die es dort allerdings nicht gibt). Zudem wurden sehr leise Stimmen gehört. Es war fast so, als ob etwas um die Gruppe herumgeschlichen wäre. G. hatte das Gefühl, es hätte sie jemand plötzlich am Arm gepackt und sie dachte erst, es

wäre die Dame neben ihr gewesen. Diese war jedoch fest an den Arm ihrer Begleitung geklammert und konnte es nicht gewesen sein. Eine Besucherin sah kurz darauf ein Licht vor sich aufleuchten und wurde im Gesicht berührt. Etwas später waren erneut seltsame Geräusche zu hören. Beim Verlassen des Eiskellers sah G. zwei rot leuchtende Augen, die sie sehr erschreckten.
Auch eine andere Besuchergruppe hatte an diesem Abend so ihre Erlebnisse. Es wurden deutliche Schritte gehört und auch leise Stimmen. Bewegungen wurden wahrgenommen, und man hatte allgemein das Gefühl, etwas sei noch mit im Raum. Ein selbst erklärter Skeptiker wurde im kleinen Zimmer an der Hand angefasst. An der gleichen Stelle ist dann später eine Dame am Ärmel gezogen worden. Bei beiden war es der rechte Arm.

Auch am 15.11.14 passierten im besagten kleinen Zimmer einige Dinge. Zwei Personen stellten sich direkt davor, in den Gang. Im Zimmer fühlte R. dann, wie er hinten am Hals angefasst wurde und jemand sehr dicht hinter ihm stand. Dieses Erlebnis beschäftigte ihn noch Tage danach. Von zwei verschiedenen Personen wurde der leise Gesang eines Männerchors gehört, der lateinisch sang. Später wurden noch Schritte, eine Männerstimme und Rascheln beim Eingang gehört. Als am Ende noch eine einzelne Person im Keller blieb, war erneut ein Männerchor zu hören. Ein weiterer Gast, der sich ebenfalls als einen harten Skeptiker bezeichnete, hörte, als er alleine im kleinen Zimmer stand, zwei Frauenstimmen, die sich miteinander unterhielten.

Manchmal geschehen auch am Dachboden, über den Gästezimmern, unerklärliche Dinge. Hier die neuesten Berichte:
Am 15.8.14 war dort plötzlich der frisch geladene Akku eines Fotoapparates leer. Das konnte sich der Gast nicht erklären, da noch kaum Fotos gemacht

worden waren. Die Temperatur sank zur gleichen Zeit ab, es wurde also im selben Bereich kälter.

Am 26.9.14 saß ein Besucher im hinteren Teil des Dachbodens, nahe der Kapelle, und berichtete über lautes Atmen in seiner Nähe und Geräusche. Es war ihm sehr unheimlich.

Am 15.11.14 sah eine Dame, als sie alleine am Dachboden vor der Kapelle war, wie sich im Raum etwas bewegte und das Licht blockierte.

Zu Halloween, am 31.10.14, hörten mehrere Personen vom Bereich des Dachbodens vor der Kirche her, seltsame Geräusche. Der erste Gast hörte Schritte, die von unten kamen, der Zweite hörte ein Geräusch, so als ob jemand auf eine Leitersprosse gestiegen wäre (die sich direkt vor ihm befand) und ein dumpfes Vibrieren. Eine dritte Person hörte an dem Abend dort ein Geräusch, wie von einem Stuhl, der über den Boden geschoben wird, dann einige Zeit später ein zweites Mal. Auch ein drittes Mal war dieses noch zu hören.

Die umtriebigen Geister von Fürsteneck gehen also weiterhin um und erschrecken manchmal Gäste, manchmal auch das Personal des Schlossgasthofes.

Schloss Fürsteneck ist immer einen Besuch wert

Neuigkeiten aus dem Geisterzimmer

Auch in Schloss Neuburg, einem märchenhaften Bauwerk, das seit dem Jahr 1050 besteht, gibt es seit dem letzten Band einige neue Vorfälle zu berichten. Am 1.11.14 fühlten sich alle Teilnehmer der Führung beim Besuch des *Geisterzimmers* sehr unwohl und Sonja S. wurde am Hinterkopf berührt, obwohl weit und breit niemand zu sehen war, der dafür verantwortlich gemacht werden konnte: «Beim ersten Mal in Neuburg hatte ich ein merkwürdiges Erlebnis. Das Schloss faszinierte mich sehr. Mein Freund Daniel und ich entschlossen uns, im *Geisterzimmer* ein paar Minuten unsere Sinne zu schärfen. [...] Daniel stellte ein paar Fragen. Plötzlich hatte ich das Gefühl, als würde etwas meinen Hinterkopf berühren, so als würde etwas seine Hand schützend auf meinen Kopf legen. [...] Nach ein paar Minuten verschwand dieses Gefühl dann wieder. [...]»
Bei einer anderen Führung, am 21.3.15, wurden zwei Teilnehmer dort von etwas Kaltem im Nacken berührt. Mehrere Gäste berichteten, sie hätten sich beobachtet gefühlt.

Auch Markus B. hat ein Erlebnis von dort zu berichten: «Ich habe Audio-Aufnahmen gemacht und bin dabei auf etwas gestoßen, das ich mir so nicht erklären kann. Die Aufnahme ist im Flur vor dem Geisterzimmer entstanden. Man hört, wie wir Richtung Treppenhaus gehen. Einige Stimmen sind im Hintergrund dumpf zu hören. Bei 17 Sekunden ist allerdings eine Stimme, die ich niemandem der anderen Besucher zuordnen kann. Auch ist die Stimme wesentlich klarer und näher am Mikrofon, als alle anderen in der gesamten

Aufnahme. Also irgendwie passt die Stimme nicht zum Rest. Selbst meine eigene Stimme klingt weiter entfernt. Leider konnte ich bisher nicht verstehen, was die Stimme sagt, aber es klingt nach *töten.*»

Im Palasgebäude wurde am 1.11.14 u.a. der Rittersaal besucht. Der Saal, wie wir ihn heute sehen, entstammt einer Restaurierung im frühen 20. Jahrhundert. Zuvor waren dort mehrere kleinere Räume, vermutlich Schlafzimmer, gewesen. Es gab einst ein weiteres Gebäude mit einem großen Festsaal. Dieses war erreichbar über eine Treppe im Annex des heutigen Rittersaales. Doch der Trakt wurde leider nach einem Brand abgerissen.
Bei dieser Führung hörten nun zwei Besucher eine weibliche Stimme aus Richtung des Annexes. Kurz darauf spürten zwei weitere Personen ein elektrisierendes Kribbeln und der Bewegungsmelder ging plötzlich ohne erkennbaren Grund los. Im Annex wurde ein vorbeihuschender Schatten gesehen und fast gleichzeitig hörte man an derselben Stelle ein metallisches Klicken. Es schien so, als ob die Schattengestalt ertappt worden und in Panik geflohen sei. Sie huschte vor einem Tisch, von links nach rechts, vorbei und löste sich dann in Luft auf. Später waren immer wieder leise Schritte und Geräusche zu hören. Auch eine andere Gruppe erlebte an diesem Tag dort Seltsames. Eine Dame wurde plötzlich von etwas Kaltem am Handgelenk gepackt. Zu dieser Zeit wurde es allgemein sehr viel kälter im Saal.

An diesem Tag wurden in den unteren Prunksälen, im selben Gebäude, unerklärliche Geräusche gehört, z.B. ein lautes Rumpeln und Schritte sowie leise Stimmen, die aus dem darüber liegenden Rittersaal zu kommen schienen.

Bei Aufbauarbeiten in der sogenannten *Mälzerei* war am 1.11.15 ein Scheppern gehört worden, das aus dem unteren Turmzimmer zu kommen schien.

Als nachgesehen wurde, bekamen alle Anwesenden (im Ganzen vier Personen) ein unangenehmes Gefühl, es war jedoch nichts zu sehen. In diesem Zimmer ist vor langer Zeit einmal eine altertümliche Pistole gefunden worden.[4] Als an diesem Tag bei einer Führung alle Personen im sogenannten *Kinderzimmer* versammelt waren, fiel die Temperatur innerhalb kurzer Zeit stark ab. Die Besucher spürten, dass es deutlich kälter war als kurz zuvor. In dieser Zeit waren auch immer wieder Geräusche und leise Stimmen zu hören. Eine Teilnehmerin hörte Geräusche aus der Richtung der Eingangshalle, doch als sie nachsah, war diese leer.
In einer anderen Gruppe wurde an diesem Tag von mehreren Besuchern berichtet, es sei auf der Treppe in den ersten Stock jemand hinter ihnen gelaufen, obwohl niemand zu sehen gewesen sei.

Auch die Kapelle hält manchmal kleine Überraschungen für ihre Besucher bereit. Bei einer Führung am 21.3.15 sahen die Teilnehmer deutlich einen hellen, weißen Lichtblitz in der linken hinteren Kirchenbank, unweit der Eingangstür. Eine andere Gruppe berichtete unheimliche Schritte, ohne dass jemand zu sehen gewesen wäre und auch eine plötzliche Kälte.

Als die Gruppe an diesem Tag hinunter in die Ausgrabungen kam, die im ehemaligen Keller zu sehen sind, hörte man auf dem Steg ein recht lautes Kichern, wie von einem Kind und man spürte leichte Vibrationen darauf.
Die Besucher der zweiten Führung hatten ebenfalls Erlebnisse dort unten. Eine Person meinte, sie sei von etwas angefasst worden. Ein weiterer Herr, der kurz alleine in der Ausgrabungsstätte verblieben war, dachte, er sei nicht

[4] Nach Auskunft eines Archäologen, der in den 1980er Jahren dort bei Ausgrabungen mitgearbeitet hat.

allein dort unten und drehte sich ständig um, konnte jedoch niemanden sehen.

Am 21.3.15 spürte eine Gruppe von Besuchern wieder Erschütterungen, wie von Schritten einer unsichtbaren Person.

Auch in einem weiteren Gebäudeteil, der früher die Schlossküche beherbergte, geschahen unheimliche Dinge. Besucher hörten am 21.3.15 im Obergeschoss deutliche Schritte, die sich im selben Raum zu bewegen schienen. Eine Besucherin, Bianca Z., berichtete, sie habe zu dieser Zeit auch einen schwarzen, menschenförmigen Schatten gesehen, der an der Gruppe vorbeischwebte.

Was auch immer dort herumspukt, es scheint sich nicht von den Besuchern stören zu lassen. Man weiß nie, wer einen heimlich aus den dunklen Ecken beobachtet …

Die dunkle Seite des Schlosses

Schatten eines Märchenschlosses

Im niederbayerischen Ortenburg thront über dem Wolfachtal ein wunderschönes Schloss, über das ebenfalls schon im letzten Band berichtet wurde. Bereits im 12. Jahrhundert dort errichtet, hat es dem interessierten Besucher eine reiche Geschichte zu bieten. Doch, neben historisch interessanten Begebenheiten, kann man dort manchmal auch etwas erleben, das einem eine Gänsehaut beschert. Seit den Erlebnissen des letzten Bandes, in dem uns u.a. eine seltsame, schwarze Kreatur am Dachboden begegnet ist, sind nun wieder einige neue Berichte zu mir gelangt:
Am 25.7.14 besuchte eine Gruppe die alte Schmiede.
Eine der anwesenden Damen hatte auf einmal das Gefühl, als würde sie dort drinnen etwas zurückhalten, als sie den Raum wieder verlassen wollte. Alle hörten dann ein Stöhnen aus der Richtung des Nebenraumes, obwohl sich dort niemand befand.
Auch am 5.9.14 passierte etwas in besagter Schmiede.
In einem kleinen Nebenraum, der so eng ist, dass man ihn nicht zu zweit nebeneinander betreten kann, wurde ein vorbeihuschender Schatten gesehen. In einer anderen Gruppe wurden kurz darauf unerklärliche Schritte gehört.

Am 24.10.14 stand eine Besuchergruppe im Vorraum, neben einer alten Truhe. In dieser Zeit wurde es sehr kalt, die Temperatur sank um ganze vier Grad. Plötzlich gab es hinter der Gruppe einen lauten Knall, der alle sehr erschreckte. Es hörte sich an wie ein großer Stein, der auf Metall aufgeschlagen wäre. Hinter der Gruppe war eine große Feuerpfanne. Ein Gast, Dominik R., hatte schemenhaft etwas vom Fußboden hinter der Gruppe in Richtung Feuerpfanne fliegen sehen und alle nahmen an, es müsse darin nun ein großer

Stein liegen. Doch es lag nichts darin außer kalter Asche. Nach einer kurzen Suche wurden zwei größere Kieselsteine neben der Metallpfanne am Boden entdeckt. Einer davon musste wohl von außen dagegen geprallt sein. Woher dieser Stein kam, ist nicht bekannt.

Am 22.11.14 stand ein Gast alleine im zuvor beschriebenen kleinen Nebenraum. Er leuchtete mit seiner Taschenlampe durch das Gitterfenster der Tür in den Eingangsraum hinein. Plötzlich blockierte etwas den Lichtstrahl, als würde jemand oder etwas direkt vor der Tür stehen. Eine Teilnehmerin, die sich währenddessen im Eingangsraum befand, konnte diesen Vorgang ebenfalls beobachten. Sie sah zunächst den Lichtschein der Taschenlampe aus dem kleinen Raum kommen und plötzlich war der Strahl blockiert. Man konnte es also von zwei Seiten aus beobachten.
Am 17.1.15 hagelte es erneut Steine in der Schmiede.
Als Graf Joachim, einer der früheren Schlossbesitzer, erwähnt wurde, begannen die Vorfälle. Zunächst hörten drei aus der Gruppe ein leises Geräusch, wie von einem Glöckchen. Durch Tests stellte die Gruppe dann fest, dass das Klirren oder Klingeln von einer dicken Metallkette kam, die neben der Türe hing. Dann wurde ein Stein geworfen, der Besucherin Sonja G. am Kopf traf. Doch keiner der Anwesenden hatte diesen Stein geworfen. Kurz darauf landete ein weiterer Stein mit lautem *Klack* in der Ecke des Raumes. Wieder war nicht auszumachen, woher der Stein gekommen war. Er schien sich plötzlich materialisiert zu haben. Nun gab es noch ein weiteres metallisches Geräusch, das vom Bügel einer alten Lampe kam, die neben der Esse hing.
Eine Batterie, die frisch gewechselt worden war, war zu dieser Zeit plötzlich wie *leergesaugt*. Während der gesamten Führung passierte dies viermal bei verschiedenen Geräten.

Weiter ging es mit den Erlebnissen am 18.4.15. Schon zu Anfang des Besuches sank die Temperatur im Vorraum um etwa drei Grad. Kündigte sich hier etwa schon etwas an?
Danach teilte sich die Gruppe auf. Einige gingen in den Keller, der Rest sah sich oben bei der Schmiede ein wenig um. Eine Dame hörte in der Schmiede ein weibliches Kichern, das aus dem angrenzenden Raum zu kommen schien. Dort war allerdings niemand.
In einer anderen Gruppe ging im gleichen Nebenraum dann die Tür eines hölzernen Schrankes, der an der Wand stand, von alleine auf. Wieder fielen einige Akkus und Batterien aus.

Auch im Keller unter der Schmiede gab es immer wieder kleinere Erlebnisse. Am 22.11.14 wurde eine Teilnehmerin von etwas an der Hand berührt. Auch diesmal sank die Temperatur wieder für kurze Zeit ab. Eine andere Gruppe hörte dort unten ein Pfeifen.
Am 17.1.15 konnte eine Besuchergruppe Kinderstimmen im Keller hören und am 18.4.15 ertönte eine Art lautes Atmen oder Seufzen aus einer dunklen Ecke.

Wie schon berichtet, hat es besonders der Dachboden hinter Zimmer 2 in sich. Am 25.7.14 passierten wieder einige seltsame Dinge. Als eine Besuchergruppe dort war, sank die Temperatur plötzlich und ohne ersichtliche Erklärung von 27 auf 22,5 Grad, was man auch deutlich spüren konnte. Einer der weiblichen Gäste bemerkte gleichzeitig ein lautes Atemgeräusch neben sich, dann ein seltsames Gefühl an ihrer linken Hand. Sie dachte, jemand hätte sie angefasst. Danach begann sie ein Kribbeln an ihren Beinen zu spüren und ein weiterer Anwesender spürte ein elektrisierendes Gefühl im Gesicht.

Kurze Zeit später wurde es wieder wärmer und nichts passierte mehr - vorläufig zumindest. Auch am 5.9.15 ereigneten sich dort seltsame Dinge. Ein Teilnehmer der Führung berichtet: «Wir spürten und hörten mehrmals deutliche Schritte, eine Frau aus unserer Gruppe sagte, sie sei leicht am Hals berührt worden und die Temperatur fiel um einige Grad ab. Es war, als würde uns ständig jemand beobachten und um uns herumschleichen.»

Am 24.10.14 verspürte ein Gast ein starkes elektrisierendes Kribbeln. Es schien ihr, als wolle sie jemand oder etwas davon abhalten, durch Zimmer 2 zu gehen. Doch die Gruppe betrat trotzdem den Dachboden dahinter. Dort angekommen, dauerte es nicht lange, bis alle seltsame Geräusche vernahmen, die aus dem Vorraum zu kommen schienen, durch den sie gerade gekommen waren. Auch hörten sie Schritte oder Schlurfen und spürten sogar die Vibrationen davon. Plötzlich gab es einen sehr lauten Knall auf dem Gerümpelhaufen neben der Gruppe. Es schien mit Wucht etwas darauf geschleudert worden zu sein, doch konnte man aufgrund der vielen Gegenstände auf dem Haufen nicht erkennen, was es war. Die Temperatur sank um zwei Grad. Auch das Kribbeln war immer wieder kurz zu spüren. Es war so, als ob jemand um die Gruppe herumschleichen, sie genau beobachten und lauern würde.

An diesem Tag hatte auch eine andere Gruppe den Eindruck, es sei außer ihnen noch jemand im Raum, der um sie herumschleiche.

Eine dritte Gruppe berichtete ebenfalls davon, etwas bemerkt zu haben. Jeder in der Gruppe spürte ein Vibrieren des Bodens, so als ob jemand neben ihnen gelaufen wäre, doch alle aus der Gruppe standen still.

Einem Gast wurde nach einiger Zeit plötzlich kalt an der Wange, als ob ihm eine kalte Hand darüber gestrichen hätte. Auch die Temperatur sank in diesem Moment wieder messbar. Kurz darauf ging eine Lichtleiste los, die auf dem Boden lag und auf Erschütterungen reagierte. War hier eine unsichtbare Gestalt vorbeigelaufen?

Ein Gast bemerkte daraufhin, dass die Lichtleiste auch schon vorher einmal losgegangen war, als sich alle im hinteren Teil des Dachbodens, weit weg davon, aufgehalten hatten.

Diese Lichtleiste scheint bei den Geistern populär zu sein, denn bei einer Veranstaltung am 22.11.14 ging diese scheinbar als Reaktion auf die Aufforderungen: «*Geist, gib uns ein Zeichen!*» von selbst an. Auch bei der Frage «*Sollen wir gehen?*», leuchtete dieser am Boden liegende Vibrationssensor auf. Ein Teilnehmer, der nahe am Eingang zum Hauptraum von Zimmer 2 stand, hatte das Gefühl, es hätte ihn etwas in den Oberschenkel gezwickt. Innerhalb kürzester Zeit sank auch die Temperatur um ganze 7,5°C. Ein anderer Teilnehmer hatte den Eindruck, es sei jemand durch den Dachboden gelaufen und er hörte Möbelrücken. Vielleicht der alte Stuhl, der nahe am Eingang stand? Ein weiterer Gast hörte ein kurzes Geräusch, das wie ein Quietschen klang und von einem alten Pflug zu kommen schien.

An diesem trüben Novemberabend passierte aber noch viel mehr. Eine andere Gruppe hatte ebenfalls so ihre Erlebnisse: Eine Teilnehmerin sagte sofort beim Betreten des Dachbodens hinter Zimmer 2, sie fühle sich hier sehr unwohl, es herrsche eine unangenehme Atmosphäre. Im Laufe des Aufenthaltes hörten einige aus der Gruppe leise Stimmen, Schritte und Geräusche aus Richtung Eingang. Auch hörten sie seltsame Klopfgeräusche und der Boden vibrierte leicht, so als ob jemand um die Gruppe herumschleichen würde. Eine anwesende Dame wurde einmal kurz am Finger berührt, doch niemand stand in ihrer Nähe. Plötzlich war ein Knacken zu hören, so als ob jemand auf ein loses Brett gestiegen wäre, doch an dieser Stelle stand niemand. Eine nicht weit davon stehende Person wurde dann in den Oberschenkel gekniffen, so dass später ein blauer Fleck sichtbar war. Wieder einmal waren plötzlich Batterien leer, die kaum benutzt worden waren.

Auch eine dritte Gruppe hat an diesem Abend den mürrischen Geist im Dachboden hinter Zimmer 2 besucht. Ein Gruppenführer berichtet: «Wir haben gemerkt, wie sich rechts hinter uns etwas bewegt hat, in der Nähe der kleinen Treppe. In der Finsternis haben wir gehört, wie sich dann in der Mitte des Raumes wieder etwas bewegte. Daraufhin sind ein paar Teilnehmer zu dieser Stelle gegangen und haben erneut eindeutig eine Bewegung wahrgenommen. Es hat sich ziemlich laut und schwer angehört.»

Die aktuellsten Berichte stammen vom 18.4.15. Zwei Gäste erzählten davon, etwas habe sie an der Hand angefasst. Einmal wurde es als ein Kribbeln und einmal als ein starkes Kältegefühl an den Fingern beschrieben.

Dann bemerkte plötzlich ein Gast, er hab eine Schattenhand gesehen, die durch ein Türchen griff, das zum benachbarten Dachbodenteil führte. Es sah aus, als ob die Hand diese schließen wollte.

Dann ging der unmittelbar hinter der Eingangstür platzierte Bewegungsmelder von alleine los, während sich alle Anwesenden im Hauptraum befanden. Alle hatten das Gefühl, etwas bewege sich im Raum und sie seien nicht allein.

Auch in den angrenzenden Pensionszimmern geschieht Unheimliches, z.B. in Zimmer 3.

Eine Dame erzählte, etwas habe sie in der Nacht des 25.7.14 ins Bett gedrückt, es sei über ihr geschwebt und es fühle sich bedrohlich an.

In diesem Zimmer ist es immer sehr warm, da sich die Heizung wie von Geisterhand ständig wieder aufdreht.

Ein Gast, Wolfgang Z., sah schließlich am 18.4.15 neben dem Bett einen schwarzen, menschenförmigen Schatten. Vielleicht hat ja einer der Pensionsgäste dort nie ausgecheckt?

Am 5.9.14 gingen zwei Damen von Zimmer 9 zu Zimmer 2. Auf der Treppe nach oben hatten sie das Gefühl, es laufe ihnen jemand hinterher. Sie hörten Schritte, obwohl weit und breit niemand zu sehen war.

Besagtes Zimmer 9 selbst hat auch einiges zu bieten. Am 25.7.14 hörte dort eine Gruppe eine geisterhafte Stimme, die *«warum»* fragte und ein Klopfen. Es wurde ja bereits im letzten Band berichtet, dass sich dort des Öfteren die Zimmertüre von selbst öffnet. Am 22.11.15 bewegte sich die Tür erneut. Sie ging langsam weiter auf.

Am 17.1.15 teilte sich die Besuchergruppe auf. Ein Teil stand innen, mit einigen Metern Abstand vor der Tür, der andere Teil stand draußen auf dem Steinboden im Treppenhaus. Auf die Schwelle wurde die Lichtleiste gelegt, die wir schon aus Zimmer 2 kennen. Sonja S. filmte und es wurden Fragen gestellt. Plötzlich ging die Lichtleiste an, obwohl niemand aus der Gruppe in der Nähe war. Dies wiederholte sich dann ein weiteres Mal und schien auf die Fragen und Aufforderungen zu reagieren.
Bei einem weiteren Besuch am 18.4.15 spürten alle im Zimmer deutliche Vibrationen, so als ob jemand um die Gruppe herumlaufen würde. Wieder kam die Lichtleiste zum Einsatz. Die Gäste standen vollkommen still im Kreis. Nach einer Weile ging die Lichtleiste an - mehrmals. Es schien wirklich jemand Unsichtbares anwesend zu sein. Plötzlich schrie Wolfgang Z. auf, denn etwas hatte ihn in den Oberschenkel gezwickt. Das scheint der Geist von Ortenburg gerne zu machen – sowohl bei Frauen als auch Männern.
In einer weiteren Gruppe passierte an diesem Abend dasselbe: wieder wurden Vibrationen gespürt, wie von jemanden, der auf dem Boden heumliefe – und

wieder wurde der Vibrationssensor der Lichtleiste ausgelöst. Die Anwesenden konnten keine Erklärung dafür finden. Eine dritte Gruppe berichtet ebenfalls an diesem Abend Vorfälle in Zimmer 9: «Wir haben eindeutig gehört und gespürt, dass sich etwas zwischen uns hindurch bewegt hat. Es war nicht nur an einer Stelle im Raum, es schien sich wirklich zu bewegen, und auch an anderen Stellen aufzutauchen. Der Fußboden hat eindeutig vibriert. Es war etwas weiter von uns auch ein Knacksen zu hören. Sobald jemand sich dort hingestellt hat, hat es dort aufgehört. Hin und wieder ist die Lichtleiste angegangen. Wir hatten alle das Gefühl, es sei noch jemand bei uns.»

Besonders interessant ist auch, was sich am 24.10.14 im Gräflichen Empfangszimmer zugetragen hat, einem wunderschönen Raum, in dem auch Trauungen durchgeführt werden:
Die Gäste Michael und Annika blieben kurz alleine im Zimmer, während der Rest der Gruppe im hinteren Komtessenzimmer war. Sie berichteten dann, sie hätten vom entgegengesetzten Teil des Raumes, also vom Eingangsbereich her, das deutliche Geräusch einer geschleuderten, lange rollenden Perle gehört, sie aber nicht gefunden. Die Gruppe begab sich dann auch auf die Suche und am Boden wurde eine pinkfarbene Plastikperle entdeckt. Eine der Anwesenden berichtete über ein elektrisierendes Gefühl. Die Gruppe versammelte sich im Halbkreis um die Stelle, an der die Perle lag. Kaum standen alle still, landete mit einem Scheppern ein weißes Etwas auf dem Boden zwischen den Anwesenden. Bei näherer Untersuchung stellten sie fest, dass es der hintere Teil eines altmodischen Plastikkugelschreibers war, der offenbar aus gewisser Höhe von der Decke geflogen kam!
Am 18.4.15 wurden schon nach wenigen Minuten deutliche Schritte im Zimmer gehört. Diese kamen aus der linken hinteren Ecke, wo sich allerdings

niemand befand. Die Gäste Carmen und Bianca begaben sich dann in die ehemalige Küche, die an den Raum anschließt, der Rest der Gruppe blieb im Empfangszimmer. Plötzlich hörten alle im Empfangszimmer einen Knall, so als wäre in der Nähe eine Türe mit Gewalt zugeschlagen worden. Nur die beiden Damen in der Küche hatten nichts gehört. Es wurden dann während des restlichen Aufenthaltes noch weitere Geräusche und Schritte vernommen.

Am 17.1.15 waren bereits alle Gäste gegangen, es war spät nachts und es wurden im Empfangszimmer und der angrenzenden Küche Aufräumarbeiten durchgeführt. Die vier Gruppenleiter, zwei Männer und zwei Frauen, gingen gerade aus dem Empfangszimmer und durch die kleine Küche ins hintere Treppenhaus, um die Sachen ins Auto zu bringen. Die Männer, F. und R., gingen voraus, dicht gefolgt von den Damen L. und S., alle schwer bepackt mit diversen Dingen. Als der zweite Herr etwa die Mitte der Küche erreicht hatte, viel hinter ihm etwas klackernd zu Boden. L., die direkt hinter ihm ging, sah etwas von oben nach unten fallen und dachte erst, er hätte etwas verloren. Die beiden Frauen suchten den Fußboden ab und hoben in einiger Entfernung - man höre und staune - denselben hinteren Teil eines Plastikkugelschreibers auf, der auch am 24.10.14 im Empfangszimmer aus dem Nichts auf den Boden gefallen war. Dieser Kugelschreiber war zuvor monatelang, zusammen mit der Plastikperle, auf dem rechten Bücherschränkchen im Empfangszimmer gelegen. Doch an diesem Abend war zunächst beides verschwunden gewesen. Wie der Plastikkugelschreiber von der Küchendecke fallen konnte, bleibt ein Rätsel.

An das Empfangszimmer grenzen noch drei weitere Räume, die sich in einem Zustand des langsamen Verfalls befinden. Die beiden hinteren Räume waren einst die Schlafgemächer der jungen Komtessen. Auch hier scheint noch jemand zu verweilen, der sich ab und zu bemerkbar macht. Am 25.7.14 betrat eine kleine Gruppe an Besuchern das hintere Zimmer. Als sich die Gäste gesetzt hatten, hörte man schlurfende Schritte im Raum. Mehrere Personen spürten eine Anwesenheit. Einige Gäste hatten das Gefühl, dass sie dort nicht willkommen seien. Ein Herr wurde sogar am kleinen Finger gezogen. Kurz darauf spürte ein weiterer Herr ein kribbelndes Gefühl, als ob er an der Hand angefasst worden wäre. Nur wenig später spürte er das Kribbeln sogar an beiden Händen.

Am 5.9.14 hörte eine Gruppe ein Geräusch aus der Ecke, in der eine große alte Truhe stand, und man sah kurz ein Licht aufflackern.

Im sogenannten *Totenzimmer*, in dem Graf Georg Reinhard 13 Jahre lang einbalsamiert auf einem Stuhl saß, bevor er im Dom zu Passau beerdigt wurde, wurden ebenfalls des Öfteren ungewöhnliche Erlebnisse berichtet. Es befindet sich im Museumstrakt des Schlosses.

Eine Besucherin erzählt von ihrem Erlebnis am 25.7.14: «Einmal hörten wir eine Tür laut knallen, nachdem wir um ein Zeichen und ein Geräusch gebeten hatten. Das kann natürlich Zufall gewesen sein. Dann waren leichte Vibrationen am Boden zu spüren, wie von jemandem, der über den Holzboden läuft. Es wurde auch kälter.»

Eine Besucherin hatte am 22.11.14 den Eindruck, etwas würde leicht an ihr zupfen. Außerdem dachte sie, es stünde jemand sehr nahe bei ihr und starre sie an. Zwei Personen versuchten, Fotos zu machen, doch beide Kameras versagten den Dienst. Erst nach vielen Versuchen gelang es schließlich.

Eine Teilnehmerin erzählte, sie habe gesehen, wie sich eine am Tisch liegende Taschenlampe bewege, da diese ihr zunächst direkt ins Gesicht leuchtete, doch plötzlich nicht mehr, ohne dass sie sich selbst bewegt hätte.

Im Stuhl in der Ecke der Sitzbestattung änderte sich die Temperatur und irgendetwas schien anwesend zu sein. So plötzlich wie es gekommen war, war es auch wieder weg. Danach bewegte sich die Zimmertüre wieder von alleine. Zuerst langsam, dann mit Schwung. Sofort wurde draußen kontrolliert, aber es war niemand zu sehen. Auch die Tür zur Kapelle hat sich plötzlich bewegt, und es war ein Quietschen zu hören. Auch hier war weit und breit niemand zu sehen. Nach einiger Zeit wurden Schritte auf dem Dachboden über dem Totenzimmer vernommen. Einige Besucher sahen nach, konnten dort oben aber niemanden finden. War also zunächst jemand im *Totenzimmer* anwesend gewesen, der dann nach draußen und durch die Kapelle zum Dachboden geflüchtet war?
Ein Besucher berichtet von einem ähnlichen Ereignis am 18.4.15: «Als wir gerade weitergehen wollten, hörten wir ein Geräusch, als ob die Flügeltüre aufgehen würde oder jemand die Türklinke runtergedrückt hätte. Sofort sahen wir nach, aber es war weit und breit niemand zu sehen.»

Auch in den unteren Museumsräumen gab es vereinzelt Erlebnisse. Als eine Gruppe Besucher durch das Museum schlenderte, hatten mehrere von ihnen das starke Gefühl, etwas würde in ihrer Nähe lauern und an ihnen vorbeihuschen. Sie umschrieben es als ein dunkles *Etwas*, das sich im Raum mit ihnen bewegte.

Wie bereits erwähnt, wurden im *Totenzimmer* auch Schritte vom darüber liegenden Dachboden gehört. Am 25.7.14 besuchte eine Besuchergruppe während einer Tour besagten Dachboden.
Plötzlich ging ein Bewegungsmelder ohne ersichtlichen Grund los. Nachdem einer der Anwesenden nach einem Zeichen gefragt hatte, begann der Fußboden stark zu vibrieren. Alle standen zu diesem Zeitpunkt vollkommen still.

Auch die Temperatur sank mehrmals um vier Grad, stieg dazwischen aber wieder an. Als dann nochmals um ein Zeichen gebeten wurde, meinte eine Besucherin, etwas habe sie mit einem Finger im Nacken berührt. Es fühlte sich eiskalt an. Als nachgesehen wurde, konnte man tatsächlich auch einen roten Fleck auf der Haut erkennen.

Am 5.9.14 wurde, etwa an derselben Stelle, eine Frau am Bein berührt.

Ein Teilnehmer berichtet von einer Tour am 24.10.14: «Wir standen dort am Dachboden nur wenige Minuten, als die Temperatur zu fallen begann und ich ein starkes elektrisierendes Kribbeln am ganzen Körper spürte.»

Schritte und mehrmaliges Klopfen wurden am 22.11.14 gehört. Es wurde ein Rhythmus vorgeklopft und es antwortete im selben Rhythmus, so als ob jemand die vorgeklopfte Melodie nachahmen wollte. Zu diesem Zeitpunkt wurde es auch kälter im Raum und der frische Akku einer Taschenlampe war plötzlich leer.

Eine andere Gruppe berichtet am selben Abend davon, dass die Atmosphäre plötzlich unangenehm geworden sei. In der Nähe des Eingangs zu einem Turmzimmer wurde es dann mehreren Teilnehmern sehr kalt. Es schien so, als ob etwas an ihnen vorbeigegangen wäre. Auch hatten einige Teilnehmer das Gefühl, dabei leicht berührt worden zu sein.

Am 17.1.15 war es dagegen am Dachboden relativ ereignislos, doch als eine dort entstandene Audioaufnahme angehört wurde, war dort eine fremde, männliche Stimme zu hören, die laut und deutlich *Hans* sagte. Es wurde zum Zeitpunkt des Besuches von niemandem gehört. Es hieß auch niemand in der Gruppe Hans.

Am 18.4.15 hörten einige Personen beim Besuch am Dachboden über dem *Totenzimmer* einen gellenden Schrei. Später wurde vom Schlosshof aus dort eine Figur gesehen, die hinter einem der Fenster zu stehen schien. Es wurde sofort nachgesehen, doch es war niemand da. Dort oben wurde dann aber

plötzlich die Hand einer Teilnehmerin eisig kalt. Die Temperatur war hier messbar niedriger. Eine andere Teilnehmerin hatte das Gefühl, es sei noch jemand mit der Gruppe im Raum und eine weitere Dame hatte auf ihrer Hand plötzlich eine Druckstelle, als ob jemand dort einen scharfen Gegenstand hineingedrückt hätte. Erwähnenswert ist vielleicht hier noch, dass es eine Verbindungstür von diesem Dachboden zu dem hinter Zimmer 2 im Pensionstrakt gibt. An dieser Tür war, wie berichtet, eine Schattenhand gesehen worden. Wer sich wohl auf den Dachböden herumtreibt?
Ob wir je herausfinden werden, welche Geheimnisse dieses Schloss birgt?

Schloss Ortenburg – ein Märchenschloss mit Geheimnissen

Spuk in Wald und Flur

Nicht nur in alten Gemäuern scheint es zu spuken. Es gibt auch sehr viele Berichte über unheimliche Erlebnisse in der freien Natur. Sei es nun in einem dunklen Wald, auf einer Wiese oder einem Friedhof. Unheimliches kann uns überall begegnen, das beweisen die folgenden Geschichten.

Auch auf weiter Flur ist man nicht vor Geistern sicher

Die Lichtshow im Wald

Herr Lars Ganther hat für uns eine besonders außergewöhnliche Erfahrung zu berichten, die ihm bis heute Rätsel aufgibt:
«Es handelt sich hierbei um ein tatsächliches Erlebnis, welches ich mit einem meiner Freunde teilen durfte. Nichts hieran ist ausgedacht oder erfunden.
Ich saß eines schönen Sommerabends mit meinem Kumpel namens Tobias auf einer Bank am Sportplatz in dem Dorf, in dem ich aufwuchs. Der Sportplatz grenzt direkt an einen Wald. Wir saßen dort und erzählten uns Geschichten aus unserem Leben, wir hatten Musik und jeweils ein (Betonung auf EIN) Bier dabei, welches wir also genüsslich ausschlürften. Weit und breit war niemand zu sehen. Langsam dämmerte es. Wir dachten uns nichts Böses, da ist uns beiden hinter uns, am Waldrand, eine Bewegung aufgefallen. Es waren Taschenlampen. Taschenlampen, die in der Luft schwebten und sich bewegten, als würden sie von jemandem getragen. Doch da war niemand. Als die unsichtbaren Träger der Taschenlampen uns bemerkten, rannten sie offenbar davon (man sah es an der Geschwindigkeit, der Richtung und der signifikanten Bewegung der *Taschenlampen*). Dies jagte mir und Tobias solch einen Schrecken ein, dass wir uns nur angucken mussten, um sofort zu wissen, dass wir von hier verschwinden mussten. Wir packten also unseren Siebensachen schnell ein und machten uns davon. Etwa hundert Meter vom Wald entfernt, drehten wir uns um, und mussten feststellen, dass der ganze Wald leuchtete. Es war kein allgemeines Glühen, sondern eher punktuell, als würden Neonscheinwerfer im Wald schweben und irgendetwas suchen. Sie schwebten nach unten, nach oben, links, rechts. Teilweise schienen sie sich auch zu teleportieren, verschwanden an einer Stelle und tauchten an der nächsten Stelle sofort wieder auf. Es war wie ein Glitzern. Die Lichter hatten

verschiedene Farben: Blau, Grün, Orange, Rot. Alle Farben, die man sich denken kann. Die Lichtkegel der *Scheinwerfer* suchten alles ab. Die Luft, den Boden, die Bäume.
Ich war sehr fasziniert von diesem Erlebnis, und wollte aus sicherer Entfernung noch ein Wenig zugucken, wie der Wald glitzerte. Ich wollte mir dies genauer ansehen, aber mein Freund Tobias meinte, wir sollten uns schnell vom Acker machen. Also gingen wir.
Dies war meine erste, wie ich heute behaupte, paranormale Begegnung [...]. Dieses Ereignis zu interpretieren fällt mir nach wie vor sehr schwer. Ich hatte heute erst mit meinem Kumpel Tobias eine Unterredung über genau dieses Erlebnis. Wir können uns beide nicht erklären, was es gewesen sein könnte. Ich wünschte, ich hätte den Mut gehabt, es selber herauszufinden, indem ich in den Wald gegangen wäre, um diese Lichter aus nächster Nähe zu beobachten. [...]Es tut mir leid, wenn ich keine zufriedenstellende Antwort geben kann. Dies liegt einfach außerhalb meiner Möglichkeiten.»

Unheimlicher Gesang

Herr Peter Greulich, der mittlerweile in Schweden lebt, war so freundlich, sein Erlebnis mit uns zu teilen. Auch im Land der Elche und der Mitternachtssonne kommt es hin und wieder zu scheinbar unerklärlichen Vorfällen.
«Ich kann Euch von einem seltsamen Erlebnis während einer Kanutour in Schweden berichten. Es war in den neunziger Jahren und ereignete sich in einer abgelegenen, menschenleeren Gegend im Westen, so ziemlich in der Mitte von Schweden, wenn man das Land der Länge nach misst. Ich habe nichts übertrieben oder ausgeschmückt [...] Genau so hat es sich zugetragen. Für das beschriebene Erlebnis habe ich sogar zwei Zeugen, die dies genauso wie ich wahrgenommen haben. [...] Anfang 1994 hatten meine Lebensgefährtin Heike und ich unserer alten Heimat Deutschland den Rücken gekehrt und ein Blockhaus im schwedischen Härjedalen bezogen. Von hier aus steuerten wir ein paar Jahre unser kleines Reiseunternehmen für Aktivurlaube in schwedischer Fjällnatur. Kernprogramm unserer Unterneh-mungen waren damals geführte Kanutouren durch das Naturschutzgebiet Rogen, ein wegloses und weitgehend unbewohntes Wildnisgebiet im Grenzland zu Norwegen.

Es wurde Juni. Heike und ich brachen mit einem Freund und zwei Kanus zu einer Erkundungstour für spätere Touren mit Kunden durch das Rogen-Gebiet auf. Gerade erst war das Eis auf den knapp achthundert Meter hoch gelegenen Bergseen aufgebrochen und noch war es ruhig hier. Die wenigen zum Zelten geeigneten Plätze zwischen den Geröllhaufen, welche die letzte Eiszeit dort aufgehäuft hatte, sind von Mittsommer bis Ende August oft schon am frühen Nachmittag belegt. Vor und nach dieser Zeit hat man diese Gegend allerdings fast für sich allein.

Wenn ich mich richtig erinnere, war es der dritte Tag der Tour, an dem plötzlich aufkommende böige Winde einen heftigen Wellengang hoch schaukelten und uns somit dazu zwangen, den Schutz einer etwa zweihundert Meter langen, eiförmigen Insel aufzusuchen. Diese bestand hauptsächlich aus einem sanft ansteigenden Hügel, der zu einer Seite hin flach auslief und dort eine schmale, moorige Landzunge bildete. Genau dort zogen wir die Boote an Land. Die Lagerausrüstung schleppten wir bergauf, zu einem hochgelegenen, ebenen, freien Platz mit einer bereits vorhandenen Feuerstelle, umgeben von uralten, wind-verdrehten Kiefern. Perfekt. Hier konnte man in Ruhe das stürmische Wetter abwarten.

Heike und ich schlugen unser Zelt auf einer kleinen Lichtung zwischen Birken auf, wenig mehr als einen Steinwurf von der Feuerstelle entfernt. Unser Freund Eric zog mit seinem Zelt auf die andere Seite des zentralen Lagerplatzes. An diesem Abend krochen wir alle früh in die Schlafsäcke. Wir waren müde vom Kampf gegen die Wellen und außerdem hätte wohl der Wind ein wirklich gemütliches Beisammensitzen am Feuer verhindert.

Trotz der Helligkeit der Nächte dieser Jahreszeit auf diesem Breitengrad fielen wir schnell in Schlaf. Irgendwann in der Nacht wurde ich wach, denn ich meinte, Stimmen zu hören. Ich dachte zuerst an eine weitere Gruppe Kanuten, die hier angelandet waren, doch irgendetwas daran klang ganz anders, als Gespräche zwischen Menschen normalerweise klingen. Heike war inzwischen auch davon aufgewacht. Wir sahen uns verwundert an. Ein Blick aus dem Zelt und ein anschließender Kontrollgang zum Lager und zu den Booten zeigten mir, dass wir allein waren. Oder vielleicht schreibe ich besser: dass dort keine weiteren Menschen anwesend waren.

War es der Wind, der durch die Bäume strich? [...] Man konnte diese Stimmen immer noch hören. Auf- und abschwellend, mal vielstimmig wie ein

Chor, mal wie der Gesang wechselnder Solisten in unterschiedlichen Tonlagen. Nie einer eindeutigen Melodie folgend und doch irgendwie harmonisch und keinesfalls unangenehm.

Wir schliefen wieder ein, wachten aber noch mehrfach auf, geweckt von neuen Variationen dieser unwirklichen Klänge. Ein Auf und Ab war es, mal laut, mal leise, mal dominiert von hohen Tönen, mal von dunkleren. Sehr fremdartig war das, aber nie beunruhigend oder beängstigend. Die gesamte Nacht über war diese sonderbare Musik um uns herum und verstummte erst, als die ersten Sonnenstrahlen auf unser Zelt fielen.

Der Wind hatte inzwischen zwar etwas an Stärke verloren, machte aber eine Fortsetzung der Tour an diesem Tag immer noch nicht möglich. Eric hatte dieses *Konzert* auch mit angehört und – genau wie wir – dachte er zunächst an einen Besuch durch andere Menschen, war dann aber wieder eingeschlafen.

Die nächste Nacht kam und der Wind blieb unser Gast. Mal mehr, mal weniger blies er und produzierte dabei allerlei Geräusche. Diesen *Gesang* in den Bäumen aber, den bekamen wir nicht wieder zu hören.

Wenn man sich eine Zeit draußen durch menschenleere Gegenden bewegt, fernab von den Geräuschen und sonstigen Ablenkungen der Zivilisation, dann weiten sich die Sinne. Das ist mir immer wieder bei meinen Touren aufgefallen. Man nimmt Dinge wahr, die man sonst übersieht und überhört. Meine Reisen hatten mich schon in einige einsame Gegenden dieser Welt geführt. Solch ein Erlebnis aber hatte ich kein zweites Mal in meinem Leben. Wer weiß, was wir dort gehört hatten. Ich werde mich hüten, dafür eine Erklärung zu suchen. Zu behaupten, es sei dies oder das gewesen. Wie könnte ich das auch? Aber warum nur kommt mir jedes Mal Goethes Gedicht vom Erlkönig in den Sinn, wenn ich an diese merkwürdige Nacht zurückdenke?»

Geheimnisvolles Schweden

Nächtliches Grauen

Herr Thomas Denk hat ein interessantes Hobby, das ihm bereits einige Erlebnisse der unheimlichen Art beschert hat: «Ich gehe einmal im Jahr auf Geisterjagd und habe dabei auch schon einiges gesehen. 2006 ging ich nachts mit meiner Exfrau und zwei Freunden auf dem Friedhof von Deutsch-Wagram spazieren. Wenn man durch das Tor des Friedhofs durchgeht, merkt man einen Temperaturunterschied. Dort ist es um einiges kühler. Wir gingen dann spazieren und hörten bei einen Grab ein lautes Klopfen, als ob dort jemand drinnen gewesen wäre, der noch gelebt hat. Als wir aber vor dem Grab standen, war es vorbei.
Im Sommer 2014 ging ich mit einem Freund mitten in der Nacht am kleinen Stammersdorfer Friedhof in Wien spazieren. Wie immer hatte ich eine Spiegelreflexkamera dabei. Es war ein Schwarzweißfilm eingelegt und ich machte meine Fotos. Wir blieben stehen und schauten uns um. Da hörten wir beide Schritte auf dem Schotterweg. Wir leuchteten mit unserer Taschenlampe alles aus, aber da war nichts. Wenn man dort Fotos machte, gab es darauf immer etwas zu sehen, was nicht da war. Ich mache das einmal im Jahr.»

Hilferuf

Sarah H. erlebte von Kindheit an immer wieder ungewöhnliche Dinge, die sie glauben ließen, sie hätte die besondere Gabe, Geister zu sehen:
«Wir wohnen direkt am Wald, was ich an sich sehr schön finde, da ich den Großstadttrubel überhaupt nicht mag. Am Wald wohnen ist viel schöner. Jedoch ist in diesem Wald vor vielen Jahren etwas Schreckliches passiert. Dort nahm sich ein Junge, ca. zwölf Jahre alt, mit einer Schusswaffe das Leben.
An diesem Morgen fuhr ich meinen Lebensgefährten zur Arbeit, da kein Zug ging. Nachdem ich ihn also zur Arbeit gefahren hatte, parkte ich mein Auto wieder vor dem Haus. Da meine Tasche auf dem Rücksitz lag, stieg ich aus und beugte mich hinten ins Auto, um meinen Hausschlüssel herauszusuchen. Kurz nachdem ich mich hinten ins Auto gebeugt hatte, hörte ich direkt neben mir die Stimme eines Jungen, welcher zu mir sagte: «Hilf mir!» Erschrocken zog ich meinen Kopf aus dem Auto und blickte mich um, aber natürlich war da niemand.
Gleiches passierte mir ein anderes Mal mit einer Frauenstimme. Aber ich weiß leider nicht mehr, was sie sagte.» Ob sich der Junge hilfesuchend an sie gewandt hat? Doch wer war dann die Frau?

Die schwarze Gestalt

Der Wald, von dem uns Frau H. bereits erzählt hatte, birgt wohl noch weitere Geheimnisse:

«Seit etwas über einem Monat haben wir einen Hund. Ich gehe morgens immer mit ihm im Wald Gassi.

Der Waldweg ist lang und wenn man ihm ein ganzes Stück folgt, kommt man irgendwann zu einer Bank. Der Weg ist etwas gewunden, nicht stark, nur ganz leicht.

Nun bin ich letztlich morgens mit unserem Hund in den Wald gegangen und sah nach einiger Zeit weiter hinten auf dem Weg eine Gestalt. Diese bewegte sich irgendwie seltsam auf dem Weg hin und her, als ob sie nach etwas schauen würde und sich etwas streckte, dabei lief sie von links nach rechts und wieder zurück. Plötzlich lief sie wieder nach links und verschwand hinter Bäumen und Büschen in der Ferne. Ich beeilte mich und kam bald an den Platz, an dem die Bank stand. Ich dachte zu der Zeit, dass die Gestalt vorhin am Platz mit der Bank verschwunden sei. Doch an der Stelle war niemand und man hörte auch keine Geräusche. Ich dachte, viel-leicht wäre jemand ganz schnell über einen der anderen Wege, welche von diesem Platz wegführten, verschwunden.

Am nächsten Tag ging ich früher mit dem Hund raus, als am Tag zuvor. Plötzlich sah ich auf dem Waldweg wieder diese Gestalt. Sie lief wieder hin und her und als sie mich sah, lief sie wieder nach links in den Wald.

Ich lief los, um die Gestalt zu erwischen. Dann fiel mir plötzlich auf, dass ich von diesem Punkt aus, an dem ich die Gestalt sah, die Stelle mit der Bank gar nicht sehen konnte. Ich sah stattdessen von dort aus eine Stelle, an der die Bäume und Büsche auf den Weg wuchsen. Da wurde mir klar, dass, was auch immer ich da gesehen hatte, direkt ins Dickicht gelaufen sein musste. Doch, da war nichts zu sehen, keine Spuren, keine abgebrochenen Zweige und es war wieder kein Geräusch zu hören.

Am Tag zuvor, als ich die Gestalt das erste Mal gesehen hatte, war ich im Wald am Grab des Jungen vorbeigekommen, welcher sich dort erschossen hatte [siehe Geschichte «Hilferuf»]. Dort fiel mir auf, dass einer der Steinspatzen vom Grabstein gefallen war. Da dieser schon sehr vermoost und schmutzig war und ich ihn so nicht anfassen wollte, hatte ich nun, am nächsten Tag, ein Taschentuch dabei und setzte den Spatz wieder auf das Grab. Ich habe die Gestalt seither nicht mehr gesehen.»

Die weiße Frau

Michael W. aus Franken kennt aus seinem nächsten Umfeld gleich zwei Geschichten, die mit einer weißen Frau zu tun haben. Und auch er selbst hatte kürzlich ein seltsames Erlebnis:

«Ich stand übernatürlichen Dingen stets skeptisch gegenüber und hinterfrage heute noch gerne alles. Doch hinsichtlich Geistern etc. hat sich meine Einstellung grundlegend verändert. Mein bester Freund, und späterer Trauzeuge, hat mir vor einigen Jahren ein Ereignis aus seiner frühen Jugend geschildert. Als ich es meiner Freundin (heute Frau) zu Hause erzählte, ergänzte sie es mit einem Erlebnis von sich selbst.

Vor einigen Jahren saßen mein Freund und ich zusammen im Biergarten, als wir über das Thema *Anneliese Michel* sprachen. Daraufhin erzählte er mir ein Erlebnis der besonderen Art, das ihm in frühen Jugendjahren widerfahren ist. Er war damals auf einer Feier und trank wohl einen zu viel über den Durst. Zu später Stunde schnappte er sich dann sein Moped und fuhr über die Feldwege nach Hause. An einer Stelle des Feldweges, auf freier Flur, standen ein paar Bäume und davor eine Bank. Und hier geschah es: Er fuhr mit dem Moped gerade daran vorbei, als er eine komplett weißgekleidete Frau auf der Bank ausmachte. Sie schaute traurig. Er erschrak natürlich sehr und setzte seine Heimreise schneller fort, ohne noch einmal zurückzusehen. Er schob es lange Zeit auf seinen *Rausch*, meinte, es sei vielleicht Einbildung gewesen. Er hatte sie genau vor sich sitzen sehen, nicht nur aus den Augenwinkeln. Vielleicht war es auch nur ein Mensch - doch mitten in der Nacht? Ohne Licht? Auf weiter Flur? Zu Hause erzählte ich es, wie schon erwähnt, meiner Freundin und heutigen Frau. Auch sie brach nun ihr Schweigen und erzählte ihr Erlebnis aus Kindertagen. Einmal war sie abends, es wurde schon dunkel, mit einer Freundin auf den Feldwegen unterwegs, um zu spielen. Als sie wieder Richtung Ortschaft liefen, sahen sie auf dem Acker neben sich eine weiße Frau über den Boden schweben. Sie schrien natürlich vor Schreck und eilten schnell weiter. Als sie noch einmal neben sich sahen, bemerkten sie, dass die weiße Frau ihnen folgte. Auch sie schwebte Richtung Ortschaft. Irgendwann muss sie wohl dann verschwunden sein. Heute denkt meine Frau, dass es vielleicht eine Vogelscheuche gewesen sein könnte, doch auch einen wahren Geist schließt sie nicht aus. Vogelscheuchen bewegen sich ja im Normalfall auch nicht. Man muss dazu auch sagen, dass der Heimatort meiner Frau und der meines besten Freundes nebeneinander liegen. Dazwischen sind nur Felder und Wälder. Es könnte sich also um die gleiche weiße Frau handeln. Ich selbst habe sie leider noch nie gesehen. Ich interessierte mich sehr dafür und begann, in sämtlichen Sagenbüchern, auch alten antiquarischen Werken, nach einer weißen Frau in unserer Umgebung zu suchen. Ich fand sie nur in einem Ort erwähnt, und der liegt schon zehn bis fünfzehn Minuten weiter von uns entfernt. Es gibt aber noch ein weiteres aktuelles Ereignis meines besten Freundes:

Im Sommer 2014 war er mit seiner Freundin und der Tochter im Kinderwagen unterwegs - auf den Feldwegen. Es war ein schöner Tag. Plötzlich bemerkte er im Augenwinkel gerade noch so einen schnellen Lichtball, der über den Weg und die Felder hinweg schoss. Er dachte wieder, es wäre nur Einbildung und verlor kein Wort darüber, als seine Freundin plötzlich aufschreckte und sagte: «*Was war denn das? Hast du das gesehen?*» Nun gab auch er zu, etwas gesehen zu haben. Die Tochter im Kinderwagen konnte leider noch nichts dazu sagen, sie war noch zu klein. Den Lichtball können sie sich nicht erklären. Doch Einbildung war es sicher keine.»

Hier gehen seltsame Dinge vor

Der schwarz gekleidete Mann

Sora S. fragt sich, ob es wohl eine Sage oder Geistergeschichte im Schweizer Lötschental gebe, zwischen Kippeln und Wiler, denn ihre beste Freundin hatte dort vor vielen Jahren eine unheimliche Begegnung. Hier die Aussage der Freundin:

»Stellt Euch die Gegend so vor: es ist ein Tal, ziemlich mittig davon verläuft die Hauptstraße und neben dieser Hauptstraße gibt es einen Feldweg, der sehr gut einzusehen ist. Auf der anderen Seite der Straße gibt es einen kleinen Trampelpfad, der aber nur zu Feldarbeiten genutzt wird.

Es war so gegen sechs Uhr abends, als wir von meiner Mutter losgingen. Wir kamen auf die Höhe des Schießstandes, der direkt neben der Straße ist [auf der Seite des Feldweges] und auf einmal, wie aus dem Nichts heraus, stand dieser große, in Schwarz gekleidete Mann auf dem Feldweg, unter dem Schießstand. Er war wirklich riesig, hatte einen schwarzen, langen Mantel, Stiefel, Hose und Hemd an, alles in Schwarz. Dazu diesen Hut, der sein Gesicht verdeckte. Meine Pflegemutter wurde blass, packte mich und hatte es auf einmal tierisch eilig. Straße und Feldweg laufen so ziemlich parallel zueinander und da sie schon fast lief, blieb er hinter uns. Ich verdrehte mir fast den Kopf, um zu sehen, wo der Mann blieb. Da es eine ziemlich gerade Strecke ist, sieht man den Schießstand den ganzen Weg über. Als wir auf eine Brücke über einen Bach kamen, an dem oberhalb der Straße drei große Tannen standen, war der Kerl plötzlich bei diesen Bäumen und glaubt mir, ich hätte gesehen, wenn er die Wege gewechselt hätte. […] Logischerweise musste er uns überholt haben, was er auf natürlichem Wege aber nicht gekonnt hätte, denn der Trampelpfad und der Feldweg waren, bis auf einen

kleinen Augenblick, immer einsehbar. Da meine Neugierde riesig war, ging ich mehr mit den Augen nach hinten gerichtet, als nach vorn. […]
Ich sah ihn also jetzt, keinen Steinwurf von mir entfernt, stehen. Er war so groß wie unsere Zwillinge und die sind über zwei Meter groß.
Der Hut des Mannes war so markant, ich würde ihn sofort wiedererkennen. Die breite Krempe verdeckte sein Gesicht. In mir tobte es richtig, zwischen der Angst, die meine Pflegemutter auf mich übertrug, und purer Neugierde, denn ich wollte unbedingt sein Gesicht sehen, aber sie ließ mich keine Sekunde aus ihren Händen. Meine Pflegemutter sah ich damals das einzige Mal in ihrem Leben rennen. […] Erst als wir im anderen Dorf waren, blieb sie stehen. Es hat sie einfach das nackte Grauen gepackt, als sie den Kerl sah.
Als ich sie fragte, wer das sei, schaute sie mich so komisch an und meinte, ich müsse nicht alles wissen. Später erzählte ich es meinem Opa und einem Onkel von mir, da mein Opa uns immer Geistergeschichten erzählt hat. Die beiden schauten sich gegenseitig an und dann mich. Ich bekam auf meine Frage, wer das gewesen sei, dieselbe Antwort wie von meiner Pflegemutter.»

Der schwarze Reiter

Besonders eindrucksvoll wirken Erlebnisse, die von mehreren Personen bezeugt werden können. Eine solche Geschichte erzählte mir Frau J. aus Oberfranken: «Diese Erscheinung haben schon drei Leute gesehen, nicht nur ich. Es ist ein schmales, mittelalterliches Gässchen. Auf der einen Seite war früher eine Mühle, auf der anderen Seite ein Schmied, das Haus meiner Freundin O. Wenn man in dieser Straße runterläuft, gibt es eine Stelle zwischen den Häusern, da hat man ganz oft das Gefühl, es kommt etwas hinter einem. Und wenn man sich umdreht, erscheint ein Reiter. Es ist eher wie eine Schattengestalt. Er kommt immer näher und bis nahe an die Tür meiner Freundin O. Also genauer, zwischen ihre Tür und die Nachbarstür. Und da endet es dann. Dann dreht er um und reitet zurück, ziemlich schnell, in vollem Galopp. Man hört nichts, aber man sieht ihn. Er ist auch schon mal von O.s Fenster aus zu sehen gewesen. Sein Pferd ist ziemlich groß und robust. Der Mann hat einen Mantel um, der bis zum Sattel reicht. Diese Geschichte hat aber auch einen historischen Hintergrund. Es gibt da einen Mann, der erforscht die Geschichte der Stadt und er hat z.B. schon herausgefunden, dass jemand in der Nachbarortschaft ein Verbrechen begangen habe, geflüchtet sei und sich in den Häusern in dieser Gasse versteckt habe. Der damalige Gesetzeshüter kam dann und hat den Verbrecher buchstäblich aus dem Haus gezerrt. Er muss sich wohl in einem der Häuser in der Nähe hier versteckt haben. Als der Historiker von unseren Erlebnissen hörte, war er natürlich gleich ganz erstaunt und erzählte uns die gesamte Hintergrundgeschichte dazu. Den Reiter haben, wie gesagt, schon drei Leute unabhängig voneinander gesehen, darunter O.s Freundin S., ich und noch jemand, den ich nicht kenne. Man kann nicht sagen, er tauche immer zu einer bestimmten Zeit auf, aber es muss schon richtig dunkel sein und nicht zu spät, es war immer vor Mitternacht.»

Nachts geht ein schwarzer Reiter um

Tod im Mühlbach

Frau S. erzählte mir eine sehr traurige Geschichte:
«Es gibt hier in der Stadt eine alte Mühle, vor der früher ein Bach entlangfloss und ein Mühlrad antrieb. Jetzt ist das alles längst weg. Der Bach wurde umgeleitet und die Leute haben die Stelle umgebaut. Da ist jetzt so eine Art kleiner Terrasse, die etwas erhöht ist. Von da schaut öfter mal eine alte Frau herunter. Ich habe sie schon mehrmals dort gesehen. Ich habe dann meine im Nachbarhaus lebende Freundin angesprochen und sie gefragt, warum diese alte Frau da so oft stehen würde. Sie meinte dann, da würde keine alte Frau wohnen. Da hab ich dann übrigens auch erst erfahren, dass das überhaupt eine Mühle war, das sieht man ja heute gar nicht mehr. Meine Freundin sagte dann, dass an der Stelle, von der die Frau immer nach unten schaute, früher das Mühlrad war. In den 1920er oder 30er Jahren soll beim Mühlrad mal ein kleines Mädchen reingefallen sein, eine Zweijährige. Sie ist von dem Mühlrad mitgenommen worden. Daraufhin hat man sie gesucht. Da waren noch zwei andere Mühlen in der Straße und am untersten Mühlrad haben sie sie dann tot gefunden. Und die Oma des Mädchens hätte auf sie aufpassen sollen … Vermutlich steht die alte Frau deshalb dort herum.»

Vampire sind auch nur Geister

Maria Z. hat fast ihr ganzes Leben in Deutschland verbracht, jedoch pflegt sie noch regen Kontakt mit ihrer großen Familie in Rumänien. Dort gibt es in den ländlichen Regionen noch einen Geisterglauben, der fest in der dortigen Kultur verwurzelt ist. Wie mir Maria erzählte, werden die ruhelosen Geister der Verstorbenen dort als Vampire bezeichnet, würden aber kein Blut saugen, so wie wir das aus diversen Filmen und Romanen kennen. Es handele sich quasi um Geister, die noch in ihrem irdischen Körper festsitzen und befreit werden müssen.

«Es spielte sich alles vor ca. 30 Jahren in einem kleinen Dorf namens Capalnaş in der Region Sărvăsin ab. Es liegt etwa 120 km von der Stadt Arad entfernt. Die Mutter meiner Tante war erst ein paar Jahre mit ihrem Mann verheiratet, dann ist er plötzlich gestorben. Doch was dann passierte, war eine Katastrophe! Die Leute in der Nachbarschaft glaubten, er würde noch immer umgehen und sogar die Hühner töten. Das ging etwa sechs bis sieben Monate lang, jede Nacht. Einige sagten, sie hätten ihn gesehen. Und seine Frau erzählte, er habe sie sogar nachts angefasst. Seine Seele hat keine Ruhe gefunden. Irgendwann hat die ganze Nachbarschaft beschlossen, zur Gemeinde zu gehen und ihn ausgraben zu lassen. Das haben sie dann nach einer Weile auch durchgesetzt. Als sie den Sarg ausgegraben und geöffnet hatten, lag der Leichnam nicht mehr so, wie er beerdigt worden war, sondern auf seiner Seite. Sie haben ihn dann mit einem Holzpflock mitten ins Herz gepfählt. Als der Pflock in sein Herz eindrang, gab er einen schrecklichen Schrei von sich! Es waren etwa 100 Personen, die das bezeugen können, darunter meine Mutter und meine Cousinen. Man glaubt dort noch extrem an Wiedergänger. Wenn jemand stirbt, bleibt der Leichnam drei Tage im Haus und wird rund um die Uhr bewacht. Man hängt auch Knoblauch an die Türen. Das soll die Geister vertreiben. Man fesselt die Toten an den Beinen und gibt ihnen halbierte Münzen mit in den Sarg, damit sie damit beschäftigt sind, diese zu zählen. Jedes Familienmitglied bekommt dann auch so eine Hälfte. Auch Mohn gibt man ihnen mit in den Sarg, damit sie die Mohnkörner zählen und nicht wiederkehren. Besonders die ersten sechs Wochen seien kritisch, so glaubt man dort.»

Das kalte Männlein

Maria Z. hat eine weitere Geschichte aus Rumänien zu erzählen:
«Mein Opa fuhr einmal mit der Kutsche einen Waldweg entlang. Damals hatten sie dort noch keine Autos. Man brauchte tagelang vom Dorf zur Stadt. Es war schon dämmerig, als er im Wald plötzlich einen kleinen Mann mit Glatze sah. Er war nur etwas mehr als einen Meter groß. Mein Opa hielt an und unterhielt sich mit ihm. Als mein Opa ihn zufällig berührte, fühlte er, dass der Mann eiskalt war. Er erzählte mir, er hätte selber fast gefroren, so kalt war der Mann. Daraufhin bot er ihm an, eine Decke aus der Kutsche für ihn zu holen. Doch als mein Opa mit der Decke zurückkam, war der Mann verschwunden. Beim nächsten Dorf erzählte er den Bewohnern von seiner seltsamen Begegnung und die Leute meinten, er sei nicht der Einzige, der diesen Mann gesehen habe. Das wäre schon Vielen passiert. Immer an derselben Straße und er wäre immer eiskalt gewesen und plötzlich verschwunden. Die Dorfbewohner hielten ihn für den Teufel persönlich.»

Der kleine Mann

Manuela Bauer, die uns bereits in ihrer Geschichte «Polter- oder Familiengeist?» ihre Erfahrungen berichtet hat, erlebte beim Zelten in jungen Jahren etwas Merkwürdiges:

«Ich war damals etwa neun Jahre alt und meine Cousine Nadine elf Jahre. Wir haben immer mal bei meiner Tante im Garten gezeltet. Da gerade Sommerferien waren, bot sich dies mal wieder an. Wir hatten den Schäferhund von der Schwester meiner Cousine zum Schutz mitgenommen.

Es war schon dunkel – etwa gegen 23 Uhr – als auf einmal der Hund anfing, stark zu bellen und fluchtartig das Zelt verließ. Wir lachten und machten Scherze darüber, dass der mögliche Einbrecher nun nicht nochmal kommen würde.

Ich schaute zum Eingang des Zeltes und konnte ein starkes Licht sehen. Als ich genauer hinsah, konnte ich einen knienden, kleinen Mann erkennen, der mich mit großen Augen ansah. Sein kleiner, dicklicher Körper war fast durchsichtig und er schaute freundlich. Ich erschrak und guckte meine Cousine an. Sie sah auch zum Eingang, hatte den Mund aufstehen und Tränen in den Augen. Als ich wieder zu dem Mann schaute, war er weg. Meine Cousine beschrieb ihn eins zu eins so, wie ich ihn auch gesehen hatte. Danach stritten wir uns, wer nun zuerst das Zelt verlassen solle, da wir beide nicht mehr dort bleiben wollten. Wir hatten den Hund gerufen, damit wir alle gleichzeitig das Zelt verlassen konnten. Allerdings ging er nicht mehr in die Nähe davon.»

Wahrträume / Vorahnungen / Vorboten

Vorahnungen zukünftiger Geschehnisse gehören sicher zu den häufigsten Erlebnissen. Manchmal scheint sich der *Schleier* für einen kurzen Moment zu lüften und uns einen Blick dahinter zu gewähren.

Bestimmt hat fast jeder von uns schon einmal eine kleine warnende Stimme vernommen, die uns vor einer drohenden Gefahr bewahrte. In wieweit diese Ahnungen paranormal sind, muss wohl jeder selbst entscheiden. Wahrträume sind da nicht ganz so häufig und verwirren meist mehr als sie tatsächlich warnen.

Im Folgenden lesen wir einige Berichte dieser Phänomene, die uns in Erstaunen versetzen und auch teilweise einen Schauer über den Rücken jagen.

Kann man im Traum die Zukunft sehen?

Vorahnungen und Träume

Frau Marlies Rössler aus V., Rheinlandpfalz, hatte schon seit ihrer Kindheit immer wieder Vorahnungen:

«Ich hatte schon öfter einmal Vorahnungen, die man so nicht wissen konnte. Im November waren wir mit unserer Frauengruppe unterwegs. Da sagte ich zu einer der anderen Frauen: *«Du, ich hab heut Nacht von dir geträumt.»* Sie meinte dann: *«Was denn?»*

Ich sagte ihr: *«Ich hab geträumt, dass du im Oktober nächsten Jahres ein Kind bekommst.»*

Aber sie hatte schon drei Kinder und es waren auch keine Weiteren mehr geplant. Sie meinte dann: *«Du spinnst!»*

Etwa ein Jahr später, am 13. Oktober, kam dann ihr Sohn auf die Welt.

Auch bei der Kindergärtnerin meiner Tochter war es ähnlich. Sie war schwanger und ich sagte zu ihr: *«Ich hab geträumt, du bekommst Zwillinge.»* Vier Wochen später kam sie zu mir und bestätigte es mir.

Einmal bin ich wach geworden und habe zu meiner Mutter am Frühstückstisch gesagt: *«Du, heut Nacht ist irgendwas Schlimmes passiert.»* Sie fragte mich dann: *«Warum?»*

Ich antwortete: *«Meine Gläser auf dem Schrank sind zusammengeschlagen.»*

Eine halbe Stunde später rief das Krankenhaus an und sie sagten mir, meine Oma sei genau zu dem Zeitpunkt gestorben. Auch von meiner Freundin hab ich geträumt und wusste, da ist etwas ganz Schlimmes passiert. In dieser Nacht hat sie ihr Baby verloren und genau ein Jahr später, auf den Tag genau, noch ein Zweites. Das sind so Sachen, bei denen ich sage, da ist schon was zwischen Himmel und Erde. Aber man kann es einfach nicht fassen.

Schon als Kind hatte ich das. Meine Schwester fragte mich damals, was sie zu Weihnachten bekommen würde und ich sagte, ein Fahrrad. Sie bekam auch ein Fahrrad. Meine Mutter meinte dann, das hat wirklich niemand wissen können. Manchmal rede ich einfach, bevor ich denke und da kommen dann auch so Wahrheiten raus. Die Leute sagen dann zu mir *«Was war das denn wieder?»*

Mein Mann sagt, ich sei früher eine Hexe gewesen.» [lacht]

Warnender Traum

Herr Michael W. aus Franken, der uns hier auch seine Geschichte über «Die weiße Frau» erzählt hat, erlebte kürzlich noch etwas Aufwühlendes:
«Ich wollte es erst gar nicht schreiben, da es ja nicht direkt etwas mit Geistern zu tun hat. [...] Der Ort, in dem wir wohnen, liegt auf einer Anhöhe. Die Hauptstraße führt den Berg hinab, durch einen Wald in den nächsten Ort. Und genau diese Straße fuhren meine Frau und ich in einem meiner Träume hinab. Im Traum saß ich am Steuer, es war Nacht. Plötzlich machte ich im Blickwinkel eine weiß-leuchtende Gestalt am rechten Straßenrand aus. Im selben Moment verriss sich mein Lenkrad und wir hatten einen Unfall. Diesen bekam ich nicht mehr mit, ich wachte vorher aus diesem Traum auf. Da ich ein eifriger Tagebuchschreiber bin, schreibe ich auch meine Träume nieder - ich bin mir sicher, auch diesen Traum niedergeschrieben zu haben, jedoch finde ich die Seite nicht mehr. Sah ich womöglich die weiße Frau im Traum? Oder steckt da etwas anderes dahinter [...]?
Es vergingen einige Monate. Es war ein schöner Tag, und ich beschloss, zu wandern. Ich lief also die Straße, den besagten Berg, hinab, als ich meinen Blick nach rechts drehte. Es war, als riefe mich etwas. Ich vernahm aber keine Stimme. Ein seltsames Gefühl! Am Straßenrand sah ich nun einen alten, hohlen, fast morschen Baumstamm aufragen. Ich fahre Tag für Tag diese Straße nach Hause, doch der Baum fiel mir noch nie so richtig auf. Ich schaute mir den Baum diesmal nur kurz an, lief weiter, und hatte ihn während der Wanderung bald vergessen. Heimwärts führte mich der Weg aber wieder den Berg hinauf. Und wieder überkam mich dieses merkwürdige Gefühl, als ob mich etwas riefe. Und automatisch wanderte der Blick wieder zu diesem Baum. Ich machte mir nichts aus diesem Ereignis, bis zwei Tage später etwas geschah.

Ich hatte eine mehrstündige Fahrt hinter mir und freute mich auf zu Hause, wo ich ja schon fast wieder war. Am Berg kam ich schließlich mit dem Auto von der Straße ab, landete im Bankett, schleuderte auf die linke Straßenseite, wo das Auto in den Hang am Graben aufschlug und als Totalschaden liegenblieb. Ich war einem Reh ausgewichen. Erst später dachte ich genauer über diesen Unfall nach. Unfälle passieren nun einmal, [...] aber es passierte ca. 50 Meter entfernt von diesem Baum. Und nun fiel mir auch der Traum wieder ein, der schon so lange zurücklag. Die leuchtende Gestalt im Traum muss etwa an derselben Stelle gestanden haben wie der Baum. Ich hatte mir genau dort einen Unfall er(alb)träumt. War das eine Vorahnung? War das *Rufen* des Baumes zwei Tage vorher, während meiner Wanderung, eine Warnung? Mein Gedanke war: Naturgeister! Aber wie gesagt, ist dies nur ein Gedanke. Vielleicht auch nur eine Spinnerei? Der Unfall ereignete sich am 01. März 2015, es ist noch nicht so lange her. [...] Vielleicht war es die besagte weiße Frau aus unserer Gegend [...]? Ich bezeuge es auf jeden Fall mit allen Fasern meines Seins, dass nichts aus diesem Bericht erfunden oder kopiert ist. Und auch wenn es ja keinen Beleg für meinen Naturgeist gibt, so lege ich nun trotzdem öfter, wenn ich an diesem Baum vorbeikomme, eine Blume, einen Tannenzweig (Immergrün = Leben) oder Ähnliches nieder. Ich glaube, das bin ich der Natur schuldig.»

Seltsamer Zufall

Wir haben manchmal doch sehr seltsame Träume und wenn kurze Zeit später etwas Ähnliches tatsächlich passiert, jagt uns das natürlicherweise einen gewaltigen Schrecken ein. So war es auch bei Frau Nicole H.:
«Mir ist vor Weihnachten [2014] etwas Komisches passiert. [...] Ich habe ein paar Tage vor Weihnachten einen Traum gehabt, in dem es darum ging, dass jemand sterben würde. Ich wusste aber nicht wer. Nun ist am 28.12.14 meine Tante ganz plötzlich und unerwartet verstorben. Ich bin total verwirrt und habe nun auch etwas Angst. Vielleicht war es ja nur Zufall?»

Der Wahrtraum

Marco L., der uns bereits die Geschichte über die «Neugierige Schattengestalt» berichtet hat, erlebte einst einen weiteren unerklärlichen Vorfall:
«Als ich noch ein Teenager war, saß ich am Nachmittag auf dem Sofa im Wohnzimmer und schaute fern.
Es kamen gerade die Nachrichten, in denen über eine Überschwemmungskatastrophe in Bangladesh berichtet wurde. In diesem Moment erinnerte ich mich an einen Traum, den ich kurz zuvor gehabt hatte. In diesem sehr deutlichen Traum saß ich genauso auf dem Sofa und sah auch genau das, worüber dann später berichtet wurde. Wirklich jedes Detail stimmte überein. Ich kannte also die Bilder der Überschwemmung, bevor sie im Fern-sehen gezeigt wurden. […] Das war in fast 50 Jahren der einzige Traum dieser Art.»

Der siebte Sinn

Hans Brunke aus Nordrhein-Westfalen glaubt, er hatte einen Schutzengel, der ihn vor einem schlimmen Unfall bewahrte. Oder war es eine Vorahnung? «Es ist Jahre her. Zur Erntezeit wollte ich einen Traktor mit zwei Anhängern überholen. Ich hatte gerade zum Überholen angesetzt (es war eine lang gezogene Linkskurve und ausreichend Sicht zum Überholen), da habe ich gemerkt, wie mir jemand von hinten an die Schulter fasst und sagt, ich hätte doch Zeit. Also habe ich mich wieder hinter den Traktor gesetzt. Ein paar Sekunden später kam ein Motorrad mit einem Affenzahn auf der Gegenspur angerast. Es war also entweder ein Schutzengel oder der berühmte siebte Sinn.
»

Erschreckende Vorboten

Renate aus der Nähe von Passau, die uns in diesem Buch bereits die Geschichten «Der Gläserschreck» und «Abschiedsgrüße» berichtet hat, erzählt von besonders unheimlichen Vorboten, die sie scheinbar vor schlimmen Ereignissen warnen wollen:

«Mittlerweile wohnen wir in einem neuen Bauernhaus, nicht weit von Fürsteneck. Im Stall höre ich immer wieder Stimmen und sehe Schattengestalten. Ich kann kein Gesicht erkennen, es ist als ob sie Kapuzen aufhätten. Ich höre sie raunen und flüstern, doch verstehe ich nicht, was sie sagen. Die Gestalten sind grau und durchsichtig. Manchmal ist es nur einer, manchmal auch mehrere. Sie sind teilweise täglich da, dann wieder längere Zeit nicht. Ich sehe sie aber immer nur dann, wenn etwas Schlimmes passieren wird. Es gibt unter den Gestalten auch eine weiße. Wenn diese erscheint, weiß ich sicher, dass ganz kurz darauf etwas richtig Schlimmes passieren wird. Das war bisher jedes Mal so. [...] Es ist fast so, als ob sie mich davor warnen wollten. Ich hab zwar keine Angst vor den grauen Gestalten, aber sehr wohl vor der weißen. Schon bevor wir in das Bauernhaus gezogen sind, nahm ich ähnliche Dinge wahr, aber nie so intensiv. Als vor Jahren meine Mutter ganz unerwartet verstorben ist - ich war damals erst 19 Jahre alt - hatte ich das Gefühl, es käme etwas Fürchterliches auf mich zu, wie eine schwarze Wolke, die sich über mich senke. Aber damals habe ich weder Gestalten gesehen noch Stimmen gehört. Das ist erst so, seit wir in das Bauernhaus gezogen sind. Was früher an der Stelle des Hauses war, wissen wir nicht.»

Schutzengel im Einsatz

Markus Bauer aus Oberbayern hatte offenbar einen Schutzengel, der ihn bei der Autofahrt vor dem Schlimmsten bewahrte:
«Ich fuhr bei Dämmerung eine unbekannte Landstraße durch ein Waldstück entlang. Ich war völlig in Gedanken, hatte die Zigarette in der Hand. Da ging plötzlich meine Musikanlage aus. Ich hörte dann hinter mir von der Rücksitzbank jemanden bestimmend in mein Ohr flüstern «brems!» Sofort stieg ich auf die Bremsen und kam zum Stillstand. Nachdem ich zum Stehen gekommen war, lief 50 Meter vor mir eine Horde Wildschweine über die Fahrbahn.
Die Stimme kannte ich nicht. Ich weiß nicht, wer es war. Aber seitdem hoffe ich, irgendwann mal wieder diese Stimme zu hören.»

Warnungen

Frau Rabbe und Frau Schröder haben uns bereits ihre Erlebnisse in «Geburtstagsgrüße aus dem Jenseits» und «Unsichtbare Hausbesetzer» erzählt. Doch es gibt noch mehr zu berichten:

«Am 5.8.1997 saßen Mama und ich abends im Wohnzimmer. Mama war sehr nervös, weil Papa am nächsten Morgen am Herzen operiert werden sollte. Gegen halb 10 Uhr (draußen war es noch hell), hörten wir am Fenster einen lauten Knall, so als ob man einen Schlüsselbund gegen das Fenster geworfen hätte. Wir erschraken uns, da wir nichts gesehen hatten, was das Geräusch hätte verursachen können. Auch als wir draußen nachguckten, konnten wir nichts entdecken. Daraufhin gingen wir bald schlafen.

Am nächsten Morgen wachte Mama früh um sechs Uhr auf, da sie vor Nervosität nicht mehr schlafen konnte. Sie wusste, dass sie Papa ab sieben Uhr operieren würden. Also setze sie sich ins Wohnzimmer und fing an zu beten. Nach etwa zehn Minuten begann sie dann zu lesen, doch plötzlich hörte sie wieder dasselbe Geräusch wie am Abend zuvor, so als ob jemand einen großen Schlüsselbund gegen das Fenster geworfen hätte. Sie erschrak sehr und dachte, dass es vielleicht besser wäre, wenn sie weiter beten würde. Nach einiger Zeit hörte sie wieder mit dem Beten auf. Mit ein wenig Angst fing sie wieder an, zu lesen. Und wieder war dieser rätselhafte Knall zu hören. Sie dachte, dass das ein Zeichen sei. Sie solle wohl lieber beten, da das vielleicht bei so einer schweren Operation helfen könne. Also betete sie wieder.

Gegen elf Uhr wurde sie aus dem Krankenhaus angerufen, dass die Operation gut verlaufen sei.

Dazu gibt es ein ähnliches Vorkommnis, welches bereits viel früher stattgefunden hat, ca. 1964:

Eines Morgens erzählten die Großeltern von Mama, dass sie nachts von einem Geräusch aufgewacht sind, als ob jemand einen großen Schlüsselbund gegen das Fenster geschmissen hätte. Sie konnten sich das Geräusch nicht erklären.
Am nächsten Tag bekamen sie ein Telegramm, dass die Nichte von Mamas Großvater (Tante O.) in dieser Nacht Selbstmord begangen hatte.
Im Juli 2001 feierten Mama und Papa ihren 50. Geburtstag. Wir hatten viele Gäste und meine Freundin A. half uns aus. Als es bereits Nacht war, lagen A. und ich im Bett und waren gerade am Einschlafen, es muss so gegen drei Uhr gewesen sein, als ich im Halbschlaf hörte, wie jemand mit den Fingernägel an der Tür wischen würde. Ich fragte A., ob sie das auch höre und sie bejahte es. Am nächsten Morgen erzählte ich es Mama und sie sagte, dass sie zur gleichen Zeit ein Geräusch gehört hatte, als ob jemand ein Glas auf die Fensterbank gestellt hätte. Meine Oma, die ebenfalls zu Besuch war, erzählte, dass sie auch zur gleichen Zeit gehört habe, wie jemand an ihre Tür klopfe. Als mein Bruder D. später wach wurde (er arbeitete als DJ in einer Disco und war deswegen nachts oft unterwegs), erzählte er, dass er in der Nacht einen leichten Unfall gehabt habe. Ich fragte ihn, ob es gegen drei Uhr gewesen sei, und er bejahte.
Mein Opa erzählte einmal, dass er LKW fahren musste. Er war bereits sehr müde, da er die Nacht zuvor nicht schlafen konnte. Als er am Ziel angekommen war, sagten sie ihm, dass er eine weitere Tour machen müsse. Völlig übermüdet fuhr er los und verfiel in einen Sekundenschlaf. Er wurde wach, als er die Stimme seines verstorbenen Vaters hörte, die *«Junge! Pass auf!»* rief.» Waren es Vorahnungen, ein besorgter Hausgeist oder gar Schutzengel?

Todesboten

Joana Noske arbeitet als Krankenschwester und erlebte während einer ihrer Nachtschichten etwas, das sie bis heute ängstigt.

«Als ich noch Schwesternschülerin war, erzählte mir meine damalige Anleiterin, sie habe von einigen Patienten gehört, dass sie einen schwarzen Hund durch die Zimmer schleichen gesehen haben. Obwohl ich auch früher schon mit Übernatürlichem zu tun gehabt hatte, belächelte ich ihre Geschichte. Bis zu dem Tag nach meinem Examen, an dem ich eine meiner ersten Nachtschichten hatte. Ich war ganz alleine. Es schien eine ruhige Nacht zu werden, obwohl sich dies ja auch schnell ändern kann. Jedenfalls hörte ich plötzlich ein Tippeln, so als ob jemand, oder besser etwas, den Gang entlang laufen würde. Ich schaute also den Flur entlang, aber es war nichts zu sehen. Ich lächelte in mich hinein und schämte mich fast für meine Einbildung.

Ich stellte gerade die Medikamente für den nächsten Tag zusammen und war völlig vertieft in meine Arbeit, als ich mir sicher war, einen Schatten am Stationszimmer vorbeigehen zu sehen. Es ist zwar ungewöhnlich, dass nachts noch Besucher kommen oder Ärzte (meist nur auf Ruf), aber auch zu diesem Zeitpunkt schüttelte ich jeden unheimlichen Gedanken ab. Gegen drei Uhr nachts, während meiner üblichen Runde, sah ich plötzlich, wie etwas in das Einzelzimmer eines Patienten huschte. Es sah wie ein buschiger Schwanz aus. Ich dachte, ich sei nur müde und meine Phantasie habe mir einen Streich gespielt. Ich ging vorsichtig in genau dieses Zimmer. Nichts. Völlige Ruhe.

Ich ging leise zu dem Patienten. Er schien zu schlafen, doch als ich wieder hinausgehen wollte, fragte er mich, ob ich auch den schwarzen Hund gesehen habe.

Ein kalter Schauer überkam mich - auch jetzt noch, wenn ich diese Worte schreibe! Als ich am nächsten Abend zur Nachtschicht kam, war der Patient verstorben.»

Dämonen, Flüche, Phänomene

Es gibt noch eine Vielzahl an weiteren Erlebnissen, die uns zunächst unfassbar und erschreckend erscheinen. Auch im deutschen Sprachraum gibt es Geschichten über Dämonen oder Besessenheit, man trifft auf mysteriöse Wesen und manchmal wird sogar Voodoo praktiziert. Im Folgenden berichten uns einige Personen von ihren seltsamsten Erlebnissen.

Magie und Voodoo werden noch immer praktiziert

Doppelgänger

Eva berichtet von einem Doppelgängerphänomen, das eine Freundin vor einiger Zeit erlebt hat:
«Meine Freundin hat mir erzählt, dass ihre kleine Schwester mit ihrer Oma damals auf dem Balkon war. Es war gegen zwei Uhr nachmittags. Die Oma und die Schwester sahen von ihrem Platz auf dem Balkon die Mutter den Berg in Richtung Haus heruntergehen und die Oma rief ihren Mann, damit er für die Mutter die Haustüre aufsperren solle. Das tat er dann auch, doch niemand kam. Ein paar Minuten später riefen sie die Mutter meiner Freundin an, aber diese meinte, sie sei noch in der Arbeit. Meine Freundin schwört, dass ihre Oma und ihre kleine Schwester ihre Mama den Berg runtergehen gesehen hätten. Keine Ahnung was das war.»

Voodoo

Frau Kathrin P. versuchte sich unlängst an einem Voodoo-Ritual, das Folgen hatte:

«Bei meiner besten Freundin und Nachbarin geschehen immer wieder komische Sachen. Sie erzählt oft, dass ihr Fernseher nachts von alleine angeht. Auch knurrt ihr Hund oft in eine Ecke des Wohnzimmers. Hier oben ist aber niemand gestorben, weder bei ihr noch bei uns. Auch hört sie nachts Geräusche, Schritte und ihr Hund schlägt an. Dann war eine Zeitlang Ruhe. Wir haben bei ihr vor nicht allzu langer Zeit ein Voodoo- Ritual durchgeführt. Ich sollte für sie jemanden verfluchen, mittels einer Voodoopuppe. Da ich mich mit sowas laienhaft beschäftige und auch daran glaube, half ich ihr. Ich hatte mir irgendein Ritual von so einer Internetseite geholt. Das Ritual war mit Blut (nicht meins, hatte vom Auftauen des Fleisches für die Hunde ein wenig Blut genommen), Foto und Haar der Person, etc. Dieser Person ist kurz darauf tatsächlich auch etwas widerfahren und zwar wurde sie bei einem Unfall verletzt. Jedenfalls ist jetzt der *Mitbewohner*, wie wir ihn nennen, wieder da. Meine Freundin sagt, seitdem passiert auch mehr. Und ich habe seit dem Voodoo-Ritual Glück im Leben. Ich habe z.B. einen neuen und besseren Job. Doch bei uns daheim beginnt es jetzt auch langsam. Es fallen nachts Sachen um und ich fange an, im Dunklen Dinge zu sehen und ich fühle mich manchmal beobachtet und bekomme Gänsehaut. Ich frage mich, ob ich da irgendwas geholt habe? Es scheint jedenfalls nicht gefährlich zu sein. Meine Freundin hat zumindest keine Angst und redet sogar spaßeshalber mit *ihm*. Ich weiß gar nicht, was ich glauben soll.»

Der Fernseher

Herr Grego P. berichtet von einem ungewöhnlichen Vorfall in einer Mietwohnung. «Es war vor etwa sieben Jahren, ich war damals dreizehn. In der Wohnung, in die ich mit meiner Familie eingezogen bin, lebten vorher Ägypter. Überall sollen kleine Statuen gestanden haben und jede davon wurde angebetet und gepriesen. Frei wurde die Wohnung schließlich, weil die Familie einen Einbruch gemeldet hatte. Es war alles sehr mysteriös. Auf jeden Fall zogen sie kurz darauf aus und wir ein. Ab da passierte wirklich sehr viel komisches Zeug. Ich wollte vorher nie an Geister und Dämonen glauben, einfach um weniger Stress im Leben zu haben, aber genau diese Leute trifft's dann wohl. Die beste Story dieser Geschehnisse, ereignete sich, als ich einmal ganz normal ferngesehen habe. Plötzlich wechselte der Fernseher auf einen Sender, auf dem nur Schwarz-Weiß angezeigt wurde. Ich dachte mir nur, «*Was soll das?*» und versuchte, zurückzuschalten, aber es ging nicht. Na ja, dann machte ich ihn aus. Doch er ging von selbst wieder an! Ich dachte mir «*OK, vielleicht ist etwas beim Transport schiefgegangen*», ich machte ihn also wieder aus – und er ging wieder an. Noch recht tapfer, stand ich auf und schaltete ihn am Knopf vorne aus. Gerade wollte ich raus aus dem Zimmer, als er wieder von selbst anging. So suspekt mir das auch war, entschied ich mich dann dazu, mal auf das graue Bild zu starren. Ich sah dabei hin und wieder etwas, das ich nicht genau definieren konnte, also zog ich den Stromstecker und der Fernseher ging abrupt aus. Doch plötzlich fing er an zu surren und ging wieder an! Dann bin ich in Panik aus der Wohnung gelaufen …»

Die mysteriöse Gestalt

Herr Thomas Denk, der sich selbst als Medium bezeichnet und den wir bereits aus der Geschichte *Nächtliches Grauen* kennen, hatte seit 1983 immer wieder erstaunliche Erlebnisse:

«Als ich noch ein Kind war, etwa drei Jahre alt, hatten wir einmal Besuch. Es war bereits Abend und sehr dunkel. Ich ging in mein Zimmer, um etwas zum Spielen zu holen, doch da stand plötzlich eine schwarze Gestalt. [...] Sie hob mich hoch und ich spürte ein Brennen auf meinem linken Knie. Sie ging mit mir zum Bett, legte mich nieder und deckte mich zu. Die Gestalt blieb so lange in meinem Zimmer, bis ich endlich vor lauter Angst eingeschlafen war.

Ich habe seitdem immer wieder Sachen gesehen und gespürt. Leider bekam ich viele Jahre später einen Gehirntumor, der aber zum Glück gutartig war. Im Jahre 2004 habe ich die Gestalt aus meiner Kindheit dann wiedergesehen. Sie fragte mich, ob ich so weit wäre, dass ich mitkäme. Ich sagte nein. Seitdem ist es immer seltener, dass ich etwas sehe.

Kurz nach dem zweiten Besuch 2004 hatte ich die jährliche Kontrolle im MR. Da war mein Tumor plötzlich weg.»

Im Winter 2013 trug sich das nächste Erlebnis zu:

«Ich lag im Bett und schlief. Da hörte ich plötzlich etwas im Vorzimmer. Ich machte die Augen auf und sah etwas Schwarzes beim Fernseher stehen. Ich drehte mich um und schlug auf den Lichtschalter, aber das Licht ging nicht. Dann spürte ich, wie etwas meine Beine festhielt und wie etwas unter der Decke langsam zu mir hochkroch. Ich hatte Angst [...]. Ich riss mich los und schlug nochmal auf den Schalter. Nun ging das Licht an und es war weg.»

Unheimliche Nachricht

Es passieren viel öfter ungewöhnliche Dinge, als wir zunächst annehmen würden. Auch alltägliche Geräte, wie z.B. Anrufbeantworter, können dabei involviert sein. Herr Marcus G. hatte ein solches Erlebnis:
«Meine Frau hat zu Hause bei uns angerufen. Ich war wegen Frühschicht im Bett und hab den Anruf verschlafen. Sie befand sich während des Anrufs in ihrem fahrenden Auto. Als ich dann später unseren digitalen AB abgerufen habe, lief es mir eiskalt den Rücken herunter, weil ich nicht mit einer zweiten Stimme auf dem Band gerechnet hatte. Diese sagte klar und verständlich «Death».
Hier muss sogar ich als Skeptiker und Nichtgläubiger zugeben, dass es sich bei der Aufnahme scheinbar um ein echtes EVP [elektronisches Stimmenphänomen] handelte.»

Besuch vom Schutzengel

Doch es sind nicht nur Anrufbeantworter, durch die manchmal seltsame Stimmen zu dringen scheinen. Frau R. hatte kürzlich ein ähnliches Erlebnis, als sie eine fremde Stimme durch das Babyphone hörte:

«In den frühen Morgenstunden des 22. Dezembers 2014 hörte ich meinen 18 Monate alten Sohn durch das Babyphone jammern. Ich lauschte kurz, ob er sich wieder beruhigen würde, denn manchmal schlief er sofort wieder ein. Als ich so lauschte, hörte ich nicht nur meinen Sohn, sondern auch eine tiefe Männerstimme, die beruhigend auf ihn einredete.

Mein Kleiner wurde auch tatsächlich ruhiger. Sofort kam mir der Gedanke, mein Mann sei schon zu ihm gegangen. Da dieser normalerweise aber einen festen Schlaf hat und das Babyphone bei mir stand, wurde ich neugierig und ging trotzdem nachsehen.

Als ich ins Babyzimmer kam, war niemand anderes da. Mein kleiner Sohn allerdings musste sich gerade übergeben. Es war der Anfang einer Magen-Darm-Grippe. Ich hätte das wohl nicht so schnell gemerkt, wenn ich nicht diese fremde Stimme gehört und nachgesehen hätte.

Als ich kurz darauf nach meinem Mann sah, schlief dieser tief und fest. Er meinte später, er sei die ganze Nacht im Bett gewesen. Ich verbrachte den Rest dieser Nacht an der Seite meines kranken Sohnes. Woher die Männerstimme gekommen war, die ich gleichzeitig mit der Stimme meines Sohnes gehört hatte, kann ich mir nicht erklären.

Wäre es eine Kontamination von einem anderen Babyphone in der Nachbarschaft gewesen, dann hätte man wohl nicht auch die Stimme meines Sohnes gleichzeitig hören können. Zudem wohnen wir am Rande eines Industriegebietes und es gibt in der Nähe keine anderen Kinder. Vielleicht hatter er ja einen Schutzengel?»

Hatte der kleine Junge einen Schutzengel?

Das Medium

Frau Renate Engel teilt mit uns ein weiteres erstaunliches Erlebnis, das sie vor einigen Jahren hatte:

«Ehe ich die folgenden Geschehnisse, die ich selbst erlebt habe, zu Papier bringe, ist es unbedingt nötig, dass ich vorab (des besseren Verständnisses wegen) dem interessierten Leser von der etwas komplizierten Geschichte meiner Familie berichte. Ich bin bereit, jederzeit vor einem Notar an Eides statt zu versichern, dass Einzelheiten unserer Familiengeschichte bis zum Zeitpunkt jener denkwürdigen Ereignisse nur meiner Schwester in Kiel bekannt waren und sonst nur noch einigen Verwandten in Süd- und Ostdeutschland. Des Weiteren versichere ich, dass alles der Realität entspricht und ich nichts dazu gefügt oder verändert habe.

Ich entstamme einer gemischten Familie, unsere väterliche Linie stammt aus dem damaligen Tilsit in Ostpreußen, meine Mutter, Jahrgang 1915, stammt aus Schleswig-Holstein, Kreis Dithmarschen. Mein Vater (Jahrgang 1902) war der älteste Sohn eines Eisenbahners. Er hatte noch sechs jüngere Geschwister. Natürlich wurde er im 2. Weltkrieg eingezogen und als Soldat an die Ostfront geschickt. Er geriet in russische Kriegsgefangenschaft und kam erst - geschwächt und bis zum Skelett abgemagert - 1949 nach Deutschland zurück.

Während er sich noch in russischer Kriegsgefangenschaft befand, musste seine erste Frau mit ihren zwei Kindern, meiner Halbschwester (Jahrgang 1932, damals 13 Jahre alt) und meinem Halbbrüderchen (Jahrgang 1935, damals 10 Jahre alt) und der Oma aus Ostpreußen fliehen. Sie wurden aufgehalten, gefangengenommen und landeten in einem Internierungslager. Dort brach Typhus aus. Die erste Frau meines Vaters, unsere Oma und mein

kleines Brüderchen schafften es nicht. Sie starben 1945 alle drei an Typhus und wurden dort in der Nähe des Lagers im Osten verscharrt.
Meine Schwester irrte als Kind weiter herum und wurde schließlich nach abenteuerlichen Irrwegen über den Suchdienst des Roten Kreuzes in Schleswig-Holstein, das damals Hunderttausende von Ostflüchtlingen aufgenommen hatte, 1950 mit meinem Vater wieder vereint. Mein Vater fand dann eine Stelle in Kiel und lernte 1952 meine Mutter kennen. Es folgte alsbald die Heirat mit meiner Mutter und 1955 erblickte ich das Licht der Welt. Meine Eltern haben eine Muster-Ehe geführt und sich sehr geliebt. Allerdings wurde mein Vater 1958 krank und starb kurz darauf an einer Lungenembolie. Man sagte, er habe sich sehr gequält. Ich war damals gerade mal drei Jahre alt. Für meine Mutter brach eine Welt zusammen. Sie hat nie wieder geheiratet. Im Jahre 2008 ist sie schließlich gestorben. Sie war bis zu ihrem Ende eine kleine (1,59 Meter) grazile weißhaarige Frau, eine Dame, blitzgescheit und eine Kämpfer-Natur. Manchmal hat sie mir aber auch ganz schön zugesetzt, wenn ihr etwas nicht passte. Am Abend vor ihrem Tod soll sie mit meiner Schwester noch hitzig über Politik debattiert haben! Leider war ich in ihrer unerwarteten Todesstunde weit weg verreist, und so machte ich mir schwere Vorwürfe, dass ich nicht bei ihr gewesen war als sie starb. Auch andere Mitglieder unserer Familie, die aus Ostpreußen stammten, wurden durch die Wirren des 2. Weltkrieges durcheinandergewürfelt. Meinen erklärten Lieblings-Cousin, Hans Sch., der Sohn der ältesten Schwester meines Vaters, hatte es nach Bayern verschlagen. Dort hatte er eine Familie gegründet und sein Leben verbracht. Er war ein sehr großer, stattlicher Mann gewesen, fast ein Riese. Im Jahre 2002 ist er dann leider auch plötzlich und viel zu früh in einem Krankenhaus in München an einer Lungenembolie gestorben. Soweit die Chronik unserer weitverzweigten Flüchtlingsfamilie.

Im Jahre 2007, als meine liebe Mutter noch bei mir wohnte, hatte ihre Ex-Chefin aus Kiel es scheinbar für angebracht gehalten, meine Mutter von ihrem eigenen Ableben zu unterrichten, und als *Telefonleitung* ausgerechnet mich dafür ausgesucht. [siehe auch: Die Stimme]. Da ich keine logische Erklärung für diese Vorkommnisse finden konnte, grübelte ich ständig darüber nach. Die Naturwissenschaftlerin in mir wollte Antworten. Meine Neugier für diese Materie war geweckt und ich wollte jetzt mehr wissen, wenn möglich alles.

Eines Tages rief eine liebe Freundin bei mir an und erzählte, dass sie zu einem Vortrag gehen wolle, den ein sehr bekanntes Medium halten würde. Eine Bekannte würde dafür in ihrer Villa einen größeren Raum zur Verfügung stellen. «Hast Du Lust, mitzukommen, der Vortrag heißt *Grüße aus dem Jenseits*?»

«Und ob!» jubelte ich. «Megaspannend!»

«Ich war schon mal da», meinte meine Freundin Brigitte, «Für mich war aber niemand von *Drüben* gekommen. War aber trotzdem interessant.»

«Ist mir wurscht, ich will mir das unbedingt mal ansehen», meinte ich mit beschwörender Stimme.

Am Abend des Vortrages holte ich Brigittchen mit dem Auto ab und wir machten uns in die Kleinstadt im Norden Schleswig-Holsteins auf, in der unser Kontakt mit 'dem Land der Schatten' nun stattfinden sollte. Angst hatte ich gar nicht, aber ich war doch etwas aufgeregt. Wir kamen alsbald zu einem wunderschönen, großen Haus, wo wir freundlich empfangen wurden. Der Vortragsraum war fast ein kleiner Saal mit großen Fenstern und Blick in einen schönen Garten. Es herrschte eine sehr angenehme, freundliche und entspannte Atmosphäre, es gab helle Möbel und Blumen. Vorn, vor den großen Fenstern, standen zwei Stühle und ein Tischchen mit Wasserkaraffe und zwei Gläsern. Dieses Szenario hatte nichts gemein mit düsterer Geisterbeschwörung, Gläser-Rücken, Ouija-Brett oder Ähnlichem. Hier war alles hell, nett und Vertrauen einflößend. Es waren Sitzreihen für ca. 25–30 Personen vorhanden. Sie waren bis auf den letzten Platz mit Personen beiderlei Geschlechtes und unterschiedlichsten Alters besetzt. In der Mitte gab es einen Gang. Die Leute im Saal redeten alle durcheinander, lachten, witzelten, entspannt, angeregt und erwartungsvoll. Brigitte und ich saßen in der ersten Reihe. Und nun kam er, das Medium, mit seinem Synchron-Dolmetscher und ging nach vorn.

Er ist kein Deutscher, hat auch seinen ständigen Wohnsitz im Ausland. Aber da ich selbst mehrsprachig bin, verstand ich ihn in seiner Muttersprache genauso gut, wie in der perfekten deutschen Synchron-Übersetzung. Er, das ist ein schlichter, praktisch altersloser, Mann mit rosigen Wangen, und dem warmherzigsten, strahlenden Lächeln, das ich je bei einem Mann gesehen habe, was ihn – mindesten für mich - sehr anziehend machte.

Als Erstes begrüßte er uns und stellte fest, dass eine sehr große Anzahl von Personen zum allerersten Mal im Saal anwesend war. Zwei Drittel der Leute nickten heftig und hoben den Arm. Auch ich meldete mich. Dann betonte das Medium, dass er es nicht beeinflussen könne, ob und welche Geister zu welchem der anwesenden Besucher kommen. Das läge allein an den Entscheidungen der Seelen von *Drüben*. Manche von ihnen könne er sehen, manche nur hören, manche auch fühlen, manche treten ihm zum Beispiel auf die Füße. Alles lachte. Weiter führte er aus, dass wir keine Angst haben müssten, die Geister, die sich hier einfinden würden, kämen nicht in böser Absicht sondern aus Liebe zu uns und, weil sie uns etwas mitteilen wollten. Dann wurde es still im Saal.

Plötzlich und als Erstes ging er auf Brigitte zu und fing an, ihr Dinge von Ihrem Großvater (1.Weltkrieg) und in allen Einzelheiten von ihrem Vater zu

erzählen. Brigitte war völlig platt. Ihrem atemlosen Nicken konnte ich entnehmen, dass das Medium mit dem, was er ihr sagte, richtig lag. Zum Schluss fragte er sie noch: «Gab es in Deiner Familie einen kleinen Hund?»
«Nein», meinte Brigitte ratlos, «aber immer Katzen. »
«Komisch», sagte das Medium, «mir bellt hier immer ein kleiner Hund ins Ohr, versteh ich nicht…»
Dann kam das Medium zu meiner Überraschung auf mich zu und sagte: «Deine Mutter ist hier!» Auf meine fragenden Blicke fuhr er fort: «Sie ist noch gar nicht so lange tot, nicht wahr? Erst ein paar Jahre. Sie steht dort neben dir. Sie ist eine kleine, grazile Frau mit weißem, welligem Haar, blitzgescheit, eine große Dame.» Ich war verblüfft. (Ich selbst bin alles andere als klein und grazil.) «Sie möchte dir etwas sagen», führte das Medium weiter aus, «dass sie dir danken möchte, dafür, dass du die letzten Jahre ihres Lebens so schön gestaltet hast. Und sie sagt, dass es ihr Leid tut, dass ihr den einen oder anderen Konflikt hattet. Sie hat es nicht so gemeint. Und weiter sagt sie, du sollst dir bitte keine Vorwürfe machen, dass du nicht in Deutschland sein konntest, als sie gestorben ist.»
Brigitte steckte mir nun ein Tempo-Taschentuch zu. Ich konnte es brauchen. Aber das Medium fuhr lächelnd fort, mir zu erzählen: «Ich soll dir von deiner Mutter ausrichten, sie sei nicht allein gewesen, als sie gestorben sei. Sie sei abgeholt worden, von einem Mann, der schon 50 Jahre auf sie gewartet habe.» (Der Rechner in meinem Kopf machte 2008-50= 1958 = Todesjahr meines Vaters.)
«Mein Vater», sagte ich mit zittriger Stimme zu dem Medium. Er nickte. «Ja, und auch er ist heute Abend zu dir gekommen, aber sie sind zu viert!»
«Wie bitte?»

«Ja», sagte das Medium, «da ist noch dein Bruder gekommen. Er sagt dir, dass er dich sehr lieb habe, und dass es ihm unendlich Leid tue, dass ihr euch zu Lebzeiten nicht mehr hättet kennenlernen dürfen.»

Nun war es aus mit meiner Fassung. Meine Tränen rannen unkontrolliert über mein Gesicht auf meine Brust. Der Taschentücher-Vorrat von Brigitte ging zur Neige. Ich schämte mich nicht. Ich hörte das Medium sagen: «Der vierte Besucher, der bei dir steht. Er ist ein stattliches Mannsbild, sehr groß und kräftig, und ich höre hier den Namen Hans».

«Er ist mein Cousin», hauchte ich.

«Diese Vier lieben und beschützen dich und sind bei dir, Tag und Nacht.», und dann meinte er noch strahlend: «Du hast eine wunderbare Familie!»

Ich stammelte nur noch: «Ja, ich weiß.» Dann wandte sich das Medium anderen Personen im Saal zu.

Die Menschen hatten die unterschiedlichsten Schicksale und betrauerten die verschiedensten Angehörigen und Freunde. Aus den Reaktionen der Menschen konnten wir erkennen, dass das Medium immer ins Schwarze getroffen hatte. Der Vortrag dauerte insgesamt etwas mehr als 1,5 Stunden. Schließlich kündigte das Medium an, er wolle nun die Sitzung beenden, hielt aber plötzlich inne, horchte ins Nichts und fragte dann:

«Ist hier eine Witwe anwesend?» Die Dame neben Brigitte hob zögernd den Finger.

«Ich höre eben, ich darf noch nicht gehen, bevor ich nicht Folgendes übermittelt habe: Ihr Mann sagt, er sei immer bei Ihnen, und er findet die Idee mit den Fotokopien ganz prima.»

«Was meint er damit?» Das Medium konnte mit dieser Aussage von *Drüben* nichts anfangen.

«Ich habe nach dem Unfalltod meines Mannes die Fotos, auf denen wir beide drauf sind, aus unserem Album herausgenommen, vergrößern lassen und

überall in unserem Haus aufgehängt», erklärte die Dame nun mit stockender Stimme. Tränen liefen über ihr Gesicht - aber ihr Mund lächelte.
Nun löste sich die Versammlung auf. Die Leute zerstreuten sich, waren tief beeindruckt, ergriffen, viele weinten, aber alle waren irgendwie getröstet. Niemand, auch ich nicht, stellte auch nur eine Sekunde lang die Seriosität des Mediums infrage. Auf dem Rückweg im Auto waren Brigitte und ich tief in Gedanken versunken.
«Er hat in allem den Nagel auf den Kopf getroffen, meinte Brigitte. Es ist unheimlich!»
Mein weltlich orientiertes Gehirn sortierte schon wieder alle möglichen Erklärungen in meinem Kopf, aber es fand keine. Meine betagten Verwandten leben in Augsburg, München und Cottbus, die kennen zwar unsere Familiengeschichte, aber wissen bis heute nicht, dass ich ein Medium getroffen habe. Meiner Schwester hatte ich auch nichts von dem Medium erzählt und Brigitte wusste nichts von meiner Familie. Gar nichts, also: Von wem konnte das Medium all die Details wissen? Zum Beispiel wie meine Mutter zu Lebzeiten aussah und sich benahm? Wie mein Lieblings-Cousin hieß, der schon so lange tot ist? Dass mein Brüderchen als Kind dem 2. Weltkrieg zum Opfer fiel? Mir fällt nur eine Antwort ein: Er zapft irgendwelche Energien an, nennen wir sie Seelen, etwas, das das physische Ende des Menschen überlebt, etwas, das existiert, drüben im Jenseits. Mir geht es seit jenem denkwürdigen Abend seelisch besser. Obwohl ich meistens allein lebe, fühle ich mich nun irgendwie kuscheliger, geborgener, eingebettet in meine Familie. Nennen Sie mich spinnert, bescheuert oder verrückt. Das Medium hat den Menschen in ihrer Trauerbewältigung sehr geholfen. Und ich glaube erst an etwas anderes, wenn mir jemand eine rationale wissenschaftliche Erklärung für die enormen Fähigkeiten dieses Mediums bringt. Übrigens, Brigitte hat mich eine Woche

später angerufen. Sie erzählte, dass sie die Hündin ihres Nachbarn wochenlang betreut hatte. Da diese Hündin schwer erkrankt war und Brigitte sich in der Pflege auskennt, hatte sie sich liebevoll um das Tier gekümmert. Trotzdem musste die Hündin doch eingeschläfert werden. Brigitte ist überzeugt, dass es diese Hündin gewesen sei, die dem Medium die ganze Zeit ins Ohr gebellt habe. Möglich ist alles. Wir wissen nichts. Lernen wir Neugier, Staunen und Demut.»

Zeit zu Sterben

Nicky berichtet uns von einem außergewöhnlichen Zufall:
«Mein Opa ist letztes Jahr am 16.3. gestorben. Er war am Schluss auch dement und lebte in seiner eigenen Welt, in der Vergangenheit. [...] Mein Opa hat z.B. ein paar Tage lang nur französisch gesprochen (er war in Frankreich in Gefangenschaft). Meine Mutter - seine Tochter - ist die einzige in der Familie, die auch diese Sprache versteht. Er hat aus dieser Zeit viel berichtet, auch über den Krieg selbst.
Er war also damals im Krankenhaus und wollte immer heim. Er hat deshalb keine Ruhe gegeben, hat nicht geschlafen etc. Wir mussten bei ihm auch Nachtwache halten, da die Schwestern ihn ans Bett fesseln wollten, damit er nicht herausfällt. An einem Dienstag durfte er dann endlich heim, zum Sterben, denn er hat auf lebenserhaltene Maßnahmen verzichtet. Er ist am Samstag, den 16.3. um 13.30 Uhr im Wohnzimmer, in dem er auch geboren wurde, gestorben, so wie er es sich gewünscht hat. Das richtig Gruselige ist, dass seine Mutter vor vierzig Jahren auch an einem 16.3. um 13 Uhr im selben Zimmer gestorben ist. Das kam heraus, als wir [...] den Stammbaum geholt haben, um die Sterbedaten einzutragen.»

Der Dämon

Mandy B. aus Niedersachsen glaubt, von einem Dämon heimgesucht worden zu sein.

«Ich habe vor drei Jahren mal Kontakt mit einem Dämon gehabt. Das erste Mal, als ich bemerkte, dass es sie [Dämonen] gibt, hatte ich Albträume, in denen mich eine komische Gestalt jagte. Beschworen hab ich die auf keinen Fall! Ich habe mir am Anfang nicht viel dabei gedacht, doch dann wurden sie realer. Ich wachte morgens auch mit Spuren auf, von denen ich mir nicht erklären konnte, wo sie hergekommen sind. Wenn ich nachts aufwachte, kratzte etwas an der Wand. Es hörte sich merkwürdig an, nicht wie eine Maus oder so. Nach einer Zeit war dies vorbei und ich bin mir sicher, dass einer da war. Auch bei Freunden von mir ereignete sich etwas. Sie riefen mich an, ob ich vorbeikommen könnte, weil etwas Komisches bei ihnen vorginge. Ich bin hingefahren und alleine schon die Aura, die dort war, hat mir Angst gemacht. Es wurde an technischen Geräten gespielt, Türen knallten zu und vom Dachboden hörten wir Geräusche. Am Anfang dachte ich, es sei ein Geist, doch dann eines Nachmittags, als ich wieder bei ihnen war, zeigten sie mir, dass Kratzer an der Wand seien und auf den Rücken der beiden auch. Wir haben dann alles untersucht. Auf dem Dachboden fanden wir genau an der Stelle, an der wir immer etwas hörten, riesige Rillen, die aber nicht alt waren. Dann gingen wir in den Keller. Die Freundin wollte mir etwas geben und als ich mich umschaute, war eine komische Gestalt als Schatten zu sehen. Wir haben sofort den Keller verlassen. Und seit diesem Tag wurde ich jedes Mal angeknurrt, wenn ich bei ihnen war und am Keller vorbeilief. Ich habe in der Wohnung einmal Salz verteilt und wir sind dann für zwei Stunden rausgegangen. Als wir wiederkamen, waren Hufspuren zu erkennen. Nun ja, mich wundert nur, dass es auf einmal aufgehört hat. Ich bin leider auch nicht mehr befreundet mit den beiden. Ich würde zu gerne wissen, ob nochmal etwas war oder nicht.»

Böses Erwachen

Wenn man schläft ist man besonders verletzlich und empfindet es als umso schrecklicher, wenn man beim Aufwachen plötzlich eine fremde Gestalt neben sich sieht. Kein Wunder also, dass Manuela R. noch immer daran denken muss:

«Es ist schon einige Jahre her, ich schlief allein in meiner Zweizimmerwohnung im Schlafzimmer. Da wachte ich kurz auf und sah zur Tür. Nun wurde es schon langsam hell. Plötzlich sah ich im Türrahmen eine riesige graue (vermutlich männliche) Gestalt. Sie schien mich anzusehen! Ich bin richtig erschrocken und hatte Angst. Aber das Kuriose ist - ich bin nicht aufgesprungen und habe nicht geschrien. Das wäre ja eigentlich die normale Reaktion in so einem Fall, oder? Nein, ich habe für mich gedacht *«Jetzt tust du so, als ob du noch schläfst und nichts gesehen hättest!»* Ich machte also wieder die Augen zu und habe weitergeschlafen. Als ich wieder aufgewacht bin, war alles OK und nichts mehr an der Tür. [...] Immer wieder kommt mir das ins Gedächtnis.»

Besessen

Maria Z., von der wir die Geschichten «Vampire sind auch nur Menschen» und «das eiskalte Männlein» kennen, erzählte mir, eine ihr gut bekannte Dame und deren Mann hätten ihr von einem Fall von Besessenheit berichtet, der sich vor etwa sechs Jahren in einem Dorf in Rumänien zugetragen habe: «Meine Bekannte und ihr Ehemann wurden in ein Nachbardorf gerufen, um zu helfen, weil dort ein junges Mädchen angeblich besessen wäre. Dieses war eigentlich immer sehr glücklich gewesen, doch dann hat ihr Mann sie mit einer anderen betrogen. So hat es angefangen. Die junge Frau wollte ihre Rivalin umbringen, zumindest sagte sie das immer. Was aber auffällig war, wenn sie wütend war und geredet hat, veränderte sich plötzlich ihre Stimme komplett. Ihre Eltern baten dann einige Leute um Hilfe, darunter eben auch meine Bekannte. Es ist üblich, dass für diese Person dann gebetet wird, um die bösen Geister auszutreiben. Doch die junge Frau weigerte sich, die Leute um sich zu haben. Sie wollte nur mit dem Mann meiner Bekannten reden. Sie schickte ihn dann zu ihrem treulosen Ehemann, um ihn zu ihr zu bringen. Sie bestand darauf, dass nur er das machen dürfe. Und dann trug sie ihm noch auf, zu ihrer Rivalin zu gehen, um ihr zu sagen, sie solle sie in Ruhe lassen. Sie meinte dann zu ihm, um Mitternacht würde sich zeigen, ob sie noch lebe oder nicht. In jedem Fall sei er daran schuld. Wenn er nicht alles bis Mitternacht erledigt habe, sei sie tot. Sie sagte immer wieder *«Er bringt mich um.»* Der Mann meiner Bekannten hat es dann natürlich so schnell es ging erledigt und war vor Mitternacht zurück. Als er kam, waren noch fünf oder sechs andere Personen anwesend und die junge Frau brüllte herum, schlug alles kurz und klein. Sie weigerte sich, mit irgendjemand anderem zu reden als mit ihm und wollte mit ihm allein ins Nebenzimmer gehen, doch er hatte zu große Angst vor ihr, weil sie so aggressiv und laut war. Die Frau redete mit zwei verschiedenen Stimmen. Zwischendurch sagte sie immer wieder mit ihrer normalen Stimme «*Er lässt mich nicht in Ruhe.*» Dann sprach sie wieder mit dieser seltsamen, tiefen Stimme. Dann gab sie dem Mann meiner Bekannten ein Rätsel auf. Er musste vor Mitternacht einen Namen herausfinden. Ich weiß aber nicht mehr genau, was es war. Ich glaube, eine Stadt. Der Mann fragte dann das Wesen, das von ihr Besitz ergriffen hatte: «*Wenn ich das mache, lässt du sie dann frei?*» und das Wesen antwortet «*Ja. Dann ist sie für immer frei.*» Er hat es dann auch ganz knapp geschafft, das Rätsel vor Mitternacht zu lösen. Seitdem hatte sie keine Probleme mehr und war frei.»

Die Beschwörung

Die Geschichte von Mella Z. handelt von einem Beschwörungsritual, das sie und ihren damaligen Freund treffen sollte:

«Das Ganze trug sich im Jahr 1994/1995 zu. Ich war damals zwanzig Jahre alt. Wir wohnten in einer Mietwohnung, mit sechs Parteien. Das Haus ist ein Reihenhaus, das heißt, rechts und links sind auch wieder Häuser mit jeweils sechs Parteien. Meine Eltern und ich wohnten im obersten Stockwerk. Mein Kinderzimmer grenzte an unser Wohnzimmer an. Ich erkläre das deshalb so deutlich, weil es wichtig ist, für das, was mir passiert ist. Damals war ich etwa ein Jahr mit meinem heutigen Ehemann befreundet. Er ist Türke, seine Eltern wollten die Beziehung nicht. Von Beschimpfungen über Drohungen und Telefonterror war alles dabei. Sie schafften es aber nicht, uns auseinander zu bringen.

Irgendwann fing es an. Ich hatte urplötzlich Angst in der Wohnung, immer nur kurzfristig. Es kam und ging. Das war vorher nie der Fall. Das Haus ist kein Altbau oder Ähnliches, so dass man Grund gehabt hätte, sich zu fürchten. Nach einer Weile habe ich auch Schatten huschen gesehen, an diversen Tagen. Zu dem Zeitpunkt zweifelte ich noch an mir und dachte, dass ich mir das Ganze einrede oder einbilde. Dann kam Tag X. Ich war alleine zuhause, lag in meinem Zimmer, in meinem Bett. Meine damaligen Mitbewohner waren zwei Wellensittiche. Es war so gegen 23 Uhr. Im Zimmer wurde es schlagartig eiskalt. Ich begann mich wieder zu fürchten. Von draußen drang etwas Licht ins Zimmer. Ich hatte das Gefühl, ich sei nicht mehr allein. Gesehen habe ich aber niemanden. Es war nur das Gefühl. Plötzlich fingen die Sittiche an zu toben und zu flattern, als ob sie etwas erschreckt hätte. Und dann gab es furchtbare Schläge an die Wand, die zu unserem Wohnzimmer grenzte. Was bedeutet, es kann kein Nachbar gewesen sein. Die Schläge waren direkt in meiner Kopfhöhe. Ich war wie gelähmt und traute mich nicht aufzustehen. Erst nach einiger Zeit hatte ich den Mut, das Licht einzuschalten, doch natürlich war da nichts. Die armen Sittiche sahen etwas zerrupft aus, wegen ihrer Panikattacke. Das Ganze hat sich dann noch einmal wiederholt, dann hörte es für immer auf. Ich habe angefangen zu beten (und ich bin nicht wirklich gläubig) und wusste mir einfach nicht zu helfen. Natürlich redete ich mit meinem Mann darüber. Er gestand mir dann, seine Mutter sei im Türkeiurlaub zu einem Hoca (türkischer Religionsgelehrter) gegangen. Sie habe verschiedene Säckchen mitbekommen, in denen kleine *Schriftrollen* waren. Außerdem hätten sie verschiedene Riten durchgeführt, mit dem Ziel, uns auseinanderzubringen. Und zusätzlich gab es auch noch etwas, was sie in unser Essen geben sollte. In unserer damaligen Wohnung hatte sie ein solches Säckchen hinterlegt. Und im Auto meines Mannes. Das sind die zwei, die wir gefunden haben. Da war mir klar, dass seine Mutter mit ihrer *Beschwörung* irgendetwas ausgelöst haben musste. Ich habe dann ganz bewusst gebetet. Ich sprach mit meinem unheimlichen Besucher und habe ihn gebeten, mich in Ruhe zu lassen. Bis heute ist so etwas nicht mehr vorgekommen. Ich habe die Mutter auch daraufhin angesprochen und habe ihr gesagt, dass solche bösen Dinge zu einem zurückkehren würden. Ich bin immer noch mit meinem Mann zusammen. Und seine Eltern, die wirklich böse zu mir waren, sind unter großen Schmerzen und Leiden früh verstorben.»

Besuch vom Tod

Frau C. M. berichtete über ein Erlebnis, das sie vor vielen Jahren hatte und das sie noch immer verfolgt.

«Ich war damals 18 und ich hatte eine schwere Zeit durchgemacht, die Trennung von meinem ersten Freund. Aber sonst nichts, kein Todesfall oder Ähnliches. Damals lebte ich, zusammen mit meiner älteren Schwester, in einem alten Haus für Leute, die aus ihren früheren Wohnungen wegen Räumungsklagen raus mussten. Es war ein verkommenes Haus mit Löchern überall in den Wänden.

Ich ging nachts (zwischen 01:00 und 2:00 Uhr) ins Bett und lag mit dem Gesicht zur Wand. Plötzlich hatte ich das extreme Gefühl, hinter mir stünde jemand mit hoher negativer Ausstrahlung. Ich traute mich nicht, mich umzudrehen. Mir wurde kalt und über meinen Körper lief ein Schauer. Ich war wie starr und dachte nur *«Ich darf mich jetzt nicht umdrehen, weil ich sonst sterbe»*. Ich hatte echt panische Angst und mich haut normal so schnell eigentlich nichts um.

Der kalte Schweiß brach mir aus und ich versuchte, den Atem anzuhalten. Kurz drauf ging diese Kälte hinter mir weg, mich packte der Mut und ich drehte mich blitzschnell um. Ich sah nur noch eine schwarze Kapuzengestalt durch die Türe gehen. Sofort danach schlief ich ein.

Als ich am nächsten Tag meine Schwester sah, hatte sie Würgemale am Hals und sie wusste nicht, woher sie kamen. Ihre Reaktion war unglaublich! Sie sagte, dass der Tod schon öfter bei ihr gewesen sei und sie bis jetzt noch kein Gesicht habe erkennen können. Sie meinte, dass sie keine Angst vor ihm habe.

Das verfolgt mich nun seit 28 Jahren und der Gedanke, dem Tod fast ins Gesicht gesehen zu haben, lässt mich nicht mehr los. Seit damals bin ich fest davon überzeugt, dass es wirklich alles gibt. Es passierten auch noch andere Dinge. Als meine große Tochter einmal auf dem Sofa saß, schrie sie plötzlich laut auf, weil sie etwas am Schienbein angefasst hatte und einige Sekunden lang war eine Delle auf dem Polster zu sehen, so als wäre jemand neben ihr gesessen.»

Der Orb

Myriam Eitl hatte schon das eine oder andere Erlebnis, das sie sich nicht erklären konnte. Eines davon handelt von einem sogenannten *Orb*, einer Lichtkugel.

«Ich war mit meiner damaligen Mitbewohnerin, meiner Schwester und deren damaligem Freund in meinem Zimmer. Ich saß auf dem Bett, das gegenüber der Tür stand. Wir haben uns unterhalten, als plötzlich etwas Helles im Augenwinkel meine Aufmerksamkeit auf sich zog. Daraufhin sah ich in die Richtung der Tür, welche einen Glaseinsatz hatte, und beobachtete mit offenem Mund, wie eine etwa 15 cm große, leuchtende Kugel ganz langsam von rechts nach links schwebte. Als ich dann aus dem Zimmer ging, war weit und breit nichts mehr zu sehen. Autoscheinwerfer kann ich aufgrund des Winkels ausschließen. Auch weitere logische Erklärungen sind mir dazu nicht eingefallen. Leider hat keiner der anderen Anwesenden die Lichtkugel gesehen, da sie in andere Richtungen schauten.»

Eine Schlussbetrachtung

Bei den oben geschilderten Erlebnissen handelt es sich in den meisten Fällen um einmalig auftretende Phänomene. Die Situationen sind nicht exakt so wiederholbar. Man kann also den letztendlichen Grund dafür nicht mit hundertprozentiger Sicherheit herausfinden, sehr wohl aber über die möglichen Ursachen nachdenken und manchmal plausible Gründe finden. Was in den verschiedenen Fällen den Betroffenen plausibel erscheint, hängt natürlich von verschiedenen Faktoren ab, z.B. Weltanschauung und Religionszugehörigkeit. Der Meinung eines Gläubigen kann also ein Skeptiker seine eigene Anschauung entgegensetzen. Dadurch entsteht eine reiche Meinungsvielfalt, die zum Nachdenken anregen sollte.

Im Folgenden möchte ich verschiedene Personen zu Wort kommen lassen, die sich seit vielen Jahren mit der Thematik des Paranormalen beschäftigen, teilweise auf völlig unterschiedliche Weise. Ich habe den bekanntesten Parapsychologen unseres Landes, einen Vertreter einer großen Skeptikerorganisation, einen Mentalisten, einen deutschen und einen irischen Geisterjäger, ein Medium, einen Diplomtheologen der katholischen Kirche und einen bekannten Neurowissenschaftler befragt. Hier kann sich also der Leser einen kleinen Einblick in die große Glaubens- und Meinungsvielfalt im Umgang mit dieser Thematik verschaffen.

BERND HARDER

Bernd Harder ist Autor zahlreicher Bücher zum Thema Aufklärung ungewöhnlicher Phänomene[5] und langjähriges, engagiertes Mitglied der Skeptikervereinigung GWUP[6], bei der er auch Pressesprecher und Chefreporter der Vereinszeitschrift *Skeptiker* ist.

Wie kam bei Ihnen das Interesse an dieser Thematik auf?

Ich weiß nicht mehr genau, ob meine Eltern gar nicht zuhause waren oder mich nicht rechtzeitig ins Bett geschickt hatten – aber irgendwann habe ich als Kind *Bis das Blut gefriert* im Fernsehen gesehen, einen Spukhaus-Film aus den Sechzigerjahren, schwarz-weiß und sehr gruselig. Das hat mich nachhaltig beeindruckt. So mit 13 oder 14 habe ich dann angefangen, *Geisterjäger John Sinclair* und *Professor Zamorra* zu lesen. Daneben stöberte ich in der Stadtbücherei nach vermeintlichen Sachbüchern über Geister, Dämonen, Ufos und solche Themen halt. Es hat ziemlich lange gedauert, bis ich das alles als reine Unterhaltungsliteratur einordnen konnte. Schade eigentlich, denn ich hatte mir wirklich gewünscht, dass es das alles gäbe und dass man sich auch ernsthaft mit diesen Dingen beschäftigen könnte. Später habe ich das dann doch noch getan – allerdings genau andersrum. 1993 bin ich quasi offiziell *Skeptiker* geworden, indem ich der Gesellschaft zur wissenschaftlichen Untersuchung von Parawissenschaften (GWUP) beigetreten bin. Von da an fand ich interessanter, sich damit zu beschäftigen, warum Menschen an Geister oder Ufos glauben, anstatt den Phänomen selbst hinterher zu jagen.

---

[5] Darunter auch Harder, Bernd, Warum die Uhr stehenblieb, als Opa starb. Merkwürdige Zufälle und unerklärliche Phänomene, Droemer Knaur Verlag 2010.
[6] Gesellschaft zur wissenschaftlichen Erforschung von Parawissenschaften e.V.

Hatten Sie selbst bereits einmal ein Erlebnis, für das Sie – zumindest im ersten Augenblick – keine Erklärung hatten?

Klar, als Kind habe ich selber viele *Ufos* gesehen – also irgendetwas, das am Nachthimmel herumflog und das ich nicht kannte und deshalb als *Ufo* ansah. Eigentlich ist das ja auch die Definition eines *Ufo*: ein fliegendes Objekt, das man zum Zeitpunkt der Beobachtung nicht identifizieren kann. Damals waren das für mich außerirdische Besucher. Heute weiß ich, dass es sich um Satelliten, helle Sterne, Disco-Scheinwerfer und so weiter handelte. Meinen ersten Geist habe ich allerdings erst vor vier Monaten gesehen, Jahrzehnte nach meiner jugendlichen Begeisterung dafür. Ich bin morgens aufgewacht und sah eine Gestalt am Bettrand sitzen, einen formlosen dunklen Schemen. Aber aus irgendeinem Grund musste ich sofort an meine Mutter denken, die vor sechs Jahren gestorben ist. Es dauerte nur Sekunden, dann ver-schwand die Erscheinung durch die Wand. Das war sehr eindrucksvoll. Ich bin wirklich dankbar dafür, so etwas einmal erlebt zu haben, auch wenn mir völlig klar ist, dass das eine Halbschlaf-Halluzination war.

Gibt es, Ihrer Meinung nach, überhaupt (Para-) Phänomene, die man nicht oder noch nicht erklären kann?

Phänomene, die wir noch nicht erklären können, gibt es jede Menge. Dunkle Materie zum Beispiel. Das ist aber nicht unbedingt vergleichbar mit paranormalen Phänomenen. Die Quantenphysik, die Neurowissenschaften mögen noch so phantastische Entdeckungen machen – keine neue Erkenntnis wird aus meiner Sicht dazu führen, dass Hellsehen oder Telekinese plötzlich funktioniert. Oder dass es Geister gibt.

Der große Unterschied: Wir wissen, dass es Dunkle Materie gibt beziehungsweise geben muss, auch wenn sie nicht direkt sichtbar ist. Mit Para-Phänomen ist das anders. Die Anhänger solcher Behauptungen können nicht einmal belegen, dass diese Phänomene überhaupt existieren. Es gibt zwar viele Berichte und Geschichten darüber, aber kein wiederholbares Experiment mit wissenschaftlicher Beweiskraft. Und es stimmt auch nicht, dass Mainstream-Wissenschaftler sich nicht mit solchen Dingen beschäftigen oder alles wegleugnen, was nicht in ihr Weltbild passt, im Gegenteil: Für den Nachweis einer außergewöhnlichen Behauptung aus dem Bereich des Paranormalen wären mehrere Nobelpreise fällig. Die GWUP führt selbst *PSI-Tests* durch und ist dabei ebenso wenig fündig geworden wie Parapsychologen oder *Geisterforscher*.

Es ist also so, dass Para-Phänomene gar nicht belegt sind – deshalb braucht man auch nicht nach Erklärungen dafür zu suchen oder auf bessere Messgeräte zu warten. Außerdem stehen sie im Widerspruch zu bereits heute gesicherten Erkenntnissen und widersprechen zum Teil auch den Naturgesetzen, die von neuen Entdeckungen weitgehend unabhängig sind und die noch jeden Paradigmenwechsel in der Wissenschaft vollkommen unbeschadet überstanden haben.

Das gilt wohl auch für Geister. Nach allem, was wir derzeit wissen, benötigt man zur Speicherung von Information Materie. Ein Geist, der einen bestimmten Ort aufsucht – etwa den Schauplatz, wo er gestorben ist – muss sich an diesen Ort erinnern und ihn wiederfinden können. Er braucht also ein Gedächtnis, müsste informationsspeichernde Materie besitzen. Dann aber unterliegt er den normalen Gesetzen der Physik und könnte nicht durch Wände gehen oder ähnliches.

Was sind, in Ihren Augen, die Ursachen für Spukphänomene / Geistersichtungen und warum berichten so viele Personen darüber?

Dass die vielen Augenzeugen wirklich etwas Seltsames, Unerklärliches, Beängstigendes erleben, bezweifele ich keinesfalls – aus eigener Erfahrung. Aber subjektive Erfahrung ist nun mal kein sicheres Wissen. Ich denke, solche Phänomene sind nicht außersinnlicher Natur, sondern sie sind außerbewusst. Wir Skeptiker halten nicht so sehr die Parapsychologie für das geeignete Werkzeug zu ihrer Erforschung, sondern die Wahrnehmungspsychologie. Wir gehen davon aus, dass fast alle scheinbar *paranormalen* Erlebnisse normalpsychologisch erklärbar sind.

Skeptische Geisterforschung sieht daher so aus wie zum Beispiel die Studien des englischen Psychologen Richard Wiseman. Er ließ hunderte Versuchspersonen durch die berüchtigten Gewölbe von Edinburgh oder durch die Korridore von Schloss Hampton Court bei London spazieren und stellte fest, dass manche Leute sehr sensibel auf unbewusste Sinneseindrücke wie Temperaturwechsel, Luftzüge oder Lichtveränderungen reagierten und das Gefühl hatten, berührt worden zu sein, also etwa eine kalte Hand im Nacken spürten.

Wir dürfen nie vergessen, dass Wahrnehmungen eine Konstruktion unseres fehleranfälligen Gehirns sind. Wir sind einem riesigen Selbsttäuschungspotenzial unterworfen, das den meisten gar nicht klar ist. Viele wollen davon auch gar nichts wissen, weil sie jeden Zweifel an ihrem Erlebnis als Angriff auf ihre Integrität und Glaubwürdigkeit missverstehen. Darum geht es aber überhaupt nicht. Wir weisen nur darauf hin, dass unsere Wahrnehmung nicht wie eine Videokamera funktioniert, die eins zu eins die Realität abbildet.

Stattdessen suchen sich Gehirn und Nervensystem Informationen aus unserem Umfeld, filtern diese, formen sie um, kombinieren sie mit Gedächtnisinhalten. Und bringen so mitunter etwas hervor, das man als Geist deuten kann – aber nicht muss. Ich tue das jedenfalls nicht mehr.

WALTER VON LUCADOU

Dr. Dr. Walter von Lucadou ist promovierter Physiker und Psychologe, der sich seit vielen Jahren mit dem Gebiet der Parapsychologie beschäftigt und die Parapsychologische Beratungsstelle in Freiburg leitet, die er 1989 gründete.[7]

Wieviele Menschen wenden sich im Durchschnitt an Ihre Beratungsstelle und haben Sie in den letzten Jahren einen Zuwachs/Rückgang feststellen können?

Also, das ist nicht so ganz einfach zu sagen, aber wir machen natürlich immer eine Statistik, also so im Durchschnitt 3000 pro Jahr, aber es gibt auch sehr viele Emails. Davon gibt es natürlich wesentlich mehr. Wir haben hier wirklich sehr viel zu tun. [...] Das Telefon bei uns ist eigentlich immer besetzt, denn manche Gespräche dauern bis zu zwei Stunden. Also kann man sagen, dass wir pro Tag im Durchschnitt etwa zehn Anrufe haben. [...] Wir sind eigentlich immer am Limit.
Deshalb können wir eigentlich gar nicht mehr feststellen, ob es nun einen Zuwachs oder Rückgang gibt. Im Jahre 2014 haben wir z.B. 1040 Emails bekommen, die kommen ja zu den 3000 Anrufen noch dazu. [...] Wir haben so viel zu tun, dass wir nicht merken würden, sollten die Anfragen mehr werden. Ich vergleiche das eigentlich immer mit der Stromwirtschaft. Da gibt es eine Grundlast, die ist immer gleich und dann gibt es eben auch Spitzenwerte.

---

[7] Eine seiner zahlreichen Publikationen: Wagner, Peter, von Lucadou, Walter, Die Geister, die mich riefen, Bastei Lübbe 2012.

Das hängt bei uns auch davon ab, was gerade im Internet und in den Massenmedien angeboten wird. Dazu gibt es dann natürlich Rückfragen.

Wieviele Fälle echten Spuks haben Sie bereits erlebt?

[…] Das kann ich jetzt spontan nicht sagen. Es kommt eher selten vor, dass wir vor Ort gehen, da es ja ein riesiger Aufwand ist […]. Man kann den Leuten ja auch meist durch ein Gespräch helfen. Es sind insgesamt etwa 200 Fälle, bei denen wir bisher vor Ort waren. Es ist natürlich nicht so, dass wir in jedem Fall dann auch einen aktiven Spuk feststellen können. […] Es kommt selten vor, dass man dann direkt in dem Geschehen ist und auch z.B. die Steine fliegen sieht. Das ist extrem selten. […] Aber, was ist echter Spuk? Ich habe einen Begriff geprägt, der nennt sich makroskopische Unentscheidbarkeit, d.h. Sie können eigentlich den Spuk gar nicht so betrachten, dass Sie sagen können, er ist echt oder nicht. Das Ganze steht nicht mehr im Vordergrund unseres Interesses. Es geht dabei um ein sozial-psychologisches Problem. Egal, ob man jetzt gute Gründe dafür hat, zu sagen, er [der Spuk] ist echt oder nicht, man muss den Leuten einfach helfen.

Gab es ein Erlebnis / einen Fall, der besonders prägend für Sie war, Sie besonders zum Nachdenken gebracht hat?

[…] Es ist natürlich schon so, dass man manchmal sagen kann, es war ein guter Fall oder weniger guter Fall. Da gibt es natürlich Unterschiede, aber ich kann mich jetzt nicht an einen Speziellen erinnern, von dem ich sagen würde, er ist besonders in Erscheinung getreten. Es sind ja hunderte von Fällen, die besonders eindrucksvoll sind. […] Professionalität besteht ja darin, dass man seine eigenen Emotionen weitgehend unberücksichtigt lässt […]. Ich fand

höchstens die ersten Fälle aufregend, die ich damals mit meinem akademischen Lehrer Hans Bender untersucht habe, aber das war ja lange bevor die Beratungsstelle eingerichtet wurde. Als ich diese gegründet habe, war ich schon dermaßen Profi, dass mich das alles emotional nicht mehr so sehr berührt hat. Ich sehe ja gleich, wenn jemand ein Problem hat und ich mich darum kümmern muss. Es gibt natürlich immer wieder einzelne Leute, die mir besonders leidtun. [...]
Alle Fälle regen zum Nachdenken an. Aber bei den Fällen vor Ort ist es eher typisch, dass man sich fragt, ob man wirklich genau genug hingeschaut hat. Es geht einem dabei ja nicht anders, als anderen Menschen, so dass man gewissermaßen nie sicher ist, ob es wirklich so war. Deswegen kann ich ja auch verstehen, dass das häufig kritisiert wird. Das ist für uns eben alles alltägliche Arbeit. [...]

Sie sind der Meinung, dass eine Aufklärung des Spukagenten über seine eigene Situation und seine Rolle dabei, dem Spuk ein Ende setzen kann. Halten Sie es auch für möglich, dass der Besuch von sogenannten *Geisterjägern* bei einem potentiellen Spukopfer die Phänomene stoppen kann? Wenn ja, wäre das mit einem Placebo-Effekt vergleichbar?

Ja, das hängt natürlich auch von den jeweiligen Leuten ab. Da gibt es unter den sogenannten Geisterjägern einige, die sind nur auf Sensationen aus, wollen selbst etwas erleben, und sind dann meist sehr enttäuscht, weil der Spuk doch nicht so ist, wie er in Gruselfilmen dargestellt wird. Das ist ja sehr unrealistisch. Dann gibt es andere, die eine feste Meinung haben und einfach zu wissen glauben, dass das alles Gespenster oder Geister aus dem Jenseits oder Engel oder Teufel - was auch immer - sind. Und diese Leute werden natürlich immer in ihrer Meinung bestätigt sein, weil sie irgendetwas finden, das sie so interpretieren können. Dann gibt es natürlich auch die Kritischeren, die werden meist unzufrieden sein, weil sie das, was sie so gerne sehen würden, nämlich einen tollen, paranormalen Effekt, eigentlich nicht kriegen. Es bleibt eben immer ein Restzweifel übrig, das ist ja das, was ich als makroskopische Unbestimmheit bezeichne. Das heißt, man kann eben nie mit Sicherheit sagen, ist es jetzt ein Artefakt, ist es doch eine Manipulation oder ist es echt. Das lässt sich nicht unterscheiden. Und manche werden dann zu Gegnern, weil sie ihre Lieblingsvorstellung nicht präsentiert bekommen. Dann gibt es auch ganz kluge, einfühlsame Menschen, die unter Umständen auch meine Bücher gelesen haben und wissen, worauf sie zu achten haben, und die können natürlich Spukbetroffenen auch helfen, wenn sie vernünftig an die Sache herangehen. Man muss ja nicht unbedingt Psychologie studiert haben, aber man muss eben bestimmte Dinge berücksichtigen und man muss vor allem, das ist ganz wichtig, selbstkritisch sein. Man darf sich nicht zu früh auf eine bestimmte Hypothese festlegen. [...] Man muss eben immer alle möglichen verschiedenen Sachen im Kopf haben und auch nicht zu viel erwarten. [...] Der Spuk hat nichts mit Grusel zu tun, sondern der Spuk ist eine psychosomatische Reaktion, die aber die Betroffenen dann nicht entschlüsseln können. Es gibt natürlich dann noch den ortsgebundenen Spuk, da geht es meistens um baubiologische Sachen, das hat ja Dr. Richard Wiseman untersucht. Man kann das eigentlich alles sehr schön unter dem Begriff *Embodiment* zusammenfassen, also wie der Mensch in seine Umgebung eingebunden ist.

DOROTHEA W.

Frau W., die hier wegen ihres Arbeitgebers lieber anonym bleiben möchte, hatte seit ihrer frühesten Kindheit immer wieder Erlebnisse, die sie sich nicht erklären konnte und die sie zu der Annahme brachten, sie könne Geister sehen. Sie ist das, was man im Volksmund als *Medium* bezeichnet. Beruflich beschäftigt sie sich jedoch nicht mit der Materie und nimmt auch kein Geld, wenn sich jemand an sie wendet.

Wie alt waren Sie, als Sie Ihr erstes unerklärliches Erlebnis hatten?

Sie wollen wissen, wann ich festgestellt habe, dass ich bekloppt bin? [lacht] Einem Kind gesteht man zu, etwas zu sehen, das sonst keiner sieht. Als Teenie will man dann unbedingt dazugehören und normal sein. Dann wird man erwachsen und stellt fest: Mist! Normal ist anders.
Man versucht zu erklären, warum es so aussieht, als stünde ein Mann im Hotelzimmer, obwohl man allein ist. Aber dass ich einen Geist gesehen habe, war mir erst klar, als ich einer sehr guten Freundin den Mann vor dem Haus beschrieben habe, den ich beim Hereinkommen gesehen hatte und sie darin ihren verstorbenen Opa erkannte. Rückwirkend weiß ich nicht, wann ich meinen ersten Geist gesehen habe und ob der dunkle Mann in meinem Kinderzimmer Phantasie oder Spuk war.

Können Sie uns sagen, wie oft pro Jahr Sie im Durchschnitt derartige Erlebnisse haben?

Das kann ich schwer einschätzen. Ich grüße ja auch nur Bekannte, wenn ich sie auf der Straße treffe und nicht jeden, der herumsteht. Erlebnisse sind für mich bekannte Erscheinungen oder Erscheinungen, bei denen ich von lebenden Personen Rückmeldung erhalte, um wen es sich gehandelt hat, wobei ich sie recht genau beschreiben kann. Bei allen anderen könnte es sich ja auch nur um Sinnestäuschungen handeln. Erlebnisse mit Rückmeldung sind eher selten, da ich einem normalen Beruf nachgehe und sowas eher selten herausfordere. Eine vorsichtige Schätzung wäre ca. sechsmal im Jahr. Alles andere versuche ich zu ignorieren oder womöglich Erklärungen dafür zu finden.

Welches war Ihr bisher eindrucksvollstes Erlebnis?

Ich fand eigentlich alle Erlebnisse beeindruckend. Einerseits haben sie sich immer gesteigert, andererseits bin ich sowieso einfach jemand, der sich unglaublich über Dinge / Erlebnisse freuen kann und wie ein Kind staunend vor Kleinigkeiten steht. Jedes Erlebnis ist das, was es ist, nicht mehr und nicht weniger. Aufstehen, Krönchen richten, weitergehen (evtl. daran wachsen).

Sie gehen recht skeptisch an die ganze Sache heran und versuchen durchaus auch rationale Erklärungen zu finden. Wie lässt sich das vereinbaren?

Welche Erklärung wäre einem relativ normaldenkenden Menschen wohl am liebsten, wenn er auf einmal mir nichts, dir nichts vor des Nachbarn toter Großmutter steht? Er würde erst einmal überlegen, ob das Sonnenbad wohl etwas zu lang war, der letzte Schnaps zu viel oder die Brille besonders dreckig. Wenn alles ausscheidet, dann überlegt man «*Hab ich die Oma des Nachbarn gekannt und wünschte, ich hätte sie noch einmal gesehen?»*. Wenn aber die besagte Großmutter bereits vor vielen Jahren gestorben ist und man sie dem freundlichen Mann von Nebenan in einem unbedachten Moment beschreibt, und der sofort fragt, ob man irgendwo ein Foto von ihr gesehen habe (was aber nicht der Fall ist), dann gerät man in ziemliche Erklärungsnot.

LARS RUTH

Lars Ruth ist hauptberuflicher Mentalist, der bereits zahlreiche Gastauftritte im TV hatte, ebenso als Radiomoderator tätig ist und seit kurzem auch als Autor[8]. In seiner Kindheit hatte er einige unerklärliche Erlebnisse, woraus sein Interesse am Paranormalen erwuchs.

Sie haben kürzlich ein Buch über Ihr Leben als Mentalist geschrieben. Darin befindet sich auch ein Kapitel, das sich mit dem Übernatürlichen[9] und Ihrem persönlichen Interesse daran befasst. Was fasziniert Sie so an dieser Thematik?

Ich finde es spannend herauszufinden, ob wir mit unseren Sinnen auf ein gewisses Wahrnehmungsspektrum limitiert sind, oder ob wir zumindest rudimentär Sinneseindrücke erhaschen können, die uns normalerweise durch biologische oder auch geistige Grenzen verwehrt sind. Der Mensch ist ja von Natur aus mit einer unstillbaren Neugier ausgestattet, anderenfalls hätten unsere Vorfahren vor Tausenden von Jahren nie nachgeschaut, was sich eigentlich hinter den Bergen vor ihrer Höhle befindet, und Kolumbus wäre nie in See gestochen, um herauszufinden ob die Erde rund ist. Auch für mich war es schon immer spannend herauszufinden (um es mit Goethes Worten auszudrücken:), was die Welt im Innersten zusammenhält. Zwangsläufig erregten dann Berichte über vermeintlich paranormale Phänomene meine Aufmerksamkeit.

---

[8] Ruth, Lars, Geständnisse eines Mentalisten, Tredition Verlag 2015.

[9] Definition des Wortes *das Übernatürliche*, angelehnt an die Definition des Dudens: 1. etwas, das über die uns bekannten Naturgesetze hinausgeht, 2. etwas, das mit dem Verstand nicht zu erklären ist, 3. das Transzendente

Sie beschreiben in Ihrem Buch auch einige Kindheitserlebnisse, die Sie sich nicht erklären können. Könnten Sie sich vorstellen, dass es wirklich übernatürliche Phänomene gibt? Und wenn ja, was steckt, Ihrer Meinung nach, dahinter?

Ich bin mir sicher, dass es Phänomene gibt, die wir uns nach dem gegenwärtigen Stand der Wissenschaft nicht erklären können. Allerdings führt der Begriff *übernatürlich* meines Erachtens in die Irre. Ich glaube nicht, dass diese Phänomene übernatürlich, oder anders ausgedrückt *unnatürlich* sind. Ich bin hingegen davon überzeugt, dass wir es hier mit völlig normalen Vorgängen und Naturkräften zu tun haben, die zugegebenermaßen selten auftauchen, und mit heutigen Messverfahren nicht verifizierbar sind.
Ich mag deshalb den Begriff *übernatürlich* nicht. Es wäre besser, wir würden die Begriffe Paraphysik oder Parapsychologie verwenden, beides Begriffe, die der Wissenschaftler Max Dessoir für eben genau diese Phänomene erfunden hat. Ich bin sehr sicher, dass wir in einigen Jahrzehnten, vielleicht auch erst in Jahrhunderten, viele Dinge als selbstverständlich ansehen, weil sie bis dahin aufgrund der fortschreitenden Entwicklung eventuell nicht nur physikalisch nachweisbar sind, sondern auch durch technische Anwendungen vielleicht sogar den Weg in unseren Alltag finden. Schon heute gibt es Spielzeug, das wir mit Hilfe von Hirnströmen, also plump ausgedrückt, mit Gedanken, lenken und steuern können. Wer sagt, dass wir nicht vielleicht in 100 Jahren mit einer ähnlichen Technik künftig kommunizieren?

Wie stehen Sie persönlich Leuten gegenüber, die ihr Geld als Medium verdienen? Halten Sie es für möglich, dass es z.B. Kartenleger gibt, die

tatsächlich die Zukunft sehen können oder glauben Sie, es handelt sich um Tricks und Illusionen?

Jeder muss irgendwie Geld verdienen, von daher halte ich eine Arbeit als Medium oder Kartenleger erstmal nicht für verwerflich. Allerdings halte ich es für extrem unwahrscheinlich, dass auch nur eine dieser Personen zukünftige Ereignisse treffgenau voraussagen kann. Das kann nur ich. Nein, das war ein Scherz … ☺

Ich denke, wir sollten grundsätzlich zwischen zwei Arten von esoterischen Beratern unterscheiden: Es gibt die, die selber felsenfest von ihren Fähigkeiten und Kräften überzeugt sind, und jene, die sich Techniken und Methoden angeeignet haben, nur um bewusst ihre Klienten abzuzocken und sich dabei die Not dieser Menschen zu Nutze machen. Wenn ein trauernder Mensch beispielsweise Kontakt mit einer geliebten, verstorbenen Person aufnehmen möchte und das selbsternannte Medium nur auf das Geld seines Opfers schielt, dann ist das in meinen Augen absolut verwerflich. Es gibt allerdings auch Spiritisten, Wahrsager oder Medien denen es um etwas Anderes geht und die vielleicht auch selber von Ihrem (Gut-)Tun (vielleicht auch bewusstes Illusionieren) überzeugt sind.

Allerdings bewegen wir uns bei diesem Beispiel in einer fragwürdigen Situation: Ist es moralisch zu vertreten einem Trauernden ein gutes Gefühl zu geben? Darf man ihm vielleicht vermitteln, dass es den verstorbenen Menschen, die er so geliebt hat, jetzt in einer (wie auch immer gearteten jenseitigen Welt, in der sie in irgendeiner Form weiter-existieren) gut geht?

Darf man einem trauernden Menschen nicht für eine kurze Zeit Linderung in der Trauer verschaffen mit einer Illusion (zum Beispiel, dass der geliebte, tote Mensch als Geistwesen anwesend ist)? Dies ist eine schwer zu beantwortende Grundsatzfrage, die ich mit einigen Kollegen schon des Öfteren diskutiert habe. Man kann diese unkonventionelle Form der Seelsorge verdammen und als Betrug brandmarken, andererseits würde man in unserer christlich geprägten Gesellschaft niemanden verurteilen, der in einer Kirche Trost findet durch Beten oder andere gesellschaftlich anerkannte spirituelle Rituale einer großen Religionsgemeinschaft.

Ein Freund und Kollege aus der Mentalistenszene sagte neulich zu mir, dass wir den tausende Jahre alten *Wissenschaften* der Astrologie, Kartomantie, Magie und ähnlichem gerade mal etwas über 100 Jahre moderne Wissenschaft entgegenstellen können und wir deshalb nicht zu stolz sein sollten auf unsere abgeklärte Weltsicht. Außerdem: Wollen wir leben und irgendwann sterben mit der Erwartung, dass nach dem Tod nichts mehr kommt und alles was wir waren, fühlten und wussten dann endgültig verloren ist? Oder wird unser Leben nicht angenehmer, schöner und sinnvoller wenn wir tatsächlich an ein wie auch immer geartetes Leben nach dem Tod glauben? Wenn die Antwort *ja* lautet, dann dürfen und sollten wir das auch tun. Auch wenn wir uns immer mal wieder vor Augen führen sollten, dass wir uns dann eventuell einer Illusion hingeben. Und Illusionen können auch etwas Wundervolles und Wertvolles sein. Unser Gehirn kann auch manchmal nicht unterscheiden was Realität ist und was Illusion, deswegen machen Gefühle für unser Wohlergehen keinen Unterschied, unabhängig davon, ob das, was sie ausgelöst hat nun real ist oder nicht. Wir sollten also gut überlegen und vorsichtig sein, einem Menschen der es sich in seiner vielleicht kraftgebenden Illusion wunderschön eingerichtet hat, diese wegzunehmen.

Um die Frage zu der Echtheit von esoterischen Fähigkeiten zurückzukommen: Ich selber habe mich seit vielen Jahren mit Tarotkarten beschäftigt und unzählige Menschen auch mit Hilfe dieser Karten beraten. Mein Ansatz ist im wahrsten Sinne des Wortes esoterisch (das Wort *esoterisch* bedeutet *Innenschau*): Ich sehe die Karten als einen möglichen Kommunikationsweg mit dem Unterbewusstsein, sozusagen eine *Hypnose-light*. Durch die archetypisch gestalteten Karten kann ein Mensch Inspiration und neue Lösungsansätze für wichtige Entscheidungen oder Fragen bekommen, auf die er ohne Beschäftigung mit den Karten nicht gekommen wäre. Dies ist mein persönlicher Ansatz. Ich nutze die Karten spielerisch und undogmatisch. Die Ergebnisse sind oftmals faszinierend und hilfreich. Hingegen, eine typische Aussage von diversen Jahrmarkt- oder TV-Wahrsagern wie zum Beispiel: *«Du wirst in zwei Monaten einen Mann mit schwarzen Haaren kennenlernen, der mit Dir eine Kreuzfahrt macht»*, ist jedoch in meinen Augen völliger Humbug.

Ist es denn überhaupt immer möglich, ein echtes Phänomen von einem guten Trick zu unterscheiden (sowohl für Laien als auch Mentalisten und Zauberkünstler)?

Dies ist in der Tat sehr schwer. Ich gehe sogar soweit, dass ich sage für einen Laien ist dies praktisch unmöglich, da sich die Illusionskunst in den letzten Jahren ganz beachtlich weiterentwickelt hat. Als Mentalist, der sehr mit der internationalen Mentalistenszene vernetzt ist, kenne ich natürlich die ganzen Techniken, die paranormale Phänomene simulieren können. Seien es Suggestionstechniken, Hypnose oder Illusionskunst. Das bedeutet natürlich nicht, dass ich immer sofort weiß, wie etwas funktioniert oder mir auf Anhieb alles erklären kann. Es gehört jedoch schon einiges dazu, mich zu überzeugen, dass ich es mit einem wahrhaft paranormalen Phänomen zu tun habe. Ich schließe aber, wie gesagt, nicht kategorisch aus, dass diese existieren.

JÖRG HEYER

Jörg Heyer ist Gründungsmitglied der Gruppe *Paranormal Süd*, die sich seit 2007 mit der Erforschung von Paraphänomenen befasst und bereits viele Fälle untersucht hat.

Wie kamen Sie dazu, sich mit dem Paranormalen zu beschäftigen?

Seit frühster Jugend hat mich alles fasziniert, was sich im Grenzbereich der Wissenschaft tummelt. Jeder kennt doch jemanden, der mal etwas Ungewöhnliches erlebt hat. Und wenn man oft genug davon hört, fängt man an, sich Fragen zu stellen. Wenn es solche Phänomene wirklich gibt, dann sollte es doch möglich sein, mit konventionellen Mitteln, sprich mit Technik, diesen Phänomenen insoweit näher zu kommen, dass man sie wenigstens teilweise auf Bild und / oder Ton bannen kann. Mich störte es immer, dass bei Berichten über ungewöhnliche Ereignisse, oft nur die subjektiven Eindrücke der Betroffenen im Mittelpunkt standen. Irgendwo war da eine Lücke, die ich schließen wollte. Ich wollte Handfesteres. Im Verwandtenkreis gab es ein paar Berichte und ich konnte mir nichts Spannenderes vorstellen, als irgendwann einmal meine eigenen Gedanken und Ideen umzusetzen und selber *Hobby-Forschung* zu betreiben. Am Anfang war es nur ein Gedanke und mit Hilfe der Informationen und diverser Kontakte im Internet, hatte ich bald mein erstes *Untersuchungsobjekt* gefunden: den Hürtgenwald, ein ehemaliger Kriegsschauplatz aus dem 2. Weltkrieg, in der Nähe der belgischen Grenze. Hintergrund war eine der *esoterischen* Ideen, dass an Orten mit tragischer Vergangenheit, die Chance auf paranormale Phänomene höher sein soll. Das war der Startschuss im Jahr 2007 … Seitdem haben wir alleine oder in Zusammenarbeit mit anderen Gruppen etliche Exkursionen an die unterschiedlichsten Orte unternommen.

Sie gehören einer Gruppe an, die sich mit der Erforschung von Paraphänomenen beschäftigt. Können Sie bitte kurz schildern, wie Sie vorgehen, wenn Sie ein Klient um Hilfe bittet?

Unser Projekt besteht nur aus zwei Personen, Daniel und meine Wenigkeit. Was auf den ersten Blick etwas *unterdimensioniert* erscheint, bietet in der Praxis aber große Vorteile. Wir gehen, wenn sich ein *Klient* bei uns meldet, eigentlich immer so vor, dass wir zunächst Informationen sammeln. *Wem ist was genau passiert? Gab es Zeugen? Wo befindet sich die Örtlichkeit und welche Umgebungsbedingungen herrschen? Gibt es Kinder oder Tiere im Haus?* Usw., usw.
Je nach Fall entscheiden wir dann in einem Gespräch unter vier Augen, ob wir wirklich vor Ort kommen, oder ob wir auch nur durch ein Gespräch helfen können. Apropos Hilfe - es ist uns extrem wichtig, schon bei den Vorgesprächen klarzustellen, dass wir nur sowas wie eine *technische Dokumentation* anbieten können. Wir werden und wollen keine eventuell auftretenden Phänomene esoterisch deuten. Zum einen bedeutet das, dass wir wirklich nur mit unserer technischen Ausrüstung vor Ort kommen können und falls wir was Ungewöhnliches aufzeichnen, wir keine Deutung oder sogar psychologische Hilfe anbieten werden. Dafür gibt es ausgebildete Experten. Zum anderen bedeutet das, dass wir uns selber sicher sind, keine 100 Prozent richtigen oder wahren Angaben zu den eventuellen Quellen solcher Phänomene machen zu können. Ich denke, dass dies auch einige abschreckt. Viele

der Betroffenen wünschen sich eine Antwort auf die Frage *wie und warum ihnen das widerfährt.* Ich glaube, dass wir seriös genug sind, wenn wir hier sagen, dass es uns nicht möglich ist, diese Fragen zufriedenstellend zu beantworten. Wir sehen uns eher als *Zeugen* der Phänomene und stellen sämtliches Material natürlich dann den Betroffenen kostenlos zur Verfügung. Wir helfen also durch handfestere Indizien, den Betroffenen dabei zu unterstützen, seine Erfahrungen zu dokumentieren. Manchmal finden wir auch mögliche natürliche Ursachen und befreien so manch einen von der Angst vor dem Unbekannten. Beides stellt die Hilfe dar, die wir fähig sind zu leisten und es hat auch wirklich etwas, verängstigte Personen durch das Finden natürlicher Quellen wieder in den Alltag zu entlassen.

Wie oft haben Sie bereits paranormale Phänomene erlebt?

Das liegt wohl ganz im Auge oder im Ohr des Betrachters bzw. des Hörers. Ich würde die Frage etwas anders formulieren: *Wie oft denken Sie, bereits Phänomene erlebt zu haben?* Wenn ich darüber nachdenke, fallen mir mehrere Sachen ein. Bei einigen Untersuchungen haben wir deutliche Stimmen aufgenommen, die da eigentlich nicht sein dürften. Skeptiker, bzw. Abstreiter paranormaler Phänomene, weisen dann meist auf Radioeinstrahlung oder akustische Illusionen hin. Vom Kontext des Inhalts dieser Aufnahmen, bin ich mittlerweile aber überzeugt, dass dem nicht so ist. Abhängig von Situation und Inhalt, wäre solch ein Zufall schon fast selber erforschenswert. Auch kann ich mich an einen Vorfall in einem Privat-Haushalt erinnern. Wir wurden eingeladen, um eine Untersuchung im Haus durchzuführen. Die Frau des Hauses berichtete davon, dass Lampen explodieren würden, wenn sie sich mit

jemanden über die Geschehnisse im Haus unterhalte. Dazu kamen noch etliche andere Ereignisse für die es u.a. auch mehrere Zeugen gab. Spät in der Nacht machten wir in der Küche des Hauses eine Kaffeepause und unterhielten uns wieder über die Vorkommnisse im Haus. Plötzlich explodierte genau über uns eine Energiesparlampe. Das Licht im Haus ging augenblicklich aus und wir saßen in einem Funkenregen. Als die Sicherung wieder eingesetzt wurde, sahen wir die total zerstörte Lampe in ihrer Fassung hängen. Natürlich kann es für sowas zig ganz natürliche Ursachen geben. Dennoch waren wir erstaunt. Der ganze Fall war auch aufgrund von anderen Sachen einfach insgesamt sehr spannend. Ob wir wirklich Zeugen eines paranormalen Ereignisses wurden, liegt wohl im Auge des Betrachters. Wenn es ein Zufall bzw. ein elektrischer Defekt war, dann war es zumindest einer, der uns gezeigt hat, dass Vieles was man erlebt, so oder so zu deuten sein kann.
Die Familie mit der explodierenden Lampe hat sich zufällig gerade heute wieder gemeldet. Mal schauen, was sie mir wieder berichten.

Was ist, Ihrer Erfahrung nach, die häufigste rationale Erklärung für einen Spukfall?

Fehlinterpretation natürlicher Ursachen. Ich denke dabei auch immer gleich an die sogenannten *Orbs,* die uns immer wieder auf Fotos zugeschickt werden. Wenn man sich nicht etwas intensiver mit der Thematik befasst, kann man sowas schonmal als seltsam empfinden. Tiere auf dem Dachboden und technisch defekte Geräte, sind, glaube ich, auch ganz oben mit dabei.

BARRY FITZGERALD

Barry Fitzgerald beschäftigt sich seit vielen Jahren mit dem Thema Geister, hat zahlreiche Bücher[10] geschrieben und in der US-Realityshow *Ghost Hunters International* des Senders Syfy in der Rolle des *lead investigators,* bzw. Chefermittlers, mitgewirkt.

Können Sie den Lesern erklären, was Geister, Ihrer Ansicht nach, sind?

Das Wort *Geist* ist ja ein Überbegriff. Es ist einfach ein Wort, das wir benutzen, wenn wir versuchen, etwas in einfachen Begriffen den Uneingeweihten zu erklären. Innerhalb dieses Begriffes gibt es solche Dinge wie das *Ortsgedächtnis*[11], bei dem bestimmte Situationen und Emotionen in einem Gebäude bzw. Ort gespeichert wurden. Diese können sich dann im Laufe der Zeit wieder abspielen, entsprechend den verschiedenen Stimuli, die sie auslösen. Hinter diesem Phänomen steckt allerdings keine Intelligenz, sondern es ist wie eine Art Aufnahme. Es ist fast so, als ob wir fernsehen würden und wir können genausowenig mit einer Videoaufnahme interagieren wie mit dieser Art von Phänomen.

Dann können wir auch zum anderen Extrem gehen: die Seele eines Verstorbenen, die sich möglicherweise selbst in einem Gebäude gefangen hat, und alle möglichen Arten von Problemen macht. [...] Als Beispiel: Wenn die alte Mrs. Dodd stirbt, geht sie nicht dahin, wohin sie in ihrer geistigen Form gehen sollte, sondern bindet sich an die physische Existenz. Als also das glückliche junge Paar in Mrs. Dodds Zuhause einzieht, das sie von der Familie

[10] Fitzgerald, Barry, Strain, Cormac, Legend Seekers. Seeking Ireland's folklore and myth, Lulu.com 2014.
[11] Dieser wird auch als ortsgebundener Spuk bezeichnet.

der Verstorbenen gekauft haben, und das sie renovieren, ist plötzlich die Hölle los, denn sie hat ihr Haus nie verlassen und ihr gefällt es nicht, was die Eindringlinge mit ihrem Zuhause anstellen. Es gibt noch viele andere Variationen zwischen diesen beiden Extremen, welche natürlich den allgemeinen Terminus *Geist* formen.

Viele Personen berichten, sie hätten die Stimme eines Geistes gehört oder sogar auf Tonband aufgenommen (auch als elektronisches Stimmenphänomen, im Englischen electronic voice phenomenon, kurz EVP bezeichnet). Haben Sie eine physikalische Erklärung dafür, wie so etwas möglich wäre?

Es gibt viele Gründe, warum Leute Stimmen hören. Halluzinationen, Hysterie, chemische Nebenwirkungen und natürlich tatsächliche Seelen. EVPs sind schon seit einiger Zeit bekannt und ich denke, die früheren Beispiele sind glaubwürdiger als die heutigen, aufgrund der ständigen Zunahme von Radiosendungen heutzutage.
Um z.B. die Geräusche der Erde aufzunehmen, müssen Wissenschaftler in die Tiefen des Ozeans tauchen, um den Signalen zu entgehen, die auf der ganzen Welt von menschlichen Quellen gesendet werden. Seit Nikola Tesla uns 1893 den Nutzen und das Potenzial des Wechselstroms gezeigt hat, änderte sich die Welt so, dass man sie nicht wiedererkennen würde. Elektromagnetische Felder [...] stören die modernen Geräte wie Spiritboxen und Ähnliches. [Anmerkung: Die Spiritbox ist ein Gerät, das durch verschiedene Radiofrequenzen scannt und dabei versucht, auf mögliche Geisterstimmen zu stoßen, die dieses Gerät beeinflussen sollen.] Auch die Effekte, die das auf den menschlichen Körper hat, sind drastisch. [...]

Echte Manipulation durch die Seelen von Verstorbenen funktioniert, meiner Ansicht nach, dagegen durch die Einwirkung auf das Mikrophon bzw. direkte Einwirkung auf das Aufnahmemedium, damit wir es später hören können. Ironischerweise ist das beste Ausrüstungsstück der menschliche Körper und wenn wir diesen feintunen können, dann brauchen wir auch nicht länger irgendwelche Ausrüstungsgegenstände. Unsere eigenen Körper zu verstehen [...] ist von größter Bedeutung.

Welcher Fall war für Sie bisher am beeindruckendsten?

Ich arbeitete mit meinem Freund und Co-Autor Cormac Strain hier in Irland und untersuchte einen Fall, der sich um eine alte Insel drehte, die mit unseren Ahnen, genauer gesagt, dem, was sie damals angebetet haben, zusammenhängt.[12] Ich war sicherlich nicht auf die Nebeneffekte vorbereitet, die daraus resultierten, eine Nacht auf besagter Insel zu verbringen oder die Folgen, die dieses lebensverändernde Erlebnis mit sich brachte. Es zwang mich dazu, alles, was mit dem Übernatürlichen zu tun hat, in einem neuen Licht zu sehen und führte mich auf einen Weg der Entdeckung, welcher alte Glaubensvorstellungen und Bräuche in ein neues Licht des Verständnisses rückte. Allerdings [...] fand ich eine deutliche Warnung, nicht noch tiefer nachzuforschen. Als ich mich mit den Glaubensvorstellungen unserer Ahnen beschäftigte, sah ich eine kurze Veränderung und versuchte, die Orte wieder zu verschließen, doch es war bereits zu spät. Die sprichwörtliche Katze war

---

[12] Er bezieht sich hierbei auf die «Island of the dead» und die Expedition, die er mit seinem Freund und Co-Autor Cormac Strain unternommen und publiziert hat. Fitzgerald, Barry, Strain, Cormac, Legend Seekers. Island of the dead. Barry Fitzgerald 2014 - 23 Seiten Kindle-Edition.

aus dem Sack. Es war ein Fehler und zwar einer, den ich sicher nicht wiederholen möchte.

Haben die Geister-Realityshows die Geisterjäger-Szene in den letzten Jahren entscheidend geprägt und wenn ja, wie äußert sich das?
Ja, ich sehe einen deutlichen Mangel an Verständnis bei der Durchführung der Untersuchungen, die in vielen Fällen auch zu nichts führen. Diese Teilzeit- oder Spaß-Jäger suchen den *Thrill* und machen meist die Sache schlimmer, weil sie das nachmachen, was sie im Fernsehen sehen und auf ein Gebiet wissenschaftlicher Forschung anwenden, ohne zu wissen, welche eigentliche große Arbeit dahintersteckt. Durch das Editieren der Shows geht ein großer Teil der geleisteten Arbeit [der paranormalen Untersuchung] verloren. Doch genau diesen Teil zu sehen, wäre nötig, um das Forschungsgebiet überhaupt zu verstehen. Viele Leute, die bei diesen Shows auftauchen sind dort nur zu sehen, weil sie gut rüberkommen, aber sie haben keine Expertise auf diesem Gebiet und einen großen Mangel an Verständnis für die Gefahren, die dabei involviert sind. Man muss sich immer die Lebensgeschichte eines Fernsehpromis anschauen, z.B. was dieser geschrieben hat, wie er hilft, die Forschung voranzutreiben. Die Frage ist: was hat er dem Forschungsfeld als Ganzes gegeben? Diese Fakten trennen die Spreu vom Weizen, wie man so schön sagt.[13]

[13] Das Interview wurde in englischer Sprache geführt und von der Autorin übersetzt.

AXEL SEEGERS

Dipl.-theol. Axel Seegers M.A. studierte Theologie und Philosophie in Münster und München. Seit 1997 arbeitet er für die Erzdiözese München und Freising am Fachbereich Weltanschauungsfragen.[14]
Die Beratungsstelle hilft Menschen im Bereich Religions- und Weltanschauungsfragen, Sekten und Okkultismus.

Wie steht die katholische Kirche zum Glauben an paranormale Phänomene?

Paranormale Phänomene ist ein sehr allgemeiner Begriff, der ganz unterschiedlich gebraucht wird. Eine allgemeine Stellungnahme der römisch-katholischen Kirche zu paranormalen Phänomenen gibt es, meines Wissens, nicht. Sicherlich gibt es mehr als das, was man mit seinen Händen greifen oder mit seinen Sinnen wahrnehmen kann, ebenso wie es Phänomene gibt, die nicht genauer erklärbar sind. Ich denke, dafür sind Theologie und Kirche grundsätzlich offen. Erforderlich ist aber ein genaues Hinsehen: Gibt es eventuell doch natürliche, bzw. für uns heute erklärbare, Gründe oder muss man tatsächlich feststellen, dass es Phänomene gibt, die wir zumindest bis heute nicht erklären können?

Wie sieht es denn konkret mit dem Geisterglauben und dem Glauben an die Seelen von Verstorbenen aus, die angeblich noch unter den Lebenden

[14] Zu seinen Publikationen gehört u.a. Seegers, Axel et al., Gefahren auf dem Psychomarkt. Prävention an Bayerischen Schulen, Hrsg. Bayerisches Kultusministerium, o. J.

weilen? Ist es von Seiten der römisch-katholischen Kirche her theoretisch denkbar, dass es so etwas gibt?

Für die katholische Kirche zu sprechen, ist in diesem Fall kaum möglich. Denn neben der offiziellen Glaubenslehre, die für die gesamte katholische Kirche weltweit gilt, gibt es regionale Diözesen und Gemeinden, die unterschiedlich kulturell geprägt sind. In Kulturbereichen, die sehr viel stärker vom Geisterglauben geprägt sind, gibt es folglich auch eine Durchmischung von christlich-katholischem Glauben einerseits und Geisterglauben andererseits. Natürlich nimmt der christliche Glaube auch viele Anleihen aus anderen Kulturen und Religionen, er ist in dieser Hinsicht synkretistisch. Die Diözesen in Deutschland sind wiederum bei Berichten über Geister, Dämonen oder Untote, die noch irgendwie an den Lebenden anhaften, sehr skeptisch. Für unsere Tätigkeit ist wichtig, dass wir zunächst in einem Gespräch zu erörtern versuchen, über welche Phänomene man spricht und welche Erklärungen es noch gibt. Das heißt, wir versuchen zunächst natürliche Erklärungen für die beschriebenen Phänomene zu finden, bevor wir weitere Spekulationen anstellen.

Philosophisch und theologisch gesehen berührt diese Frage die Ontologie. Es geht also um die Frage, in welcher Seinsweise die sogenannten Zwischenwesen existieren. Darüber trifft die römisch-katholische Dogmatik nach meiner Kenntnis keine eindeutige Aussage. Vielleicht lässt es sich an einem anderen Beispiel erklären: in der Angelologie, also der Lehre über die Engel, gibt es prinzipiell dieselbe Frage. Es gibt bei Thomas von Aquin und bei den Kirchenvätern schon Überlegungen, welcher Natur diese Engel sind. Auf der einen Seite sollen sie reine Geistwesen sein, auf der anderen Seite aber doch nicht gottgleich, sondern quasi Zwischenwesen. Dann gibt es aber beispielsweise auch hierarchische Fragen: stehen die Engel über den Menschen oder sind sie den Menschen dienstbar und deshalb unter den Menschen stehend? Letztendlich helfen all diese Überlegungen oder Spekulationen aber nicht weiter, weil wir die ontologische Aussage nicht treffen können. Dieses Spekulieren über die verschiedenen Optionen zeigt aber, dass es eine grundsätzliche Offenheit für *übersinnliche* Dinge gibt.

Der katholischen Lehre nach, gibt es Dämonen, die man mittels eines Exorzismus austreiben kann. In Rom werden momentan sogar Laien zu Exorzisten ausgebildet. Wie ist Ihre persönliche Meinung dazu?

Auch hier kann man kaum eine Aussage über die katholische Kirche treffen. [...] Rom ist zwar die Kirchenzentrale, aber dennoch gibt es unterschiedliche Befugnisse und Zuständigkeiten verschiedenster Einrichtungen, beispielsweise der Diözesen oder der Deutschen Bischofskonferenz. Dementsprechend können auch unterschiedliche Weisungen bestehen. Auf der einen Seite gibt es aus Rom seit Jahren die Bitte, bzw. die Forderung, dass jede Diözese Exorzisten bestellt, auf der anderen Seite gibt es aber von den meisten deutschen Diözesen eine alternative Antwort darauf. Wir benennen oder berufen daher keine Exorzisten, sprich Priester, die beauftragt sind, den großen Exorzismus zu spenden. Vielmehr versuchen wir, den Menschen, die sich rat- und hilfesuchend an uns wenden, Hilfe zu bieten. Wir möchten zunächst mit den Menschen ins Gespräch kommen und die persönliche Situation eruieren, um dann zu schauen, wie wir ihnen mit psychotherapeutischen, medizinisch-psychiatrischen und seelsorgerischen Mitteln helfen, sie begleiten und sie, im weitesten Sinne, befreien können.

In Rom gibt es übrigens nur eine einzige Universität, die solche Kurse anbietet, eine ganze Reihe anderer päpstlicher Universitäten tut das nicht. Diese Universität wird von einer Bewegung innerhalb der Kirche getragen, die in ihrer Spiritualität und in ihrem Glaubensbild stark von einem dualistischen Denken, dem Kampf zwischen Gut und Böse, geprägt ist. Daraus ergibt sich diese Forderung und daher sollen weltweit Menschen, auch mittlerweile Laien, die entsprechenden Kurse besuchen. Auf der anderen Seite stehen aber eine ganze Reihe anderer Diözesen bzw. Regionen, die diese Art und Weise des Umgangs weniger gutheißen, bzw. andere Wege gehen. Uns ist wichtig, dass zwischen Therapie/Psychiatrie einerseits und Theologie/Seelsorge/Liturgie andererseits, kein Widerspruch steht und dass es nicht gegeneinander ausgespielt wird, sondern dass wir versuchen, uns zu ergänzen und gegenseitig zu befruchten. Wir arbeiten hier in München beispielsweise mit der Krankenhausseelsorge zusammen. Mit Menschen, die zu uns kommen und sagen, sie seien dämonisch belastet oder von Satan verfolgt, sprechen wir und schauen, was wir tun können. Gibt es eventuell psychiatrische Interventionen, die notwendig sind? Dann empfehlen wir sie, falls sie nicht schon längst praktiziert werden. Gibt es therapeutische Möglichkeiten? Und auch von Seiten der Kirche gibt es verschiedenste Möglichkeiten: im Sinne der Katechese vermitteln wir Wissen über den christlichen Glauben. Als Seelsorger begleiten wir Menschen in ihrem Alltag, wir feiern Gottesdienst und beten gemeinsam. Schließlich laden wir ein, die Sakramente zu empfangen, vor allem das Bußsakrament, die Krankensalbung und die Eucharistie. Das heißt also, wir versuchen nicht gegen Therapie oder Psychiatrie anzuarbeiten, sondern in einem guten Miteinander, quasi im Teamwork, gemeinsam Menschen zu helfen – immer mit der Hoffnung, die Menschen von ihren Qualen, von ihrer Ohnmachtsituation zu befreien, wohl wissend, dass es aber in vielen Fällen nicht gelingt. Unsere Aufgabe besteht also auch im Ausharren und im Begleiten durch die dunklen Stunden.

Es gab in den vergangenen Jahren immer wieder einzelne Bischöfe, die den großen Exorzismus, also das neue Rituale, das 1999 veröffentlicht wurde und das alte von 1614 abgelöst hat, beauftragten. Das Rituale ist auf Latein, es gibt bis heute keine approbierte deutsche Übersetzung. Das zeigt auch, dass der Bedarf dieses Rituale von den deutschen Bischöfen anders eingeschätzt wird, als es in anderen Regionen und anderen Kulturkreisen der katholischen Kirche der Fall ist. Wir haben aber andere Interventionsmöglichkeiten, z.B. wenn Sie an das Vaterunser denken, wo es ja auch eine Befreiungsbitte gibt, wenn Sie an die Kindertaufe oder ähnliche Liturgien denken, z.B. Osternacht, wo wir auch die Absage an das Böse haben. Insofern gibt es im Gebet, in der Liturgie, in den Gebetsformen abgestufte Möglichkeiten. Wenn Menschen mit der Bitte um Befreiung zu uns kommen, ist es nicht selten, dass wir am Ende eines solchen Gespräches gemeinsam beten, einen kleinen Gottesdienst feiern und im Rahmen dessen auch durchaus um die Befreiung vom Bösen bitten. [...]
Eine Zuspitzung auf das eine Rituale halte ich dagegen für absolut unverantwortlich. Die vorhin aufgezählten Möglichkeiten sollte man ernst nehmen und nicht verbauen durch diese einseitige, minutiöse Sicht auf dieses eine Rituale. [...]
Abgesehen davon kann man einen Exorzismus nicht als eine *Wunderpille* betrachten, die bei einmaliger Einnahme sofort und auf der Stelle wirkt. Nehmen Sie das Beispiel Anneliese Michl, dort wurde der große Exorzismus 67 Mal durchgeführt. Ebenso berichten uns Leute immer wieder, wenn sie z.B. in Italien, in der Schweiz oder in Frankreich schon bei einem Exorzisten

waren, dass sie dort bereits fünf, zehn oder zwölf verschiedene Exorzismusrituale erlebt haben und trotzdem keine Besserung eingetreten ist. Sie sind dann weiterhin auf der Suche.
Es ist absolut wichtig, sich von diesem magischen Denken zu lösen, von der Vorstellung, dass es irgendeine Spruchformel gibt, die man spricht und plötzlich ist alles anders oder besser. Den Exorzismus gibt es nicht, sondern es gibt eine Vielzahl sehr unterschiedlicher Rituale und Gebete, in denen Gott um Hilfe und Beistand gebeten wird. Gleichzeitig sind die verschiedenen Exorzismus-Rituale nur eine Form unter vielen anderen Möglichkeiten, die es gibt. Was aber nicht grundsätzlich heißt, dass man im Einzelfalle nicht befreiende Gebete sprechen kann. Aber dann stellt sich sogleich auch die Frage, wie diese gesprochen werden. Im Rituale von 1999 gibt es eine normale, reguläre Form, das ist die sogenannte deprekative Form. Hier wird Gott um seinen besonderen Beistand für einen Menschen gebeten und um die Befreiung vom Bösen. Die außergewöhnliche, nicht-reguläre Form wird als die imprekative Form bezeichnet. Hier ist das berüchtigte *Satan weiche!* enthalten, wie es so gern in den Thrillern vorkommt. Nur in der imprekativen Form kommt diese direkte Ansprache vor. Die halte ich, zusammen mit den Psychologen und mit den Fachleuten der deutschen Bischofskonferenz, für absolut ungeeignet und auch medizinisch-therapeutisch für absolut fragwürdig. […]

Sind Sie der Ansicht, dass die Beschäftigung mit dem Thema Gefahren birgt? Wenn ja, welche?

Grundsätzlich hat es so etwas wie Gläser- und Tischerücken und andere Formen schon immer gegeben, insbesondere natürlich bei Kindern und Jugendlichen. Das geschieht in einer sehr synkretistischen Form, etwa durch das Internet und durch Literatur. Dort lesen sie sich die unterschiedlichen Dinge zusammen und bauen dann ihre eigenen Rituale darauf auf. Das halte ich im Großen und Ganzen nicht für gefährlich. Das Problem beginnt immer dann, wenn – insbesondere Jugendliche, natürlich auch später Erwachsene – in Ausnahmesituationen, wo sie unsicher sind, wo sie vielleicht in einer inneren Sinnkrise oder psychisch nicht stabil sind, solche Dinge praktizieren und dann in eine Abhängigkeit hineingeraten. Wir hatten mal vor Jahren einen Fall einer Jugendlichen, die nicht mehr dazu in der Lage war, frei zu entscheiden. Selbst bei kleinsten Fragen in ihrem Alltag, wie «Gehe ich jetzt zur Schule oder nicht?», «Soll ich das trinken oder nicht?», hat sie das Pendel befragt. Solche und ähnliche Abhängigkeitsverhältnisse gibt es. Das ist, denke ich, die größte Gefahr. Immer wenn der Mensch seine eigene Verantwortung, seine Freiheit der Entscheidung an höhere Mächte abgibt oder an irgendwelche Rituale, dann wird es problematisch und schwierig.

OLAF BLANKE

Prof. Dr. Olaf Blanke ist Direktor des Center for Neuroprosthetics, Bertarelli Foundation, Vorsitzender der Cognitive Neuroprosthetics am École Polytechnique Fédérale de Lausanne (EPFL) in der Schweiz, er ist außerdem der Direktor des Labors für kognitive Neurowissenschaften am EPFL und Professor für Neurologie am Universitätsklinikum in Genf. Er studierte Medizin in Münster, Berlin und Paris.
Olaf Blanke beschäftigt sich u.a. mit der neurowissenschaftlichen Erforschung des menschlichen Selbstbewusstseins.[15]

Sie konnten bereits nachweisen, dass manche Geistererscheinungen durch Gehirnschäden oder, sogar bei gesunden Menschen, durch extreme körperliche Anstrengung entstehen können. Wie kann man sich das vorstellen und kann es, in Ihren Augen, bei gesunden Menschen (z.B. in Alltagssituationen) auch noch weitere Stimuli geben, die diese Empfindungen auslösen können?

Es gibt noch weitere bestimmte Konditionen. Bei Parkinsonpatienten zum Beispiel ist das Anwesenheitsgefühl[16] eine relativ häufige Halluzination, aber bei Gesunden tritt es auch auf. Nach dem Verlust eines langjährigen Ehepartners, oder Partners, kann es auch zu diesen Erfahrungen kommen und zwar

[15] Eine seiner zahlreichen Publikationen: Arzy, Shahar, Seeck, Margitta, Ortigue, Stephanie, Spinelli, Laurent, Blanke Olaf, Induction of an illusory shadow person, in: Nature 443, 2006, 287.
[16] Anwesenheitsgefühl: das Gefühl, man sei nicht alleine im Raum – obwohl man es tatsächlich doch ist.

ohne eine gestörte Körperrepräsentation. [...] Jeder kann diese Erfahrung haben. Es tritt häufig spontan auf. [...] Wir wissen aus einigen Fragebogenstudien, dass Halluzinationen in der gesunden Gesamtbevölkerung relativ häufig vorkommen. Stimmenhören und außerkörperliche Erfahrungen traten bei etwa fünf Prozent der Befragten auf und die Anwesenheitserfahrung wurde bei Gesunden ebenfalls recht häufig beschrieben. Da beide Phänomene, das Phänomen in der Klinik und das Phänomen bei Gesunden, auf ähnlichen Hirnregionen basieren, könnte man vorschlagen, dass es bei einem Gesunden kurzfristig zu kleinen Signalverarbeitungsstörungen kommt, die überhaupt nichts mit Krankheit zu tun haben. Das Gehirn funktioniert ja nicht den ganzen Tag über immer genau gleich. Wir bekommen solche Erfahrungen häufig beim Einschlafen oder bei extremen Bedingungen [...]. Die außerkörperliche Erfahrung und auch das Gefühl, einen Geist zu sehen oder das Anwesenheitsgefühl treten sehr häufig auf – auch bei Extrembergsteigern, in der Isolation, bei Katastrophen wie dem 11. September in New York. Diese Phänomene scheinen unabhängig von der jeweiligen Kultur zu sein (obwohl gründliche Studien dazu noch fehlen) und scheinen eher etwas mit dem menschlichen Gehirn zu tun zu haben, das ja in allen Kulturen gleich bleibt, wenn auch von Person zu Person ein wenig verschieden. Etwa zehn Prozent von der Gesamtbevölkerung werden einige Male in ihrem Leben solche Erfahrung machen.

Hatten Sie selbst in Ihrem Leben bereits einmal ein Erlebnis, das Sie sich - zumindest im ersten Moment - nicht erklären konnten?

Natürlich. Wunderbare Erfahrungen. Da geht es mir nicht anders als den meisten Menschen.

Sie sind der Meinung, durch Ihre Forschungen sogenannte außerkörperliche Erfahrungen – zumindest teilweise - erklären zu können. Auch Nahtoderlebnisse beinhalten meist eine Form der außerkörperlichen Erfahrung. Wie würden Sie diese für den Leser erklären?

Absolut, ja. Nahtoderlebnisse beinhalten eine Vielzahl von unterschiedlichen Wahrnehmungen. Außerkörperliche Erfahrungen sind eines der Hauptelemente von Nahtoderfahrungen, können aber auch fehlen.
Unser Anspruch ist es, die Gerhirnmechanismen außerkörperlicher Erfahrungen zu erklären. Weiterhin entwickeln wir auch neue Techniken, die auf Neurowissenschaften, Computerwissenschaften und der Robotik basieren. Mit diesen haben wir es bisweilen geschafft, im Labor Erfahrungen auszulösen, die außerkörperlichen Erlebnissen sehr nahe kommen.
Wichtig ist es auch festzustellen, dass unser Hauptinteresse nicht die bewusste außerkörperliche Erfahrung ist, sondern eher die innerkörperliche Erfahrung des menschlichen Bewusstseins. Wie generiert das Gehirn die intime Erfahrung, dass das Ich als im Körper verortet wahrgenommen wird und nicht anderswo (wie während der außerkörperlichen Erfahrung)? Wie generiert es das Gehirn, dass ich mich als Person erlebe, als ein Subjekt, das die Welt (inklusive sich selbst) wahrnimmt? Dies ist unsere neurowissenschaftliche Frage. Außerkörperliche Erfahrungen, Doppelgängerwahrneh-mungen und Ähnliches, erlauben es uns, diese Mechanismen des körperlichen Ich-Bewusstseins zu untersuchen.

Kann man durch Ihre Forschungsergebnisse nun paranormale Wahrnehmungen generell erklären?

Erklärt das jedwede Art von Spukwahrnehmung? Da muss man natürlich vorsichtig sein. [...] Wir schauen uns bestimmte Regionen im Gehirn an, bestimmte Phänomene, die uns interessieren. Wir denken, dass diese sehr wichtig sind für das Selbstbewusstsein, für körperliches Ich-Bewusstsein. Das ist ein kleiner Teil der Neurowissenschaften, der uns hier interessiert. Wir hoffen, dadurch unseren kleinen Beitrag leisten zu können. Dieser Beitrag hat vielleicht auch die Konsequenz, bestimmte Phänomene, über die man sich scheut zu reden – sei es ein Patient oder eine gesunde Person – sogar scheut seinem Arzt oder bestem Freund zu berichten, zu erklären. Es sind keine *normalen*, einfachen Phänomene, aber sie beruhen auf normalen Hirnmechanismen. Das ist auch ein Grund, warum es wichtig ist, über diese Art von Daten offen zu sprechen und sie auch für bestimmte Fragestellungen sehr wichtig sein können, ob sie nun aus der Parapsychologie kommen oder aus dem mystischen Bereich. Sie sind überhaupt nicht paranormal, doch sie werden als paranormal oder parapsychologisch wahrgenommen – sogar wenn man die neurowissenschaftliche Erklärung verstanden hat. Das wird, glaube ich, auch weiterhin so bleiben. [...] Es gibt aber noch viele Phänomene, für die unser Erklärungsmodell nicht ausreichend klar ist. Es kann natürlich auch sein, dass andere kognitive Effekte mit dieser Gehirnrepräsentation in einer bestimmten Verbindung stehen, die wir noch nicht geklärt haben.[17]

---

[17] Da Herr Blanke ein vielbeschäftigter Wissenschaftler ist, wurden die Antworten auf meine Fragen Nr. 1 und 4 von ihm in einem Interview mit den Journalisten Thomas Hauer und René Kirschey vom 18.09.2015 gegeben. Die Antworten auf die Fragen Nr. 2 und 3 wurden jedoch schriftlich durch Herrn Blanke am 18.10.15 beantwortet.

Danksagung

Mein Dank geht an alle Menschen, die mir ihre Geschichten geschickt oder erzählt haben. Ohne ihre Bereitschaft, ihre Erlebnisse mit den Lesern und mir zu teilen, wäre dieses Buch nicht möglich gewesen.

Mein Dank geht auch an Dr. Dr. Walter von Lucadou, Bernd Harder, Lars Ruth, Dorothea W., Jörg Heyer, Barry Fitzgerald, Dipl.-theol. Axel Seegers M.A. und Prof. Dr. Olaf Blanke, die mir mit Geduld meine «dummen» Fragen beantwortet und uns dadurch einen interessanten Einblick in ihre Arbeit und Weltsicht gewährt haben.

Thomas Hauer und René Kirschey haben mir in ihren interessanten Gesprächen wertvolle Denkanstöße gegeben, sowie mir auch mit Rat und Tat zur Seite gestanden. Ein großes Dankeschön, besonders an «Haui»!

Auch all den Menschen, die mir geholfen haben, *das Wort zu verbreiten*, dass ich auf der Suche nach Spukgeschichten bin, möchte ich hiermit danken.

Nicht zuletzt will ich mich auch bei Dr. Peter Teubner und Ulrich Seider M.A. für die zeitintensive Arbeit des Korrekturlesens und für die aufmunternden Worte bedanken.

Mein besonderer Dank geht an meine Familie, die mich immer unterstützt hat.

Verzeichnis der Bildquellen

Titelbild und Abbildungen auf den Seiten 3, 11, 16, 49, 82, 95, 141, 174, 189, 193, 206, 207, 244: Moiné.

Abbildung Seite 81: Ann-Kathrin S. privat.

Abbildung Seite 107: Prichard, O'Brien, Hesketh-Prichard, Ghosts: being the experiences of Flaxman Low. With twelve illustrations by B. E. Minns, C. A. Pearson, London 1899, 145.

Abbildung Seite 110: Frau W. privat.

Abbildung Seite 118: Frau Gudrun Rübenach privat.

Abbildungen auf den Seiten 124 und 125: Frau Stefanie Muhl privat.

Abbildung Seite 139: Herr Frank Seidel privat.

Abbildung Seite 213: Herr Peter Greulich privat.

Abbildung Seite 220: Herr Michael W. privat.

Abbildung Seite 224: Matthis, C. E., L'Alsace et des Alsaciens a⊠ travers les sie⊠cles. Illustre⊠ par l'auteur, Paris 1891, 116.

Abbildung Seite 230: Lang, Andrew, The Blue Poetry Book. Edited by Andrew Lang. With numerous illustrations by H. J. Ford and Lancelot Speed. L.P., Longmans & Co, London 1891, 236.

Abbildung Seite 251: Grant, James - of the 62nd Regiment, British Battles on Land and Sea Vol. 01, Cassell & Co., London 1884, 14.

Website mit weiteren Geistergeschichten:
www.wahregeistergeschichten.de

Facebookpage: Geistergeschichten
Facebookgruppe: wahregeistergeschichten

Email: info@wahregeistergeschichten.de

Printed in Poland
by Amazon Fulfillment
Poland Sp. z o.o., Wrocław

14643758R00175